novum premium

Dr. Gunther Mair

# Dilemma

## Warum wir unsere Ressourcen zerstören, obwohl wir es doch besser wissen

novum premium

Bibliografische Information
der Deutschen Nationalbibliothek:

Die Deutsche Nationalbibliothek
verzeichnet diese Publikation in
der Deutschen Nationalbibliografie.
Detaillierte bibliografische Daten
sind im Internet über
http://www.d-nb.de abrufbar.



Gedruckt in der Europäischen Union
auf umweltfreundlichem, chlor- und
säurefrei gebleichtem Papier.


2. überarbeitete Auflage

ISBN 978-3-99130-259-9
Lektorat: Tobias Keil
Umschlagfotos: Zerbor, Umbertoleporini,
Juan Moyano | Dreamstime.com
Umschlaggestaltung, Layout & Satz:
novum Verlag
Innenabbildungen: Dr. Gunther Mair

**www.novumverlag.com**

Climate neutral
Print product
ClimatePartner.com/16547-2201-1002

Für
meinen Enkel Manos
und
seine Generation

## Vorwort zur zweiten Auflage

Der Verkaufserfolg der Erstauflage von 2021 hat mich als „unbekannten Erstautor“ doch einigermaßen überrascht.

In den nur eineinhalb Jahren seither ergaben sich wesentliche Änderungen in der Weltpolitik, in der europäischen Regionalpolitik und in der Wahrnehmung des Klimawandels, um nur einige Themen zu nennen.

Dieses Buch taucht zwar bis in die frühmenschliche Vergangenheit, sucht jedoch den rationalen und emotionalen Anschluss an das Hier und Jetzt. Ich entschloss mich daher zu einer zweiten, durchgesehenen und aktualisierten Auflage.

Gunther Mair, November 2022

# Inhaltsverzeichnis

# Prolog

Meine Kindheit fiel in die sechziger Jahre des vorigen Jahrhunderts. Nach den Zerstörungen des Zweiten Weltkriegs boomte die Wirtschaft, und es herrschte ein ungebrochener Fortschrittsglaube. Jungen bekamen Metallbaukästen, Elektrobaukästen und die etwas älteren auch Chemiebaukästen geschenkt. Ich erlebte in meinem Elternhaus die Umstellung der Heizung von Koks über Öl auf Gas. Im Ausland angeworbene Arbeitskräfte hießen damals Gastarbeiter, kamen zum größeren Teil aus Italien und der Türkei und waren als arbeitsame und freundliche Menschen bekannt. Die Welt befand sich im Kalten Krieg zwischen Sowjetunion und USA, aber von der Kubakrise 1963 mit drohender Atomkrieg-Eskalation bekam ich als Kind noch nichts mit. Die erste Mondlandung 1969 verfolgte ich mit glänzenden Augen. Im Gymnasium traktierte uns ein motivierter junger Gemeinschaftskundelehrer regelmäßig mit neuen Details zu den nuklearen Abrüstungsverhandlungen, die wir auswendig lernen mussten und die mir trotzdem nichts sagten. Einige meiner Freunde schwärmten für Mao, dessen in der chinesischen Sprache hinten stehender Vorname damals noch Tse-tung geschrieben wurde. Dass sein „Großer Sprung nach vorn" (1958–1961) eine misslungene Technologisierungskampagne war, die durch Landwirtschaftsmissmanagement eine zweistellige Millionenzahl an Hungersopfern gefordert hatte, war uns nicht bekannt. Auch der visionäre Bericht „Die Grenzen des Wachstums" des internationalen Club of Rome[1] (1972) ging an meinem politisch unmotivierten Schülerdasein spurlos vorbei.

1 Der Bericht prognostizierte bei konstanten Trends von Bevölkerungswachstum, Industrialisierung und Ausbeutung natürlicher Rohstoffe eine absolute Wachstumsgrenze innerhalb von 100 Jahren (also 2070). Danach würde die Bevölkerung unter anderem durch Nahrungsmangel kollabieren.

Als mir meine Eltern das erste Auto schenkten, war das ein gebrauchter Käfer, der 13 Liter verbleites Benzin pro 100 km verbrauchte. Damals musste ich regelmäßig die Scheiben putzen, da sie voller toter Insekten waren – so viele Insekten auf einem Fleck gibt es heute gar nicht mehr. 1976 erfolgte der erste kommerzielle Start des ultramodernen Überschallflugzeugs Concorde, eines technologischen Traums, der sich zerschlagen sollte, nicht nur wegen des hohen Kerosinverbrauches, sondern auch wegen des höllischen Lärms und eines Absturzes. Die Umweltverschmutzung durch Chemikalien kam der Öffentlichkeit ins Bewusstsein und das Ozonloch über der Antarktis wurde entdeckt.

Etwas später – ich war bereits jung verheiratet und stand am Anfang meines Berufslebens in der chemischen Großindustrie – fiel 1989 die Berliner Mauer, die Sowjetunion brach auseinander und Deutschland wurde wiedervereinigt. Manche sprachen vom „Ende der Geschichte", im Glauben, dass nun der Frieden, die Demokratie, der Kapitalismus und die freie Marktwirtschaft für immer gesiegt hätten.

Kurz gesagt: Ich hatte eine unauffällige typische deutsche Mittelstandsjugend, und die Welt schien sich zum Besseren zu entwickeln, technologisch, gesellschaftlich und politisch.

Leider sollte sich das als Trugschluss herausstellen.

Wie heißt der schöne Spruch: „Gestern standen wir noch am Abgrund, heute sind wir einen Schritt weiter!"

Dreißig Jahre später ist die globale Blockbildung mit drohendem Kriegsrisiko wieder zurückgekehrt, diesmal zwischen den USA und China. Russland hat den Krieg nach Europa hineingetragen. Eine Pandemie hat die Welt heimgesucht. Migrationsströme nehmen zu. Die Entwicklung des Internets und das damit verbundene Aufkommen neuer sozialer Medien haben die geistige Blockbildung gefördert und sich damit häufig nicht gerade hilfreich für den Erhalt lebensfähiger demokratischer Strukturen erwiesen. Wohin wir schauen – China, USA, Brasilien, Türkei,

Russland –, der Traum eines Siegeszugs der freiheitlichen und friedlichen Demokratie hat sich nicht realisiert, sondern eher sein Gegenteil.

Zusätzlich zu diesem politischen Tagesgeschäft, wie man es nennen könnte[2], sind jedoch Probleme völlig neuer Art getreten: Probleme, die die Erde als Ganzes betreffen.

Dies ist erstens der Klimawandel. Die menschliche Zivilisation nutzt die Atmosphäre inzwischen so stark als Müllhalde für Treibhausgase – allen voran Kohlendioxid ($CO_2$) –, dass sich deren Zusammensetzung signifikant geändert hat und weiter ändert, mit den bekannten Folgen, die uns in kurzer Zeit von einer geologischen Kaltphase in eine geologische Warmphase katapultieren könnten.

Zum Zweiten ist dies das Artensterben. Lebensraumabwertung durch Rodung und intensive Landwirtschaft sowie Flächenverbrauch durch Versiegelung haben ebenfalls erstmalig seit Menschengedenken global und regional zu einer Abnahme des Bestands von biologischen Arten bis hin zum Aussterben geführt. Fachleute vergleichen dies bereits mit dem letzten großen Aussterbeereignis vor rund 60 Millionen Jahren, das zum Verschwinden der Dinosaurier geführt hat.

Beide Arten der Veränderung, die des Klimas und die des Artenreichtums, sind bereits in der Vergangenheit mehrfach aufgetreten. Neu und damit bedrohlich sind das für geologische Verhältnisse ungeheure Tempo, in dem sich die Veränderungen vollziehen, sowie die Tatsache, dass wir als Verursacher die katastrophalen Folgen der Zerstörung unserer Lebensgrundlagen vorhersehen und teilweise bereits spüren können.

---

2 Das ist nicht zynisch gemeint, sondern soll zum Ausdruck bringen, dass der Mensch in geschichtlicher Zeit und wahrscheinlich schon erheblich früher regelmäßig seine Streitigkeiten mit Gewalt ausgetragen hat.

Das ist das Seltsame: Obwohl wir in beiden Fällen wissenschaftlich und technisch wissen, was zu tun wäre, sind wir offenbar nicht in der Lage, diese eminenten Bedrohungen wirksam abzuwehren. Warum ist das so? Steht man diesem Befund tatsächlich wehrlos gegenüber?

Schon über fünfzig Jahre alt, begann ich mich in die Thematik „Klimawandel" einzulesen, was mir als studiertem Chemiker leichtfiel. Die wissenschaftlichen Details zum Zustand der Natur, der Tiere und Pflanzen herauszufinden war für mich als biologischen Laien schon eine deutlich schwierigere Aufgabe. Ich begann meinen Lebenswandel zu überprüfen, wie Höhe des Fleischkonsums, Anzahl der Reisen usw., ließ zwei Dutzend Bäume und eine Blumenwiese in meinen Heimatgemeinden pflanzen, isolierte das Haus, installierte Photovoltaik-Platten auf dem Dach und legte einen Naturgarten an.

Das half mir allerdings noch nicht, das eigentliche Problem – mangelnde Abwehr angesichts einer existenziellen Bedrohung – zu verstehen, das die globale Gesellschaft offenbar hat. Ich las daher Bücher über die Evolution und die Psychologie des Menschen und über das Dilemma, das entsteht, wenn das gefühlte Wohl des Einzelnen zum schlechten Ausgang für alle führt – bekannt unter der Spielform „Gefangenendilemma". Ich fand in der Geschichte Beispiele der Übernutzung von Naturressourcen, die die Menschen gemeinsam erfolgreich beenden konnten. Ich begann mit Freunden und Bekannten zu reden und verfolgte die Nachrichten über den schleppenden Fortgang der politischen Bemühungen um Klima- und Artenschutz, Bemühungen, deren „Spielregeln" und Schwierigkeiten mir nun verständlicher erschienen.

Mir wurde klar, dass es bei kollektiven Problemen hilfreich und der Problemlösung dienlich ist, möglichst intensiv zu kommunizieren, und dazu wollte ich einen bescheidenen Beitrag leisten: Dies ist die Motivation für das vorliegende Buch.

# Über dieses Buch[3]

Würden alle oder zumindest die meisten Menschen sich an der mehrheitlichen wissenschaftlichen Meinung orientieren und auch dasselbe Wertesystem haben, wären globale Probleme wie Klimawandel und Artensterben im Handumdrehen gelöst.

Warum zerstören wir Menschen weiterhin unsere Ressourcen, obwohl wir es doch besser wissen?

Um eine Erklärung für dieses paradoxe Verhalten zu finden, werde ich im Folgenden nach Antworten auf diese Fragen suchen:

- Wer ist überhaupt „wir"? Die Familie, die Nachbarschaft, eine Religionsgemeinschaft, ein Staat, die Menschheit, die belebte Natur unserer Erde?
- Wie steht es um das Zusammenspiel von Egoismus und Altruismus im Menschen?
- Wie bilden sich Wertvorstellungen, und in welchem Zusammenhang?
- Wann vertraut man einem Dritten, dass er sich an gemeinsame Regeln hält, und wann nicht?
- Welchen Einfluss hat die evolutionäre Prägung auf unser Denken und unsere Entscheidungen?

Der Begriff „Tragik der Allmende" beschreibt das Problem, das entsteht, wenn ein begrenztes Allgemeingut (Allmende[4]) durch dessen Nutzer überlastet wird: ein kollektiver Schaden. In entsprechenden Situationen tritt die Überlastung ohne weiteres Zutun sozusagen automatisch auf, kann aber durch

3 Sie werden in diesem Buch einer Reihe von Fachbegriffen und Abkürzungen begegnen. Weniger geläufige sind in Fußnoten erklärt. Eine Liste mit Erklärungen findet sich im Anhang.

4 Allmende: aus dem Alt- oder Mittelhochdeutschen für Gemeindeflur

Erkennen des Problems und geeignete Gegenmaßnahmen gestoppt werden.

Die US-amerikanische Politikwissenschaftlerin Elinor Ostrom widmete diesem Thema ihre Laufbahn und erhielt für ihre Forschungen 2009 als erste Frau den Wirtschaftsnobelpreis. In diesem Buch möchte ich unter anderem einige ihrer wesentlichen Ergebnisse und Analysen vorstellen.

Nach einer Zusammenstellung von Zahlen und Fakten zu Klima und Umwelt im historischen Kontext werde ich Ostroms Modell der Interaktionen in Situationen, in denen ein gemeinsames Gut durch Übernutzung gefährdet ist, einführen. Dabei werden Begriffe wie „Institution", „Wert", „Norm" und „Regel" entsprechend Ostrom erläutert und ihre Erkenntnisse zu Erfolgs- und Misserfolgsfaktoren für die Verwaltung von Allmendesituationen vorgestellt.

Um Ostroms theoretisches Gedankengebäude mit Leben zu füllen, werden wir einen Gang durch ausgewählte Kapitel der Geschichte machen, darunter die Besiedelung der pazifischen Inseln, die Eindämmung des Ozonlochs, der Wanderfeldbau in Madagaskar und die Unterschiede der Bevölkerungsentwicklung in exemplarischen Ländern.

Auch die Funktionsweise des Akteurs Mensch werden wir betrachten. Erkenntnisse der Evolution und der Neurowissenschaften werden uns helfen, die Grundlagen unserer Entscheidungen besser zu verstehen. Dazu tauchen wir ein in die Tiefe des menschlichen „Ich", von seiner evolutionären Vorgeschichte vor Millionen Jahren über die Ausbreitung der menschlichen Arten auf der Erde, von seiner emotionalen Steuerung über den Körper und über die an ihn herangetragenen äußeren Informationsreize bis hin zur Frage: Welche Entscheidungsfreiheit haben wir eigentlich, um zu wollen, was wir wollen?

# 1 Klimawandel

Aus den Nachrichten: In Australien verbrennen 110 000 km² Wald, das entspricht einem Drittel der Fläche von Deutschland. Dabei sterben 34 Menschen und etwa eine Milliarde Säugetiere, Vögel und Reptilien. Eine Heuschreckenplage überfällt Afrika. Äthiopien, Eritrea, Kenia, Somalia und Uganda sind betroffen, die Heuschreckenschwärme erreichen Iran und Pakistan. Überschwemmungen in Indien und China fordern über 2000 Menschenleben, zwei Millionen Menschen werden obdachlos und über 30 Millionen sind betroffen. In der heftigsten karibischen Hurrikan-Saison seit Beginn der Aufzeichnungen gehen schon im September die Namen aus (die Stürme werden nach dem Alphabet benannt) und man muss auf das griechische Alphabet zurückgreifen.[5] In der Stadt Werchojansk, bekannt als Kältepol Sibiriens, klettert das Thermometer auf plus 38 °C (Kramer 2020).

Diese Katastrophenereignisse sind nicht Teil eines Science-Fiction-Klimathrillers, sondern passierten alle allein im Jahr 2020. Ihre Kosten wurden konservativ auf über 100 Mrd. US-Dollar geschätzt. Und die Liste ließe sich beliebig fortführen.

Betrifft uns das auch in Europa? Die Antwort ist natürlich ein klares Ja. Allein zwei Stürme in Großbritannien/Irland und in Frankreich/Italien im Jahr 2020 forderten 30 Todesopfer und verursachten Kosten von rund 6 Mrd. US-Dollar (Kramer 2020). Sieben der zehn zerstörerischsten Gewitter in Deutschland seit 1980 ereigneten sich innerhalb der letzten sieben Jahre (Lozán 2018). Die Überschwemmung im Ahrtal im Sommer 2021 forderte über 180 Tote, Wiederaufbaukosten wurden auf mehr als 30 Mrd. Euro geschätzt (MDR 2022).

5 Es wurden 30 Stürme benannt, wovon 12 – ebenfalls noch nie vorgekommen – das Festland erreichten.

Die Zahl der Hitzetage in Deutschland hat sich seit 30 Jahren verdreifacht[6] (UBA 2020) und die Durchschnittstemperatur ist bereits um 2,2 °C gestiegen[7] (DWD 2020). Wegen der Trockenheit fiel tendenziell über die vergangenen Jahre der Ertrag der Getreideernte in Deutschland.

Gleichzeitig drängten sich dort im Winter 2020/2021, da wegen der Corona-Pandemie die Staatsgrenzen in Richtung Alpen geschlossen waren, die Massen auf jedem Mittelgebirgsgipfel, der etwas Schnee hatte – wie die Eisbären auf der letzten Scholle der Arktis.

Die Wissenschaft kann ungefähr abschätzen, wie die Temperatur mit der Menge der Treibhausgase steigen wird. Sie ist aber überfordert, in Zahlen anzugeben, wie viele Wälder jedes Jahr verbrennen und wie viele Unwetter und Dürren es geben wird. Wie schnell treiben Hungersnöte, Hitze, regionaler Süßwassermangel und steigender Meeresspiegel nie gesehene Migrantenströme in die kühleren und reicheren Länder? Keiner weiß es. Wir beobachten jedoch, dass Jahr für Jahr die Prognosen der Wissenschaftler von der Realität überholt werden. Wir haben einen gefährlichen Geist aus der Flasche gelassen – und anders als im orientalischen Märchen ist es kein Geist, sondern es sind Gase, die wir freilassen, und wir machen die Flasche nicht zu!

Wir wissen, dass der Mensch den Klimawandel verursacht, aber wer zieht deshalb Konsequenzen für sein tägliches Leben?

Die meisten von uns kennen den Preis für einen Liter Milch, ein Schweinesteak oder – falls wir ein Auto besitzen – für einen Liter Treibstoff. Wir kennen unser Einkommen und unsere Ausgaben.

---

6 Die Zahl der regionalen Hitzetage (mit einem Maximum über 30 °C) pro Jahr stieg von 4 (bis 1990) auf 12 (2015–2020). Im Rheingraben beträgt der Wert über 20.

7 2020 betrug die Durchschnittstemperatur in Deutschland 10,4 °C gegenüber dem Mittel von 8,2 °C 1961–1990.

Wenn wir essen gehen oder in den Urlaub fahren, prüfen wir die Kosten genau und wählen danach aus. Wir wollen möglichst wenig Steuern zahlen, und manche von uns machen sich Gedanken, wo es langfristig hinführt, wenn Städte und Staaten sich hoch verschulden.

Beim Geld sind wir genau – aber wissen wir auch, welche Mengen Treibhausgas wir „ausgeben", das heißt produzieren? Was „kostet" die Milch, das Fleisch, ein Handy, der Treibstoff, der Urlaub, ein gemauertes Ziegelhaus? Wie hoch sind unsere „Ausgaben" und „Schulden" und die der Menschen in anderen Ländern?

Katastrophenmeldungen sind ein schlechter Ratgeber; man benötigt Zahlen und Fakten, um sich ein realistisches Bild machen und vernünftige Entscheidungen treffen zu können. Deshalb ist dieses erste Kapitel einigen Erläuterungen zum Klimawandel gewidmet. Wie war das früher (Mair 2009)?

## Zeitraum Millionen Jahre: Kontinentaldrift

Wir haben Daten zum Klima seit dem ersten Nachweis von Fossilien, das heißt aus den letzten 600 Millionen Jahren. Die Durchschnittswerte der globalen Oberflächentemperatur variierten in mehreren Schüben, jeweils über Millionen von Jahren, zwischen etwa 12 und 23 °C. Wir nennen dies „Kaltphasen" bzw. „Warmphasen". In diesen geologischen Zeiträumen ist die Kontinentaldrift die wichtigste Ursache für die Veränderungen. Große Kontinentalmassen in Äquatornähe begünstigen warmes Klima, wohingegen Landmassen in Polnähe der Vereisung Vorschub leisten. Die Vereisung erhöht den Albedoeffekt – die Reflexion von Sonnenlicht –, was die Abkühlung verstärkt und somit zu tiefen Temperaturen führt. Im Devon (410–360 Mio. Jahre v. h.[8]) herrschte eine der landmassenbedingten Warmphasen und in

8 v. h.: „Vor heute". Verwendet für Zeitangaben in der ferneren Vergangenheit. Die Erklärung aller Zeitangaben findet sich im Anhang.

dieser Zeit brachten üppig wachsende Sumpfwälder das meiste $CO_2$ der Atmosphäre unter die Erde, indem sie zu Kohle, Gas und Öl wurden. Im folgenden Karbon (360–290 Mio. Jahre v. h.) setzte sich dieser Prozess fort – daher auch der Name dieses Erdzeitalters – und der Kohlendioxidgehalt der Luft fiel von über 4000 auf etwa 400 ppm[9], in der Größenordnung des heutigen Wertes. Während der Warmphasen trug auch die Bildung von Kalk- und Dolomit-Sedimenten[10] aus Algen, Schwämmen und Korallen zur Abreicherung des $CO_2$ aus der Atmosphäre bei: Die heutigen Ostalpen (auch Kalkalpen genannt) sind gigantische Kohlenstoffspeicher, genauso wie Kohle-, Öl- oder Gasvorkommen.

Vor etwa 300 Mio. Jahren vereiste eine Landmasse am Südpol und die Durchschnittstemperatur fiel in einer Kaltphase auf 12 °C. Im Trias (250–210 Mio. Jahre v. h.) war diese Vereisung wieder aufgehoben und die letzte große Warmphase mit rund 22 °C begann. Sie endete mit einem Eldorado für riesige Wechselblüter, die sich in der Wärme wohlfühlten: die Dinosaurier.

Vor etwa 65 Mio. Jahren hatte sich Australien so weit von der Antarktis gelöst, dass sich um diese eine zirkumpolare Meeresströmung bilden konnte. Dies führte zur thermischen Isolierung der Antarktis, die deshalb wieder vereiste. Vor rund 2,5 Mio. Jahren schloss sich die Lücke zwischen Nord- und Südamerika, und man vermutet, dass die dadurch veränderten Meeresströmungen die Vereisung auch der nördlichen Polkappe bewirkten: Die jüngste und aktuelle Kaltphase mit auf 12 °C fallenden Durchschnittstemperaturen hatte begonnen.

---

9 ppm: Millionstel. Alle Einheiten und Mengenangaben sind im Anhang erläutert.

10 Kalk ist chemisch $CaCO_3$ (Calciumcarbonat), Dolomit $CaMg(CO_3)_2$.

## Zeitraum wenige hunderttausend Jahre: Erdbahnoszillation

In dieser geologisch kurzen Zeitspanne spielt die Kontinentaldrift keine Rolle. Trotzdem wechselten sich – in der aktuellen Kaltphase – rund alle 100 000 Jahre die „Eiszeiten" und „Warmzeiten" ab, mit jeweils einigen °C Temperaturunterschied. Wodurch wurden sie ausgelöst?

Hier kommt ein weiterer Faktor für Klimaveränderungen ins Spiel: die Erdbahn- und Erdachsenoszillation, die in der Zeitskala von 10 000–100 000 Jahren wirkt. Sie verursachte die Eiszeiten der jüngeren geologischen Vergangenheit, von denen die letzte vor etwa 10 000 Jahren zu Ende ging. Wir leben heute also in einem warmen Abschnitt (Warmzeit) der aktuellen Kaltphase. Vor Beginn der Industrialisierung betrug die Durchschnittstemperatur etwa 14 °C, bei einem $CO_2$-Gehalt der Atmosphäre von 280 ppm.

Der Vollständigkeit halber sei erwähnt, dass ein weiterer innerhalb von 10–100 Jahren wirkender Klimafaktor existiert, nämlich die Sonnenaktivität[11]. Diese führte während des Mittelalters zu einer leichten Temperaturerhöhung um 0,3 °C und zu mehreren Kälteperioden mit einer Absenkung der Durchschnittstemperatur um 0,2 °C zu Beginn der Neuzeit (die „kleine Eiszeit").

## Zeitraum Gegenwart: Industriezeitalter

Heute greifen wir, das heißt die menschliche Zivilisation in ihrer Gesamtheit, in die natürlichen Klimaveränderungen ein, indem wir den Kohlenstoff, der während Jahrmillionen, vor allem im Devon und Karbon, der Atmosphäre entzogen wurde,

11 Die Intensität der Sonnenstrahlung unterliegt Schwankungen von etwa einem Promille; sie ist hoch bei einer starken Sonnenflecken-Aktivität.

innerhalb einiger Jahrzehnte verfeuern und Kalkstein unter Freisetzung von $CO_2$ in Beton verwandeln.

Worin liegt das Problem?

Treibhausgase

Kohlendioxid ist ein Treibhausgas. Es lässt die Sonnenstrahlung zum Erdboden durch, absorbiert und reflektiert aber die langwelligere Infrarotstrahlung, die von der Erde zurückgestrahlt wird, und wirkt damit wie die Glasscheibe eines Gewächshauses. Seit Beginn der Ausbeutung von Kohle, Erdöl und Gas wurden global rund 2000 Gt (Gigatonnen oder Milliarden Tonnen) $CO_2$ ausgestoßen, wodurch der atmosphärische Gehalt von vorindustriellen 280 ppm auf heute 410 ppm (Stand 2019) stieg (siehe Abb. 1). Das ist eine Steigerung über das durchschnittliche Niveau der letzten Million Jahre auf fast das Eineinhalbfache – in weniger als 100 Jahren.

Und wir emittieren noch weitere Treibhausgase: Methan ($CH_4$), Lachgas ($N_2O$) und halogenierte Kohlenstoffverbindungen (HalC). Methan wird von Wiederkäuern beim Verdauen ausgestoßen und bildet sich bei der Nasskultur von Reis. Lachgas entsteht aus anderen Stickstoffverbindungen und ist damit eine Folge der Düngung. Beide Treibhausgase sind also stark an die Landwirtschaft, das heißt an unsere Essgewohnheiten, gekoppelt. Zur Stoffklasse der halogenierten Kohlenstoffverbindungen gehören die Fluorchlorkohlenwasserstoffe, die etwa in Kühlgeräten eingesetzt werden. Dazu mehr in einem späteren Kapitel.

Wie stark unterscheiden sich diese Treibhausgase in ihrer Strahlungswirkung? Diese wird in Heizleistung pro Fläche (Watt/$m^2$) ausgedrückt, wobei die Temperatur bei positiver Strahlungswirkung steigt, bei negativer fällt und bei null konstant bleibt. Im Jahr 2011[12] betrug die Strahlungswirkung 1,7 Watt/$m^2$ für $CO_2$, 1,0 Watt/$m^2$ für $CH_4$ und je knapp 0,2 Watt/$m^2$ für HalC und

12 Folgende Zahlen gerundet.

$N_2O$, insgesamt also etwa 3,1 Watt/$m^2$. Unter Abzug kühlender Effekte zum Beispiel durch Aerosole und durch Wolkenbildung resultiert eine anthropogene Gesamt-Strahlungswirkung von 2,3 Watt/$m^2$ (Stand 2011, IPCC 2014).

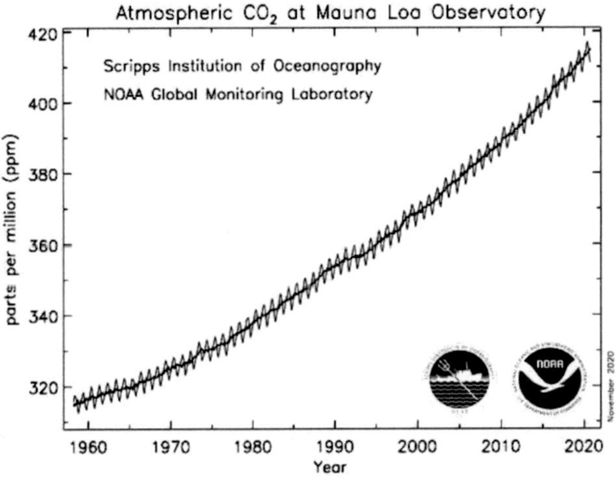


Abb. 1: Entwicklung des atmosphärischen $CO_2$ (NOAA 2020)[13]

Dies ist zu vergleichen mit der „natürlichen“ Abstrahlung der Erde von etwa 340 Watt/$m^2$. Die Oberflächentemperatur stellt sich dabei so ein, dass ein Gleichgewicht zwischen der Sonneneinstrahlung und der Abstrahlung durch die Erde besteht.

Der Mensch verursacht also einen Strahlungsbilanz-Fehler von über einem halben Prozent (2,3/340 = 0,67 %), der auch noch jährlich zunimmt: Damit verschiebt sich die Gleichgewichtstemperatur der Erdoberfläche nach oben. Die Erde fängt

13 Warum ist es eine jährliche Zackenkurve? Auf der Nordhalbkugel gibt es mehr Biomasse (Wälder). Im Sommer bindet dieser Wald durch Photosynthese und Wachstum $CO_2$, um es im Winter durch Verrottung teilweise wieder abzugeben.

quasi an zu schwitzen wie ein Mensch, der sich in der warmen Sonne einen dunklen Pullover überzieht. Und da sie zum Temperaturausgleich nicht schwitzen kann, im Gegensatz zu uns Warmblütern mit Schweißdrüsen, wird sie immer wärmer.

Um die verschiedenen Treibhausgase miteinander vergleichen zu können, werden alle auf die Wirksamkeit von $CO_2$ umgerechnet und als „$CO_2$-Äquivalente" ($CO_2$-Äquiv.) zusammengezählt. 2019 wurden global 59 Gt $CO_2$-Äquivalente ausgestoßen, davon etwa drei Viertel $CO_2$ und knapp ein Fünftel $CH_4$ (IPCC 2022).

Energieverbrauch

Wie hat sich der Energieverbrauch der Menschheit in den letzten Jahrhunderten verändert? Er ist naturgemäß gewachsen, und zwar schneller als die Bevölkerung, da wir im Durchschnitt mehr heizen, mehr reisen, mehr essen und mehr konsumieren. Dies gilt auch, wenn wir die Nutzung von Holz als Brennmaterial, von Wasserkraft und anderen erneuerbaren Energien abziehen.

Abb. 2 zeigt dies unter Verwendung der sogenannten fossilen Primärenergie, das heißt der Summe an geförderter Kohle, Erdöl und Erdgas.

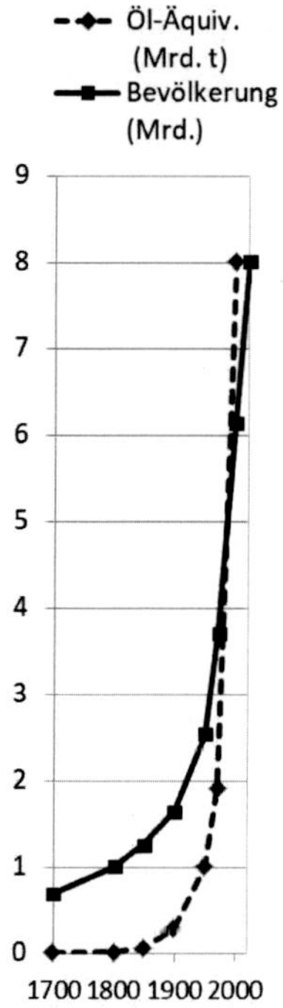

Abb. 2: Fossiler Primärenergieverbrauch (nach Smil 2017) und Weltbevölkerung

Bilanzen

Die anthropogene Emission von allen Treibhausgasen hat laut Information des Weltklimarates IPCC[14] seit Beginn der Industrialisierung zu einer Zunahme der durchschnittlichen globalen

14 IPCC: Intergovernmental Panel on Climate Change, Weltklimarat, eine Organisation der Vereinten Nationen

Oberflächentemperatur von etwa 1,2 °C geführt (WMO 2020), mit deutlich höheren Werten in der Arktis und anderen nördlichen Gebieten. Wie schon erwähnt, betrug die Abweichung in Deutschland im Jahr 2020 bereits 2,2 °C.

Durch welche Tätigkeiten werden diese Treibhausgase erzeugt?

Die Verbrennung fossiler Energieträger zum Heizen, für den Verkehr, für die Stromerzeugung oder die Industrie trägt zu rund 60 % der Treibhausgase bei. Methan-Emissionen, hauptsächlich aus der Landwirtschaft, liefern weitere 20 %. Der nächstgrößte Posten stammt aus der Abholzung von Wäldern mit 10 %.[15]

Als Einzelbeispiele für die fossile $CO_2$-Emission seien genannt: die Stromerzeugung (über 40 %), der Landverkehr (um 15 %), die Betonherstellung (8 %), der Flugverkehr (2–4 %) und die Synthese von Stickstoffdüngern (1 %).

Länderbezogen hat sich China mit einer dramatischen Steigerung um den Faktor drei in nur 20 Jahren mit 28,8 % der globalen $CO_2$-Emissionen auf Platz eins katapultiert, mit weitem Abstand gefolgt von den USA (14,5 %), Indien (7,3 %) und Russland (4,5 %) (BP 2020).[16]

Pro Kopf gerechnet und für alle Treibhausgase ergibt sich jedoch ein anderes Bild. Während der globale Durchschnitt 2018 bei 6,1 t $CO_2$-Äquiv. pro Person und Jahr lag, betrugen die Zahlen beispielsweise für Australien 27 t, USA 20 t, Russland 14 t, Deutschland 12 t, China 9 t, Indien 2,5 t oder für Nigeria 1,7 t $CO_2$-Äquiv. pro Kopf und Jahr (Crippa 2019).

15 Angaben zu Treibhausgasmengen sind mit erheblichen Unsicherheiten behaftet und sollten als Circa-Werte verstanden werden.

16 Zum Vergleich: Deutschland liegt bei 2,0 %.

Die persönliche Rechnung

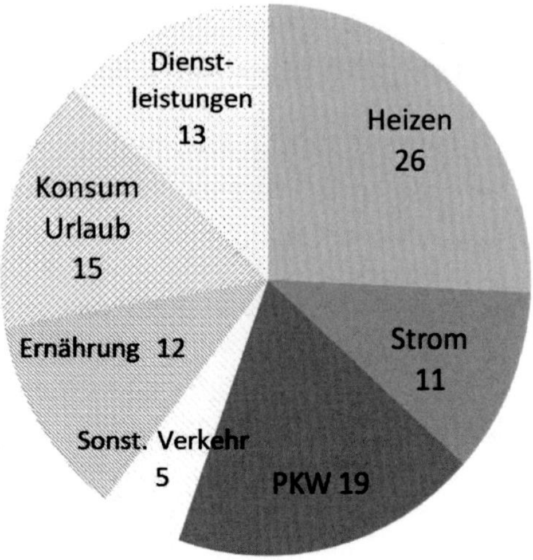


Abb. 3: Primärenergieverbrauch deutscher Haushalte (%)
(Statistisches Bundesamt 2020)

Was bedeutet dies für den Einzelnen? Bei einem deutschen Haushalt verteilt sich der Primärenergieverbrauch bezogen auf die $CO_2$-Erzeugung folgendermaßen: Heizen 26 %, PKW 19 %, Ernährung 12 %, Strom 11 %, Konsum einschließlich Urlaub, Flug- und Bahnreisen die restlichen 33 % (siehe Abb. 3) (Statistisches Bundesamt 2020) und beläuft sich auf etwa 7 t $CO_2$ pro Jahr. Dazu kommen weitere rund 2 t $CO_2$ pro Jahr für den Energiebedarf etwa der Verkehrsinfrastruktur, der Schulen und Krankenhäuser, die der Privatkonsument nicht direkt beeinflussen kann.

Und hierzu sind nochmals rund 3 t $CO_2$-Äquiv. pro Jahr aus Methan und Lachgas, also hauptsächlich aus der Ernährung, zu addieren, um auf den deutschen Treibhausgasdurchschnitt von 12 t $CO_2$ Äquiv. pro Person und Jahr zu kommen.

Das sind statistische Werte – vom Kleinkind bis zum Greis wird jeder gleich berücksichtigt – und abhängig vom Lebensstil. So erhöht ein einziger Interkontinental-Rückflug den persönlichen

Ausstoß sofort um 2–4 t $CO_2$, und damit um rund ein Viertel des deutschen Jahresdurchschnittswerts.

Es besteht Konsens, dass die Nachteile einer Temperaturerhöhung deren Vorteile bei weitem überwiegen, sowohl für den Menschen als auch für die restliche Natur. Die Wissenschaft kann die Höhe dieser Nachteile nicht genau beziffern und warnt außerdem vor sogenannten „Kippeffekten". Dies wären etwa ein Austrocknen des Amazonas-Urwaldes oder der Stillstand des Golfstroms. Die Politik hat daher ein Ziel vorgegeben, und zwar eine Temperaturerhöhung von 1,5 °C nicht zu überschreiten.

Hier kommt wieder die Wissenschaft ins Spiel: Der IPCC schätzt, um dieses Ziel zu halten, wurde nur noch ein „Treibhausgasbudget" von 400–600 Gt $CO_2$-Äquiv. verbleiben.

Der Haken ist: Dieses Budget wäre beim jetzigen Jahresausstoß bereits in rund 10 Jahren ausgeschöpft.

Für den Einzelnen bedeutet dies im Klartext, er müsste seinen Lebenswandel innerhalb von kurzer Zeit klimagasneutral umstellen.

Die globale Klimaformel auf dem Bierdeckel

Um die Wirkung unserer Lebensweise auf das Klima oder allgemein auf begrenzte Ressourcen abzuschätzen, kann man aus globaler Sicht folgende Formel[17] verwenden:

$$A = B * K * T$$

Dabei bedeuten die Buchstaben Folgendes:

A = **A**uswirkung auf die Atmosphäre und damit auf das Klima, allgemein auf begrenzte Ressourcen

B = Größe der Welt**b**evölkerung

17 Im Original: I = P*A*T (Impact = Population * Affluence * Technology). Diese Formel wird Paul R. Ehrlich und John Holdren zugeschrieben, Anfang der 1970er Jahre.

K = **K**onsum; üblicherweise wird als Näherung hierfür das Bruttoinlandsprodukt (BIP)[18] pro Person verwendet
T = spezifische **T**echnologiewirkung auf das Klima, allgemein auf begrenzte Ressourcen

In Worte gefasst: Je mehr Menschen mehr konsumieren, desto größer ist der Ressourcenverbrauch. Dies muss allerdings korrigiert werden bezüglich der Art des Konsums: Benötigt dieser viele oder wenige Ressourcen oder trägt er gar zu deren Erhöhung bei?

Dieser Korrekturfaktor T, die Technologiewirkung, soll an Beispielen erläutert werden: Bei gleichem Konsum kann die dafür verbrauchte Energie unterschiedlich sein. Ein Kraftwerk kann Elektrizität mit höherer oder niedrigerer Ausbeute produzieren, ein Auto oder eine Lampe kann mehr oder weniger Treibstoff bzw. Strom verbrauchen. Zudem kann die Energiequelle „erneuerbar" sein, für Strom also etwa Solarzellen, Windturbinen oder Wasserkraft, und benötigt damit für ihren Betrieb keine fossilen Ressourcen. Analoges gilt für den Artenschutz. Landwirtschaft kann mehr oder weniger naturverträglich betrieben, Wälder, Städte und Gärten können mehr oder weniger naturnah gepflegt werden. Wenn zur $CO_2$-Bindung Wälder gepflanzt oder zum Artenschutz Flächen renaturiert werden – beides formal auch Konsum, da die Kosten im BIP auftauchen –, werden die Ressourcen verbessert; in diesem Fall wird der Faktor T kleiner als eins.

Sollte die Weltbevölkerung den Ressourcenverbrauch komplett beenden, wäre T gleich Null. Das ist die vereinfachte mathematische Formulierung des politischen Ziels, Klimawandel und Artensterben zu stoppen.

Das Ringen um Technologieverbesserungen nimmt in der Öffentlichkeit und der Politik einen breiten Raum ein – denken wir nur an die Elektromobilität, an die kontroversen Diskussionen

18 Erläuterung des BIP siehe Anhang

über die Windkraft oder an Wasserstoff als Energiespeicher. Hier werde ich das Thema allerdings nicht weiter vertiefen; das wäre genügend Stoff für ein zweites Buch!

Die obige Formel ist sehr simpel und passt sozusagen auf einen Bierdeckel. Sie ist deshalb natürlich auch nur eine grobe Abschätzung. Ein systematischer Fehler liegt zum Beispiel darin, dass das BIP proportional zum Klimagasausstoß gesetzt wird. Vereinfachend wird unterstellt, dass das BIP proportional zu den hergestellten materiellen Produkten ist und diese wiederum einen proportionalen Anteil an Klimagasen bei ihrer Herstellung erzeugen. Dies ist nicht immer richtig, da etwa Dienstleistungen, die in reichen Gesellschaften einen steigenden Anteil am BIP haben, typischerweise weniger Klimaauswirkungen haben als zum Beispiel die Stahl- oder Zementherstellung.

Beim Faktor BIP verbirgt sich sogar ein noch tiefer liegender systematischer Fehler: Unreflektiert setzen wir das BIP als gleichbedeutend mit Wohlstand an, dessen Steigerung immer erstrebenswert sei. Unterschlagen wird jedoch, und das ist in der ökonomischen Fachwelt bekannt, dass nicht jeder Bestandteil des BIP das Wohlbefinden erhöht, zum Beispiel übermäßiges Essen mit seinen Gesundheitsfolgen, Kriegsführung, die Erzeugung von Abfall. Zudem fehlen im BIP Bestandteile, die negativen Einfluss auf den Wohlstand haben: die „externen Kosten“. Darunter versteht man Kosten, die der Marktteilnehmer zwar verursacht, aber nicht bezahlen muss, und die damit im BIP nicht auftauchen. Dazu gehören zum Beispiel Schäden an der Umwelt (Smog in großen Städten, Trinkwasserverschmutzung, Vernichtung von Insekten und Blütenpflanzen durch Pestizide der Landwirtschaft), Gesundheitsschäden (Herz-Kreislauf-Erkrankungen durch Übergewicht oder Stress) und Schäden in der Zukunft (Klimawandel, Artensterben). All diese Schäden bezahlt niemand direkt und sofort in Geld, und deshalb tauchen sie nicht als (negativer) Bestandteil des BIP auf. Des Weiteren gibt es Faktoren des Wohlbefindens, die üblicherweise nicht in Geld ausgedrückt werden, wie Gesundheit, Sicherheit, eine naturnahe Umgebung. Das Bruttoinlandsprodukt ist also nur eine äußerst grobe Näherung für die Messung des Wohlstandes.

Wenn wir die „Bierdeckel-Formel“ betrachten, stellen sich entsprechend den drei Faktoren auf der rechten Seite der Gleichung die folgenden drei Fragen:

- Welche Weltbevölkerungszahl halten wir für tragfähig und wie können wir sie beeinflussen?
- Welchen Wohlstand – gemeint ist hier der klimagasrelevante Konsum – halten wir für wünschenswert und tragfähig, und wie können wir ihn inklusive der Verteilung steuern?
- Wie können wir die Technologie möglichst rasch klimaneutral umbauen?

Nichtstun ist keine gute Lösung, und zwar aufgrund folgender Überlegungen:

1. Die Temperaturerhöhung führt zum Abschmelzen der Gletscher und zu einer Erwärmung vor allem der oberen Meeresschichten, was beides eine Erhöhung des Meeresspiegels zur Folge haben wird.[19] Niedrig liegende Küstengebiete werden überschwemmt und in flachen Landesteilen kann das Grundwasser versalzen, wie etwa im Gangesdelta in Bangladesch.
2. Für die Mehrzahl der Menschen, vor allem in den tropischen Breitengraden, verschlechtern sich die Lebens- und die landwirtschaftlichen Bedingungen: Man kann davon ausgehen, dass die Ernteerträge fallen werden und damit Hungersnöte drohen.
3. Die Verkürzung der Schneebedeckungszeiten im Winter beschleunigt die Erwärmung zusätzlich, da weiße Flächen mehr Sonnenstrahlung reflektieren und damit zur Kühlung beitragen. Der Permafrostboden in nördlichen Breiten taut auf

19 Schätzungen gehen davon aus, dass die Erwärmung zu 1/3 und die Gletscherschmelze zu 2/3 zur Erhöhung des Meeresspiegels beitragen.

und gibt Methan frei, das als Treibhausgas den Klimawandel weiter beschleunigt.

4. Extremwetter-Ereignisse wie tropische Wirbelstürme über dem Meer, Stürme auf dem Land, Starkregen und Trockenheitsperioden nehmen zu. In den gemäßigten Zonen häufen sich die Waldbrände.
5. Das Meer versauert durch das $CO_2$ und wird an der Oberfläche wärmer, was zum Korallensterben führt und über geringere Durchmischung den Sauerstoffgehalt im Meer absinken lässt.
6. Tropische Krankheiten dringen in die gemäßigten Breiten vor. Arten sterben aus, weil sie langsamer wandern, als die Klimazonen sich verschieben. Nur wenige können sich freuen, wie die Skandinavier, die bald Weinbau betreiben können …

Dies alles ist bekannt. Dennoch stellt man in der Realität fest, dass weder die Staatengemeinschaft noch die einzelnen Nationen noch die meisten Menschen sich wirksam genug um diese Problematik kümmern – das ist die sogenannte Tragik der Allmende.

Das Wort „Allmende" bezeichnete im Mittelalter die Gemeindeflur oder das Gemeindegut im Besitz einer Dorfgemeinschaft. Schon 1968 wurde die „Tragik der Allmende" als Symbol für die Umweltzerstörung verwendet, die zu erwarten ist, wenn unabhängige Individuen eine knappe Ressource gemeinsam nutzen (Hardin 1968). Dies wurde am Beispiel einer Gemeindeweide beschrieben. Der einzelne Landwirt erzielt Gewinn aus seinen Tieren. Wenn er mehr Tiere weiden lässt, als es seinem Anteil entspricht, so hat er den sofortigen Nutzen, während der Schaden der Überweidung erst verzögert auftritt und mehrheitlich von den anderen Landwirten getragen wird.

Die Welt ist eine Insel – und wir haben nur diese eine.

In der vorgeschichtlichen Vergangenheit gab es bereits zahlreiche Situationen, in denen Gruppen von Menschen an eine Insel gebunden waren, und sie sind mit Ressourcenproblemen unterschiedlich umgegangen. Dies wird im folgenden Kapitel näher beleuchtet.

## 2 Die Besiedelung der pazifischen Inseln (Kirch 2000)

Abb. 4: Ausgewählte pazifische Inseln
Ungefährer Zeitrahmen der Besiedelung (nach Kirch 2000) siehe Pfeile: 1200 v. u. Z.[20] bis Tonga; 200 v. u. Z. bis Gesellschaftsinseln; 300 u. Z. Osterinsel; 400 u. Z. Hawaii; 800 u. Z. Neuseeland

Im Pazifik liegen rund 5000 Inseln. Heute werden dort noch etwa 800 Papua- und 450 austronesische Sprachen gesprochen, zum Teil nur von wenigen hundert Personen.

Während der letzten Eiszeit bei um etwa 4 °C niedrigeren Temperaturen lag der Meeresspiegel erheblich tiefer als heute. Vor

20 V. u. Z.: Vor unserer Zeitrechnung (vor Christus); u. Z. unserer Zeitrechnung (nach Christus). In eindeutigen Fällen wird u. Z. weggelassen.

etwa 60 000–40 000 Jahren konnte Homo sapiens deshalb Neuguinea und Australien erreichen, die damals durch eine Landbrücke mit Asien verbunden waren.

Bereits vor 20 000 Jahren waren die Solomoninseln erreicht, die bei guter Sicht vom Festland aus zu sehen waren.

Vor 13 000 Jahren war eine Insel 230 km nördlich von Neuguinea besiedelt. Diese Strecke war bereits so groß, dass das Ziel bei Abfahrt der Segler nicht zu sehen war, da es wegen der Erdkrümmung hinter dem Horizont lag.

Nun änderte sich jahrtausendelang praktisch nichts, bis Mitglieder einer von Taiwan ausgehenden austronesischen Sprachfamilie aktiv wurden. Sie segelten innerhalb weniger Jahrhunderte weiter nach Ostsüdost. Nach einer Fundstelle wurde für sie der Name „Lapita-Kultur“ geprägt.

Die ersten archäologischen Nachweise werden auf etwa 1200 v. u. Z. datiert. Die Lapita-Leute waren Seefahrer, die mit besegelten Auslegerkanus die etwa 5000 Kilometer offene See vom Festland bis Tonga in zwei bis drei Jahrhunderten, also in nur etwa zwanzig Generationen, erforschten und besiedelten. Handelsreisen von mehreren hundert Kilometern wurden regelmäßig unternommen. Sie wohnten in permanenten Siedlungen von typischerweise fünfzehn bis dreißig Pfahlbauten meist in Ufernähe und kannten über 28 Spezies an Nutzpflanzen sowie neben dem Schwein auch Hund und Huhn; sie beherrschten die Hochseefischerei (Thunfisch, Hai) und produzierten eine kulturspezifische Keramik. Ihre Gruppen waren nach Familie und Geburtsordnung gegliedert. Für die Besiedelung neu entdeckter Inseln brachten sie auf ihren Booten Nutzpflanzen und -tiere mit, allerdings auch ungebetene Passagiere: „Unkraut“ und „Ungeziefer“. Heute würde man dies invasive Arten nennen. So veränderten sie Flora und Fauna der Inseln nachhaltig. Der Ethnobotaniker Anderson nannte dies 1952 den „Transport von Landschaften“. Die Brandrodung war bekannt und Aussterbeereignisse von Großtieren und Vögeln sind nachweisbar.

Über die nächsten rund 2000 Jahre folgte dann die weitere Expansion nach Osten bis zur Osterinsel, nach Norden bis Hawaii und nach Süden bis Neuseeland.

Abb. 5: Polynesisches Doppelrumpfboot wie von dem Holländer Schouten 1616 zwischen Tonga und Samoa gesehen (Kirch 2000)

Die Erforschung des riesigen pazifischen Raumes (von Neuguinea bis zur Osterinsel sind es rund 10 000 km) mit den polynesischen Auslegerkanus verlief nicht zufällig, sondern folgte der Strategie der möglichst sicheren Rückkehr. Die Besiedelung war in der Ostrichtung am schnellsten, was sich mit den vorherrschenden Winden erklären lässt. Bei im Wesentlichen ostsüdöstlichen Winden (Südostpassat) mit jahreszeitlichen oder kurzfristigen Westwinden war es die sicherste Richtung, gegen den Wind (oder während einer kurzfristigen Westwindlage mit dem Wind) ins Unbekannte zu segeln, da man jederzeit mit dem Passat wieder sicher zurückkehren konnte. Der Navigator musste „nur" mit Sternenkompass auf dem bekannten Breitengrad seiner Heimatinsel nach Westen segeln und konnte diese dann nicht verfehlen.

Die Reichweite dieser Ost Expeditionen nahm im Lauf der Jahrhunderte und mit den zunehmenden seefahrerischen Fähigkeiten zu bis auf über 3000 km ununterbrochener Fahrt auf dem offenen Meer, was einer Reisezeit von mehreren Wochen entsprach.

Diese Theorie erklärt zweierlei: einerseits die Hauptausbreitungsrichtung nach Osten und andererseits, dass deutlich nähere, aber quer dazu liegende Landmassen, wie Hawaii und Neuseeland, erst spät entdeckt und besiedelt wurden. Die Galapagosinseln, weit im Nordosten vor Ecuador in Südamerika gelegen, wurden nie erreicht. Nebenbei: Madagaskar, im Indischen Ozean östlich von Afrika gelegen und über 6000 km vom pazifischen Raum entfernt, wurde vor etwa 2000 Jahren ebenfalls von austronesisch sprechenden Seefahrern entdeckt und nicht vom nur 400 km entfernt liegenden Afrika aus.

Da stellt sich die Frage: Wie wurden Inseln gefunden? Die direkte Sichtbarkeit hängt von deren Höhe ab, so ist beispielsweise die 510 m hohe Osterinsel aus etwa 50 km Entfernung zu sehen und niedrige Atolle entsprechend weniger weit. Der Experte kann allerdings durch Beobachtung und Analyse von Veränderungen der Wellenmuster, der Wolkenformationen und des Vogelfluges den Erkennungsradius auf 100 km und mehr vergrößern. Auch Biolumineszenz[21] als Richtungsgeber wird genannt. Viele Inseln liegen in Archipelen, das heißt in Gruppen mit nicht zu großem Abstand voneinander, was den Erkennungsradius weiter vergrößert.

Nach heutigem Kenntnisstand waren Längengrade von den Polynesiern damals nicht direkt zu messen.[22] Macht man sich auch noch bewusst, dass für die Breitennavigation 100 km einer Genauigkeit bei der Messung von Sternhöhen von etwa

21 Hier: Meeresleuchten durch Licht emittierende Mikroorganismen, zum Beispiel Algen

22 Dies wurde erstmals möglich nach dem Bau schiffsgängiger genauer Uhren. Die Abweichung zwischen der lokalen Zeit (zum Beispiel 12 Uhr mittags beim höchsten Sonnenstand) und der gemessenen Referenzzeit (zum Beispiel 11 Uhr) von einer Stunde entspricht 15 Längengraden.

einem Grad entsprechen, offenbart sich, welche navigatorischen Meisterleistungen die damaligen Seefahrer vollbrachten.

Noch zu Zeiten der europäischen Seefahrer wurden regelmäßige Hin- und Rückreisen von über 1300 km ohne Zwischenhalt nachgewiesen, 200 Sterne waren mit Namen bekannt und drei Wochen auf dem offenen Meer waren nichts Besonderes (Flenley 2002). Zum Vergleich: Kolumbus segelte bei seiner ersten Fahrt über den Atlantik rund 6000 km und benötigte dafür fünf Wochen. Er hatte allerdings deutlich größere Schiffe und den Kompass – und war über 1000 Jahre später als die Entdecker der Osterinsel unterwegs.

Die Methoden der Erforschung und Rekonstruktion der nahen prähistorischen[23] Vergangenheit wurden in den vergangenen Jahrzehnten deutlich verfeinert. Neben der klassischen Archäologie, das heißt der Ausgrabung von Artefakten, von Menschen- und von Tierknochen, erlaubt die sogenannte Radiocarbon-$^{14}C$-Methode[24] eine zeitliche Einordnung. Die Bestimmung der Isotopenzusammensetzung[25] mineralischer Elemente ermöglicht die Zuordnung von Steinwerkzeugen zu bestimmten geologischen Formationen oder sogar zu einzelnen Steinbrüchen. Findet man diese Werkzeuge anderswo, kann man auf Handelsbeziehungen zwischen der Ursprungsgegend und dem Fundort schließen, in unserem Fall also zwischen zwei bestimmten Inseln.

Mit Hilfe von Bohrkernen aus ungestörten Bodensedimenten kann man organisches Material gewinnen, das über die Bohrtiefe

23 Prähistorie: Geschichte des Menschen vor dem Vorliegen von Schriftzeugnissen

24 Radiocarbondatierung: Lebewesen enthalten die Isotope $^{12}C$ und $^{14}C$ in konstantem Verhältnis. Nach dem Tod zerfällt $^{14}C$ mit einer Halbwertszeit von 5700 Jahren. Aus der Änderung des $^{12}C/^{14}C$-Verhältnisses kann das Alter berechnet werden.

25 Manche chemischen Elemente kommen in der Natur mit mehreren Atomgewichten vor (den Isotopen). Deren Verhältnis kann von Mineralienfundort zu Mineralienfundort unterschiedlich sein.

und eventuell in Verbindung mit der $^{14}$C-Methode datierbar ist. In diesen Proben kann man Holzkohle finden oder auch Pollenreste, die genetisch analysiert werden können, wodurch man den Pflanzenbestand zur jeweiligen Zeit kennt. Damit sind Rückschlüsse über die Veränderung von Wald-, Gras-, Farn- oder Nutzpflanzenbestand möglich. Holzkohlezunahme ist generell ein Hinweis auf eine Brandrodungstätigkeit des Menschen.

Auch die heutigen Inselbewohner können einen Hinweis auf die Geschichte liefern: Der Vergleich von Sprachen, Dialekten und der Verwendung einzelner Worte kann Hinweise über die Richtung der Besiedelung geben.

In der unermesslichen Weite des Pazifischen Ozeans entsteht damit vor unserem Auge ein Bild hunderter abgeschiedener und im Wesentlichen auf sich gestellter Parallelwelten, die während mehrerer tausend Jahre in der Steinzeit besiedelt wurden. Da stellt sich die spannende Frage: Wie haben diese Welten ihr Schicksal gestaltet?

Im Folgenden werde ich aus dieser Vielfalt einige Fallbeispiele vorstellen: die Besiedelungsgeschichte von vier Inseln ab der Ankunft des ersten Bootes bis zum Kontakt mit den Europäern bzw. bis heute. Wie sind die sich bildenden Inselgesellschaften mit den begrenzten Ressourcen – der Allmende – ihrer Insel umgegangen?

## a. Mangaia

Diese Insel gehört zum Cook-Archipel und ist mit 52 Quadratkilometern Fläche recht klein (halb so groß wie Sylt). Sie besteht aus einem zentralen Vulkan, der komplett von einem bis zu zwei Kilometer breiten, aus Korallenriffen hervorgegangenen teilweise nadelkarstartigen Kalksteinring umgeben ist. Bäche aus dem zentralen Bergland versickern dort ausnahmslos. Besiedelt sind die unteren, noch wasserführenden Berghänge und Täler innerhalb des Kalksteinringes.

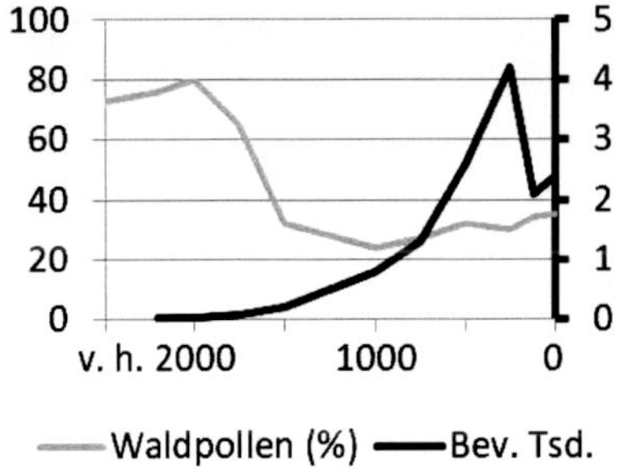


Abb. 6: Wald- und Bevölkerungsentwicklung auf Mangaia[26] (nach Flenley 2002)

Die Bevölkerung betrug in der Spitze 3000–4000 Personen, also etwa 140 Personen je Quadratkilometer (vergleichbar mit Dänemark), wenn man die unbewirtschaftbare Kalksteinzone abzieht. Zwei Prozent der Inselfläche sind auf ebenen Feldern oder durch die Anlage von Terrassen bewässerbar (Taroanbau), 18 % dienen dem Trockenfeldbau (Yams, Süßkartoffel) oder der Baumwirtschaft (Kokosnuss, Brotfrucht, tahitianische Kastanie).

Die Insel wurde kurz vor Beginn unserer Zeitrechnung besiedelt. Die Einwanderer brachten Schwein, Hund und Huhn mit, um sich als Landwirte niederzulassen. Als „blinde Passagiere" hatten sie Ratten dabei, denn diese sind nachweislich zur selben Zeit angekommen (Flenley 2002). In den folgenden vier Jahrhunderten halbierten sie wahrscheinlich durch Brandrodung die Waldfläche, um Wanderfeldbau zu betreiben. Die bearbeiteten Flächen verwandelten sich teilweise in farnbewachsenen, unfruchtbaren und erodierten Boden.

Jagdbare Tiere gingen im Lauf der Zeit auf dem Speiseplan zurück (Fische, Weichtiere) oder wurden ausgerottet: Um das

26 Waldpollen: In den datierten Bohrkernen wird das Verhältnis von Waldpollen zu sonstigen Pollen bestimmt. Es dient als Maß für den Anteil des Waldes am Gesamtbewuchs.

Jahr 1000 gab es noch 19 Landvogel- und 12 Seevogelarten, heute ist deren Zahl geviertelt bzw. halbiert.

Zumindest in den letzten Jahrhunderten war die Insel gesellschaftlich entsprechend den Haupttälern in sechs Distrikte unterteilt. Diese unterstanden einem obersten Führer, der nicht durch Vererbung, sondern durch erfolgreiche Kriegsführung und Menschenopfer an den Kriegs- und Ackerbaugott Rongo legitimiert war. Er wurde von drei Oberpriestern unterstützt.

Archäologische Funde wie zerlegte Skelette und geröstete Knochen zeigen, dass Menschenopfer und wahrscheinlich Kannibalismus in den letzten Jahrhunderten vor dem europäischen Kontakt zugenommen hatten.

Kulturell höhere Leistungen wie monumentale Tempel, Statuen oder megalithische Strukturen, wie sie andere Gesellschaften ähnlicher Größenordnung entwickelten (siehe das Beispiel „Osterinsel“ weiter unten), fehlen.

Bei Eintreffen der Europäer waren Schwein und Hund nicht mehr vorhanden.

Wie kann man diese Entwicklung aus Sicht der Allmendeverwaltung der begrenzten Inselressourcen interpretieren? Nach dem üblichen Import von Nutztieren und -pflanzen wurde bei einer noch niedrigen Bevölkerungszahl über die Hälfte des Waldes gerodet, wobei die Forschung zeigt, dass der gewonnene Boden im Lauf der weiteren Jahrhunderte immer stärker bis zu einem Humusanteil von nur noch 15 % erodierte. Das exponentielle Bevölkerungswachstum traf auf eine Abnahme der Ernteerträge, sodass Hungersnöte auftraten. Der Kampf um die knappe Ressource Ackerfläche wurde offenbar kriegerisch ausgetragen. Die Ausrottung der Haustiere Schwein und Hund sowie das Vorkommen von Kannibalismus deuten ebenfalls auf chronischen Nahrungsmangel hin. In Konsequenz dieser Entwicklung brach die Bevölkerungszahl innerhalb kurzer Zeit auf etwa die Hälfte zusammen (siehe Abb. 6).

## b. Tikopia

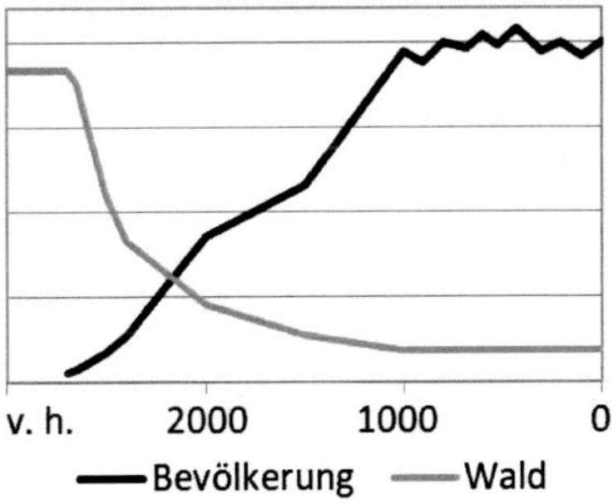


Abb. 7: Wald- und Bevölkerungsentwicklung auf Tikopia (nach Flenley 2002)[27]

Tikopia ist eine 4,6 Quadratkilometer kleine Vulkaninsel mit einem zentralen Kratersee. Sie wurde etwa 900 v. u. Z. durch Lapita-Leute besiedelt, und um 1200 drang von Osten eine polynesisch sprechende Bevölkerung ein. Heute leben auf der Insel etwa 1500 Einwohner, also über 300 Personen je Quadratkilometer (vergleichbar mit Baden-Württemberg), in vier Clans.

Auch hier führten die Besiedler Schwein, Huhn und Hund sowie unabsichtlich die Ratte und einige Schneckenarten von Beginn an ein.

In den ersten 600 Jahren bejagten sie einige Vogelarten bis zur Ausrottung, darunter Megapoden – huhnartige Inkubationsbrüter, die ihre Eier vergraben und von der Sonne ausbrüten lassen. Auch einige Pflanzenarten gingen verloren. Sie überfischten auch die marine Fauna, sodass die Fisch- und Schildkrötenausbeute abnahm.

Der Wald fiel innerhalb von etwa 1000 Jahren weitgehend dem Brandrodungs-Wanderfeldbau zum Opfer. Im ersten Jahrtausend u. Z. ist eine kontinuierliche Zunahme von Nutzfrucht-Bäumen wie Kokosnuss und Brotfrucht nachweisbar, die etwa

27 Auch im Original ohne vertikale Achsenangaben

parallel mit dem Bevölkerungswachstum verlief. Beides – die Bevölkerung und die Intensität der Baumwirtschaft – blieb ab etwa 1000 mehr oder weniger konstant (siehe Abb. 7). Gegen 1500 wurde der Wanderfeldbau durch permanente Felderwirtschaft abgelöst, um 1600 wurden Schwein und Hund eliminiert.

Was unterscheidet diese Geschichte vom ersten Beispiel Mangaia? Es gibt keinen Nachweis für kriegerische Handlungen, und es gab keinen drastischen Bevölkerungseinbruch.

Dies wird allgemein so interpretiert, dass ein einvernehmliches Ressourcen- und Bevölkerungsmanagement stattgefunden hat, das zu einem Plateau an Nahrungsverbrauch und -bedarf führte. Schweine und Hunde fraßen mehr wertvolle und knappe Wurzeln, Knollen und Früchte, als sie kalorisch als Mahlzeit wert waren. Heute weiß man: Der Faktor beträgt etwa vier.[28] Der Schutz von Nutzgärten vor den Hausschweinen benötigte viel Holz, das auch knapp war. Mündliche Überlieferung belegt, dass die Eliminierung dieser Nutztiere ein willentlicher gesellschaftlicher Akt war, genauso wie die teilweise drastischen Methoden der Bevölkerungskontrolle, wie Abtreibung, Kindermord und Vertreibungen.

## c. Osterinsel

Die Osterinsel ist wahrscheinlich die bekannteste der polynesischen Inseln. Als die Europäer dort eintrafen, fanden sie sie karg und von einer ärmlichen Bevölkerung besiedelt vor. Das Einzigartige waren jedoch hunderte tonnenschwerer Steinstatuen, teils unfertig im Steinbruch, teils liegend auf vermutlichen Transportwegen, teils fertig und aufgestellt: Zeichen einer ehemaligen hohen Kultur. Allerdings waren die

28 In der Literatur finden sich Werte zwischen drei und deutlich höheren Werten.

vollendeten Statuen zumeist wieder umgestürzt worden. Warum? Das größte Rätsel aber war: Die Insel war völlig baumlos! Wie sollten die Menschen die riesigen Statuen ohne Holz für Rollen und Gerüste und ohne Stricke für den Transport bewegt und aufgerichtet haben? Der Autor Erich von Däniken fand dafür 1968 nur die Erklärung, dass Außerirdische im Spiel gewesen sein mussten.

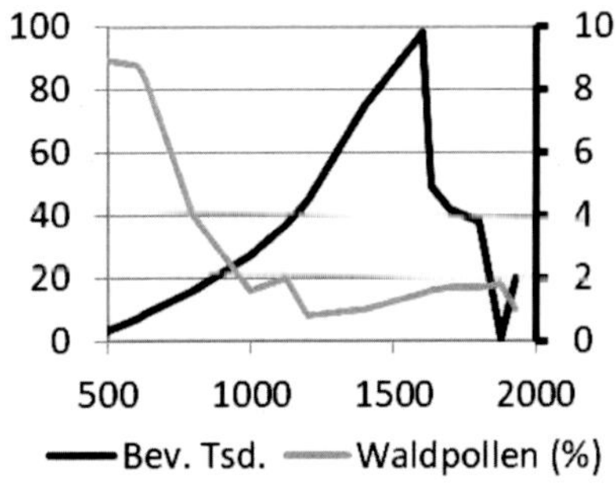


Abb. 8: Wald- und Bevölkerungsentwicklung auf der Osterinsel (nach Flenley 2002)

Erst die moderne Forschung konnte zeigen, dass geeignete Baumarten im Überfluss vorhanden waren, jedoch von den Bewohnern ausgerottet wurden.

Die Osterinsel liegt am östlichen Rand Polynesiens, mit über 2000 km Abstand zur nächsten Insel Pitcairn und etwa 3600 km Abstand zu den Marquesas (1000 km östlich der Gesellschaftsinseln), von denen aus sie möglicherweise besiedelt wurde. Sie ist eine 160 Quadratkilometer große junge Insel (halb so groß wie München) mit drei Vulkanen, die ein Alter zwischen drei- und fünfhunderttausend Jahren haben. Die Fläche ist fast komplett bewirtschaftbar. Man geht von einer Spitzenpopulation von 10 000 Menschen oder mehr aus, das sind etwa 60 Personen pro Quadratkilometer.

Die entlegene Lage zeigt bezüglich der Biodiversität (vor dem Eintreffen des Menschen) besonders deutlich den „Inseleffekt“:

Es gibt viel weniger Arten als auf dem Festland, und diese haben oft endemische[29] Varianten ausgebildet.

So gab es auf der Osterinsel außer Vögeln keine einheimischen Landwirbeltiere. Heute sind nur 48 einheimische Pflanzenarten vorhanden, darunter zwei Büsche und ein fast ausgestorbener Kleinbaum (Sophora toromiro). Selbst an Küstenfischen gibt es nur 126 Arten, gegenüber 450 vor Hawaii oder mehr als 1000 bei Fidschi.

Die Besiedelung erfolgte um 300 u. Z. Einiges deutet darauf hin, dass dazu nur eine einzige Fahrt stattfand. Indizien dafür sind, dass die üblichen Nutztiere Schwein und Hund fehlen, die man bei mehreren Fahrten hätte nachholen können; zudem ist in Sprache und Materialkultur (wie Fischhaken oder Keile) keine spätere Wechselwirkung mit benachbarten Regionen nachweisbar.

Die anthropogene Veränderung der Landschaft und der lokalen Biosphäre nahm den üblichen Verlauf. Vögel und Schildkröten waren anfangs Hauptnahrung, wobei von 25 See- und 6 Landvogelarten nur eine Seevogelart überlebt hat; der Rest wurde ausgerottet. Die aus zeitlich geordneten Bohrproben gewonnene Pollenanalyse belegt bei Eintreffen des Menschen eine erhebliche Bewaldung, die allerdings zwischen etwa 700 und 1000 auf nahezu null zurückging. Einheimisch waren eine endemische Palme (Jubaea), Toromiro und Hauhau (Triumfetta semitriloba). Die innere Rinde des Letzteren wurde zur Seilherstellung verwendet. Die Rinde der Papiermaulbeere (Broussonetia papyrifera) diente der Stoffherstellung. Insgesamt wurden 13 Baum- und Straucharten nachgewiesen, wovon nur der strauchartige Toromiro mit wenigen Exemplaren überlebt hat: Die Insel ist heute, abgesehen von exotischen Neupflanzungen, komplett baumlos.

---

29 Endemisch: Lebewesen, die ausschließlich in einem räumlich abgegrenzten Gebiet vorkommen

Nur die aus Bohrkernen datierte Pollenanalyse erlaubte den Nachweis einer früheren Bewaldung und half damit auch, eines der Rätsel der Osterinsel zu klären, wie nämlich die tonnenschweren Steinstatuen bewegt und aufgerichtet werden konnten.

Eine ebenfalls aus Bohrkernen datierte Holzkohleanalyse zeigt einen sprunghaften Wechsel von Holz zu Stängeln als Feuermaterial um etwa 1600. Damit ist der Zeitpunkt der kompletten Entwaldung in etwa festgelegt.

Wie verlief die kulturelle Entwicklung auf der Osterinsel? Es bildeten sich Clans, mit Abspaltungen im Verlauf des Bevölkerungswachstums, die in der Hochphase unter einem zentralen Oberhaupt vereint waren. Es wurden über 300 rituelle Plattformen (Ahu) gebaut, die älteste wird auf das Jahr 690 datiert. Der älteste Nachweis einer klassischen Statue (Moai) stammt aus dem 12. Jahrhundert; sie hat bereits eine Höhe von 5 m und ein Gewicht von 20 t. Die jüngste aufgestellte Statue stammt etwa von 1650. Insgesamt wurden über 800 Statuen gefunden, davon etwa die Hälfte noch unfertig im Steinbruch. Die größte errichtete wog 82 t. Die bedeutenderen Ahu waren mit tonnenschweren Steinfassaden gestaltet. Sie standen zumeist nah der Küste, mit den darauf errichteten Statuen landeinwärts blickend. Direkt benachbart, quasi unter dem Blick der Vorfahren, lagen die Häuser der Führungsschicht, dahinter die der Untertanen, bis hinauf in die weniger fruchtbaren Inlandregionen.

Die Probleme begannen, als die natürlichen Ressourcen, das heißt Holz und Seile für den Statuentransport und den Bootsbau, aber vor allem auch Nahrung, knapp wurden.

Das weniger fruchtbare Hochland wurde um 1100 besiedelt. Ab 1300 sind gedüngte, mit Steinwällen gegen Wind geschützte Steingärten sowie größere Felder nachweisbar. Vor 1600 wurde das Hochland jedoch wieder aufgegeben. Delfine und Seeschildkröten als Nahrung verschwanden um 1500, was als ein Zeichen für den Verlust der Bootsbaufähigkeit durch den Holzmangel gedeutet wird. Hühner wurden – diebstahlsicher – in gedeckten

Steinhäusern gehalten. 1722 sah James Cook dort keine Hühner mehr, das heißt, an Landtieren stand nur noch die Ratte auf dem Speiseplan. Hunger zerstörte die sozialen Strukturen. Die Statuen, Symbole der Vorfahren und der Clanmacht, wurden etwa ab dem 18. Jahrhundert (Jh.) umgestürzt (1838 wurde noch von vier stehenden Statuen berichtet). Ab 1650 nahmen die Hühnerknochen in den Abfallhaufen ab, dafür fand man Menschenknochen, auch häufig von Jugendlichen, zerlegt und verkohlt, ein deutlicher Hinweis auf Kannibalismus. Obsidian, ein lokal verfügbares vulkanisches Glas, das sich gut zu scharfen Werkzeugen verarbeiten lässt, wurde ab dem 13. Jh. zu Dolchen und Speerspitzen verarbeitet. Für das 18. und 19. Jh. sind diese die am häufigsten gefundenen Artefakte. In schwer zugänglichen Gebieten sind Fluchthöhlen nachweisbar.

Mit dem kriegerischen Zerfall der gesellschaftlichen Ordnung wechselte auch der Glaube. Der Vorfahrenkult wurde aufgegeben, was auch belegt ist durch das Umstürzen der Statuen. An dessen Stelle bildete sich der Vogelmenschkult, der dem Schöpfer- und Fruchtbarkeitsgott Makemake huldigte. Junge Vertreter der einzelnen Clans konkurrierten jedes Frühjahr um die Führerschaft, indem sie zwei Kilometer zu einer vorgelagerten Insel schwimmen mussten, um von ihr ein Ei der dort brütenden Rußseeschwalbe unversehrt wiederzubringen. Dieser Kult ist ab etwa 1750 nachweisbar.

Die Bevölkerungszahl ging um 1600 innerhalb von 100 Jahren um mehr als die Hälfte zurück.

Die Osterinsel zeigt somit wiederum ein einzigartiges Entwicklungsmuster. Ähnlich wie beim kleineren Mangaia brach die Bevölkerungszahl durch Nahrungsmangel zusammen. Im Unterschied zu diesem hatte sich vorher jedoch eine herausragende Materialkultur gebildet. Offenbar herrschte in dieser Phase von etwa 500 Jahren Dauer ein deutlicher Nahrungsüberschuss, der es erlaubte, Arbeitskräfte für andere Aktivitäten als die Landwirtschaft freizustellen. Diese standen zur Verfügung, um Material aus den Steinbrüchen zu gewinnen, zu behauen, zu transportieren und damit zeremonielle Plätze, Oberschichtbehausungen und Statuen zu errichten.

Ebenso bemerkenswert ist, dass in dieser kulturellen Hochphase dauerhaft Frieden herrschte, soweit die archäologischen Funde aussagekräftig sind. Dies ist eher selten für die polynesische Region (vergleiche aber auch Tikopia). Das Überschreiten der nachhaltigen Nahrungsproduktionskapazität, sprich die Überlastung der vorhandenen natürlichen Ressourcen, machte diesen Erfolg allerdings innerhalb kurzer Zeit zunichte.

Waren sich der letzte Clan-Chef und seine Arbeitstruppe, die eine Moai-Statue auf Rollen transportierte, bewusst, die letzten Großbäume gefällt zu haben? Waren sich die letzten Holzsammler, die nur noch kleine Schösslinge fanden, bewusst, dass sie dabei waren, die so wichtigen Bäume auszurotten? Irgendwann war der letzte Austrieb verbrannt und die letzte Nuss von einer Ratte gefressen – eine tragische Vorstellung.

## d. Hawaii

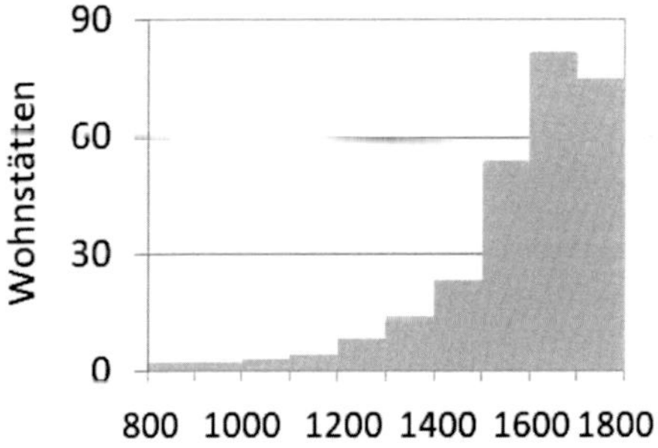


Abb. 9: Bevölkerungsentwicklung auf Hawaii anhand der datierten Wohnstätten (nach Kirch 2000)

Hawaii ist die nördlichste Inselgruppe Polynesiens und erheblich größer als die bisherigen Beispiele. Das Archipel besteht aus acht größeren Inseln zwischen 16 000 und 180 Quadratkilometern Fläche und vielen kleineren. Die größte Insel entspricht von der Ausdehnung her etwa Schleswig-Holstein. Die Inselkette ist aus einem sogenannten Hotspot entstanden, einer stationären heißen Zone im Erdmantel, über den die pazifische Platte langsam hinwegtreibt, sodass sich regelmäßig neue Vulkaninseln bilden.

Ihre Bevölkerung war bei Eintreffen der Europäer möglicherweise noch im Wachsen begriffen und betrug sicherlich über 250 000 Personen[30] – die größte Population aller ozeanischen Inselgruppen, sogar inklusive Neuseelands, zur selben Zeit. Die Bevölkerungsdichte war mit 15 Personen je Quadratkilometer erheblich niedriger als in den vorangegangenen Beispielen. Dies liegt daran, dass die größten und jüngsten Inseln Hawaiis weitgehend noch mit unfruchtbarer Lava bedeckt sind; für die Entstehung eines humusreichen Bodens fehlte noch die Zeit.

Die Besiedelung erfolgte um 300. Ab etwa 1100 wurden auch die trockeneren und unfruchtbareren Gebiete besiedelt. Die Bevölkerung wuchs entsprechend einer sogenannten logistischen Funktion[31], das heißt zuerst exponentiell (mit einer Verdoppelung rund alle 100 Jahre), um sich gegen 1750 dann einem Grenzwert zu nähern. Genau genommen nahm die Bevölkerung um diese Zeit wieder ab, wobei heute unklar ist, ob dafür Ressourcenknappheit oder eingeschleppte europäische Krankheiten ursächlich waren.

Die Besiedelung der trockeneren Gebiete war nur durch eine Intensivierung der Landwirtschaft möglich. Man baute Bewässerungssysteme, Terrassen zur Nivellierung der Felder

30 Ein Faktor zur Abschätzung der Bevölkerungszahl ist die Anzahl der Siedlungen („Wohnstätten", siehe Abb. 9). Deren Alter ist archäologisch bestimmbar.

31 Logistisches Wachstum: Die Kurve beginnt mit einem exponentiellen Anstieg, das heißt, das Wachstum beschleunigt sich. Dann verlangsamt es sich, bis es gegen null geht, sodass die Kurve sich einem konstanten Grenzwert nähert.

und Fischteiche sowohl an Land als auch im Meer, dort durch das Errichten von Steindämmen.

Das politische System entwickelte sich, ausgehend vom üblichen Familienclansystem mit verwandtem erstgeborenen Oberhaupt, zu einer Art Feudalsystem mit mehreren Hierarchieebenen. Die lokalen Chefs hatten darin keine Verwandtschaftsbeziehung mehr mit ihren Untertanen und auch nicht mit ihren oberen Führern. Das Land gehörte der Elite und nicht mehr den Bauern. Wie im europäischen Feudalismus wurde gegen Abgaben oder Tribute Schutz vor äußeren Angreifern gewährt. Vor hohen Führern mussten sich Mitglieder des gemeinen Volkes niederwerfen.

Archäologen konnten eine ausgeprägte Materialkultur nachweisen. Man fand zahlreiche Tempelareale verschiedener Rangordnung. Das größte hatte eine Fläche von über 12 000 Quadratmetern.

Ab 1300 sind keine Fernbeziehungen zu anderen Archipelen mehr nachweisbar. Gleichzeitig nahmen kriegerische Handlungen zu.

Bemerkenswert ist die unterschiedliche religiöse Ausrichtung in Abhängigkeit von der Fruchtbarkeit der Inseln. Auf den entsprechend der Hotspot-Entstehung älteren Westinseln mit bereits gut entwickelter fruchtbarer Erde und dauerhaften Wasserläufen herrschte ein Fluss- und Schöpfergott-Kult, wohingegen auf den beiden trockeneren, unfruchtbaren Ostinseln (Hawaii und Maui) ein Kriegsgott mit Menschenopfern verehrt wurde. Dies wird so interpretiert, dass bei vorhandenen Naturressourcen die Nahrung durch Landwirtschaft gewonnen wurde, bei knappen Ressourcen jedoch kriegerisch durch Einfordern von Tributen. Im Lauf der Jahrhunderte unterwarfen die kriegerischen Einheiten die friedlichen. Um 1680 gab es noch vier selbständige „Reiche", 1778, bei James Cooks Besuch, noch zwei: die beiden unfruchtbaren Ostinseln, die miteinander regelmäßig im Krieg lagen.

Historiker bezeichnen diese Reiche als „Ur-Staaten". Eine entsprechende Entwicklung gab es zum Beispiel im „Fruchtbaren

Halbmond“, dem bogenförmigen Gebiet der damaligen Reiche Sumer, Mesopotamien und Assyrien, heute etwa Irak bis Syrien. Dies war eines der Gebiete, auf denen der Ackerbau erfunden wurde, wodurch so viele Arbeitsressourcen freigesetzt werden konnten, dass Arbeitsteilung, Staatenbildung und Städtebau möglich wurden. Dort geschah diese Entwicklung allerdings mehrere Jahrtausende früher.

Was lernen wir aus dem Beispiel Hawaii? Zum Ersten war dies mit einer Viertelmillion die größte Inselbevölkerungsgruppe im gesamten Pazifik, sodass schon Ur-Staaten gebildet wurden und somit die politische Ähnlichkeit mit unserer heutigen Welt etwas ausgeprägter ist als bei den bisher vorgestellten kleineren Inseln. Zum Zweiten ähnelt das Bevölkerungswachstum bis etwa 1700 dem heutigen globalen Wachstum – zuerst eine exponentielle Zunahme, die später in einen linearen oder abflachenden Verlauf überging. Die Verknappung der Ressourcen ging mit einer Zunahme gewalttätiger Akte einher, die sich politisch auf die kriegerische Gegnerschaft von immer weniger, am Schluss nur noch zwei Ur-Staaten übertrug.

Kommt uns das bekannt vor? Zwei Supermächte, die um die Weltherrschaft, die Macht und die knappen Ressourcen kämpfen?

Leider kennen wir den natürlichen Endzustand des Falles Hawaii nicht, da just im spannenden Moment der erste Spanier eintraf. Wir werden also vermutlich nie wissen, ob die Einführung europäischer Krankheiten das Bevölkerungswachstum stoppte oder ob kontinuierliche Kriege, Hungersnöte oder Bevölkerungskontrolle dies bewerkstelligt hätten.

Es liegt nahe, die Entwicklung auf den pazifischen Inseln mit ihren Problemen des Bevölkerungswachstums und der daraus resultierenden Ressourcenüberlastung mit der „Insel Erde“ zu vergleichen. Gibt es Parallelen, können wir daraus etwas lernen?

Im Folgenden werden die wesentlichen Problemstellungen der vorgestellten pazifischen Beispiele zusammengefasst.

## Bevölkerungswachstum

In der Steinzeit hemmten im äquatornahen pazifischen Raum Malaria und andere Tropenkrankheiten das Bevölkerungswachstum. Ein Indiz dafür ist, dass in Neuguinea die küstennahen Gebiete dünn besiedelt waren, das malariafreie Hochland im Zentrum dagegen eine hohe Bevölkerungsdichte aufwies. Im polynesischen Raum findet man nur auf den westlichsten Inselgruppen die Malariamücke – längere Reisen auf dem Auslegerkanu überlebte sie offenbar nicht. Man nimmt daher an, dass auf den restlichen polynesischen Inseln die Begrenzung der Bevölkerungszahl im Wesentlichen durch das Nahrungsangebot gegeben war, mit einer „natürlichen" Verdoppelungsrate innerhalb von knapp 100 Jahren, wie in Hawaii vermutet. Zum Vergleich: Die schnellste globale Verdoppelung erfolgte von drei auf sechs Milliarden Menschen zwischen 1960 und 2000 in 40 Jahren.

Die Grenze der Nahrungsgewinnung, zum größeren Teil durch Landwirtschaft, konnte sich durch technologische Fortschritte wie Bewässerung nach oben verschieben. Durch Verschwinden ausgebeuteter Ressourcen (siehe nächster Absatz) oder durch kurzfristige exogene[32] Effekte wie Perioden von Trockenheit konnte sie sich aber auch nach unten bewegen.

In einigen Fällen, wie auf Hawaii, wurde die Grenze der landwirtschaftlichen Kapazität durch ein logistisches Wachstum gleitend erreicht, in anderen Fällen trat ein deutliches Maximum mit folgendem Bevölkerungseinbruch ein, wie wir es für Mangaia und die Osterinsel gesehen haben. Tikopia ist ein Beispiel für die dritte Möglichkeit, hier wird ein deutliches Oszillieren um den dauerhaften Maximalwert vermutet. Auf kleinen und für die menschliche Ernährung wenig geeigneten Inseln kam es auch vor, dass die Bevölkerung wieder ausstarb, zum Beispiel wegen des ausbleibenden Handelsaustauschs mit Nachbarn.

---

32 Exogen: aus dem Griechischen „von außen kommend". Hier also Effekte, die nicht von den Menschen verursacht werden

## Verbrauch von Ökosystem-Ressourcen

Der Verbrauch an Naturressourcen, ob nachhaltig oder nicht, war wohl in etwa proportional zu der Bevölkerungszahl, wobei sich zusätzlich konsumierender Wohlstand sowohl in einem höheren Fisch- oder Fleischkonsum ausdrücken konnte als auch im Aufbau einer Materialkultur mit zum Beispiel dem Holzverbrauch für den Bau.

In allen bekannten Fällen wurden Großtiere bis zur Ausrottung bejagt, selbst auf großen Landflächen wie Neuguinea oder Neuseeland. Ebenso wurden Land- und Seevögel bis zur Dezimierung oder Ausrottung bejagt. Eine nachhaltige Jagdbewirtschaftung ist nirgends bekannt.

Einheimische Flora – untersucht wurde vor allem Wald – wurde in einigen Fällen bis zum Verschwinden als Brennholz oder Bauholz verbraucht oder fiel dem Brandrodungsfeldbau zum Opfer. Zu den Extrembeispielen gehört die Osterinsel. Teilweise wurde Naturwald durch Baumwirtschaft ersetzt, etwa in Tikopia. Ob die Wirkung von Erosion damals erkannt wurde, entzieht sich unserer Kenntnis.

Erntesteigerungen waren nur auf Basis der steinzeitlichen Technologien möglich, etwa durch Terrassenbau, Bewässerung oder die geschickte Kombination von angebauten Pflanzen, und waren damit sehr begrenzt. Dies unterscheidet die Lage der damaligen Siedler von der globalen Situation in der jüngeren Vergangenheit, in der mit Technologieschüben wie der Erfindung des Pfluges, des chemisch erzeugten Stickstoffdüngers oder der gezielten Pflanzenselektion („Grüne Revolution“[33]) Ausbeuteerhöhungen um jeweils mehr als den Faktor zwei möglich waren, mit entsprechenden Konsequenzen für die Größe der maximal zu ernährenden Bevölkerung.

33 „Grüne Revolution“: Ab den 1960er Jahren begonnene Entwicklung von landwirtschaftlichen Hochleistungssorten

## Faktoren der Bevölkerungsentwicklung

Wie wurde die Bevölkerungszahl beeinflusst? Geschah dies durch gesellschaftliche Verhaltensweisen oder durch äußere Einflüsse?

Prinzipiell – global und für die pazifischen Inseln – kommen vier Kategorien in Frage: Nahrungsangebot, Krankheiten (Sterblichkeit), Bevölkerungskontrolle und kriegerische Handlungen inklusive Kannibalismus und Mord.

Nahrungsangebot und Sterblichkeit haben wir bereits besprochen.

Zur Bevölkerungskontrolle ist man im pazifischen Kontext weitgehend auf ethnografische Untersuchungen angewiesen. Zölibat, Verhütung, Abtreibung, Kindermord und Vertreibung werden genannt (Tikopia). Heute und global sind die Anreize, Nachkommenschaft zu begrenzen, stark vom kulturellen Umfeld abhängig, genauso wie die Methoden. Dazu mehr im Kapitel 4 „Bevölkerungswachstum“.

Bezüglich kriegerischer Handlungen auf den pazifischen Inseln ist die Datenlage erheblich einfacher. Archäologische Funde von Befestigungsanlagen, Schutzhöhlen, Waffen, aber auch Menschenknochen im entsprechenden Kontext wie Lage, Alter der Toten, Waffeneinwirkung, Bearbeitung der Knochen oder Verkohlungsgrad können auf Kriegshandlungen, Menschenopfer oder Kannibalismus hinweisen. Die Befunde legen nahe, dass größere Gesellschaften immer zu kriegerischen Mitteln griffen, wenn die Nahrungsmittel-Kapazitätsgrenze erreicht zu werden drohte. Häufig war dies auch schon vorher der Fall. Das größte einigermaßen gut untersuchte Gegenbeispiel ist Tikopia mit etwa 1500 Einwohnern, die möglicherweise mit „friedlicher“ Bevölkerungskontrolle auskamen. Die Ausrottung ihrer Schweine könnte auf eine einvernehmliche Handlungsfähigkeit dieser Gesellschaft deuten. Diese kollektive Handlungsfähigkeit hätte also die Bevölkerungszahl kontrolliert, die Ressourcen erhalten und Krieg verhindert – ein Erfolgsmodell. Sie ist unter den vorgestellten Beispielen ein Alleinstellungsmerkmal und könnte das entscheidende Kriterium für ein friedliches Überleben einer Gesellschaft sein. Es drängt sich die Frage auf, wie gut wir heute in Bezug auf die einvernehmliche Handlungsfähigkeit auf globalem Niveau aufgestellt sind.

Die Osterinsel ist nicht umsonst als pazifisches Beispiel am bekanntesten. Sie vereint einen ungewöhnlichen 500-jährigen Frieden mit einer genauso lange dauernden kulturellen Hochleistung. Eine im Nachhinein betrachtet selbstzerstörerische Vernichtung ihrer Naturressource Wald führte zum unwiederbringlichen Ende von Hochseefischfang, Statuenbau und Brennholzgewinnung. Daraus folgten ein dramatischer Rückgang der Bevölkerungszahl mit kriegerischer Zerstörung des gesellschaftlichen und politischen Systems und die Entwicklung eines neuen Glaubens, des Vogelmenschenkultes. Fast schon tragisch mutet die Sehnsucht nach der Rußseeschwalbe an: verlorener Nahrungsüberfluss vergangener Tage, und ein Seevogel, der die Beschränkung seiner Heimat jederzeit verlassen konnte.

Die Ressourcenprobleme auf der „Insel Erde" haben mit denen der pazifischen Inseln in der Steinzeit einiges gemeinsam. Die Geschichte zeigt, dass auf Inselniveau die Lösungsansätze der lokalen Gesellschaften zum Umgang mit knapper werdenden Ressourcen ein breites Feld zwischen erfolgreich und nicht erfolgreich abdecken. Was bedeutet das für den möglichen Ausgang der heutigen globalen Herausforderung? Kann man deren Schwierigkeitsgrad bewerten? Kann man daraus Strategien ableiten? Damit werden wir uns im weiteren Verlauf noch beschäftigen.

An dieser Stelle sei darauf hingewiesen, dass die polynesischen Probleme nichts mit dem Klima zu tun hatten, sondern durchgehend mit der siedlungsbedingten Verknappung von Naturressourcen, nämlich geeigneter landwirtschaftlicher Fläche und jagdbaren Tieren. Die vermiedene oder erlebte „Tragik der

Allmende" bezog sich stets auf die gemeinsame Nutzung der begrenzten Fläche und ihrer Biosphäre. Im Folgekapitel wird die Wirkung des Menschen auf diese knappen Ressourcen im globalen Maßstab beschrieben sowie die Risiken, die sich daraus ergeben können.

# 3 Ökologischer Fußabdruck und Artensterben

*„Bei einer Massenkarambolage in einem Sandsturm sind am Freitag [...] auf der Autobahn Berlin–Rostock acht Menschen in den Tod gerissen worden. Außerdem wurden nach Angaben der Polizei 139 Menschen verletzt. 17 Autos und 3 Lastwagen fingen Feuer, darunter ein Gefahrguttransporter. Die Feuerwehr brauchte mehrere Stunden, um die Flammen zu löschen. [...] Ausgelöst wurde der Unfall offenkundig durch eine Sandwolke, die den Autofahrern in beiden Fahrtrichtungen schlagartig die Sicht nahm. Ein seit dem Morgen herrschender Sturm hatte Sand von umliegenden Feldern aufgewirbelt und über die Fahrbahn getrieben." (8.4.2011, DW 2011)*

Dieser Sandsturm löste eine umweltpolitische Debatte aus. Die intensive Landwirtschaft auf den umliegenden Agrarflächen hatte große trockene Sandflächen geschaffen, die auch nicht durch Feldhecken oder anderen Bewuchs vor dem Wind geschützt waren. Deshalb wurde sie für diese Katastrophe mit verantwortlich gemacht.

Es gibt allerdings noch andere Phänomene als Naturkatastrophen in der Art von Sandstürmen oder Überschwemmungen, um uns auf unsere Abhängigkeit von der belebten und unbelebten Umwelt hinzuweisen: zum Beispiel Epidemien. Das Zusammenleben zwischen Viren, Bakterien, Tieren und Mensch läuft nicht immer zugunsten des Letzteren. Ein bekanntes Beispiel ist der „Schwarze Tod", die Pest, die 1346 von Zentralasien wohl über die Verbindungen der Seidenstraße nach Europa kam und dort innerhalb von sieben Jahren viele Millionen Menschen dahinraffte; Schätzungen gehen davon aus, dass wenigstens 10 % der damaligen Bevölkerung starben. Nach dem Ersten Weltkrieg forderte die sogenannte Spanische Grippe (die vermutlich aus den USA importiert wurde) 1918–1920 in drei Wellen, deren zweite – wahrscheinlich mit einer neuen Mutation – die tödlichste war, ebenfalls viele Millionen Menschenleben. Aber wir brauchen nicht so weit zurückzuschauen. Innerhalb der letzten

50 Jahre gab es diverse Epidemien, teilweise mit weltweiter Ausbreitung (sogenannte Pandemien): die Hongkong-Grippe, die Vogelgrippe, SARS, die Schweinegrippe, MERS und Ebola. Sie alle werden von Viren[34] ausgelöst, und für alle wird ein Übersprung des Virus von Zucht- oder meist Wildtieren auf den Menschen angenommen. Kommt uns das bekannt vor? Während die Pest des Spätmittelalters noch sieben Jahre für die Durchdringung nur Europas brauchte, schaffte es das Coronavirus SARS-CoV-2 ab Ende 2019 in weniger als einem halben Jahr um die ganze Welt. Seine große Ausbreitungsgeschwindigkeit erhöhte den gesundheitlichen Schaden, da weniger Zeit für Entwicklung und Durchführung von Behandlungen und Impfungen blieb. Und für diese Ausbreitungsgeschwindigkeit sind wir, die Weltgemeinschaft, verantwortlich – durch enge und unhygienische Kontakte mit Tieren und durch die globalisierungsbedingte hohe Reiseintensität: Je mehr Gelegenheit ein Virus zur Vermehrung bekommt, desto wahrscheinlicher, das heißt schneller, wird es auch mutieren – eine permanente Bedrohung.

Wir lernen durch die Corona-Pandemie auf die harte Tour, dass unsere Aktivitäten Konsequenzen im ökologischen Umfeld haben, die nicht immer zu unseren Gunsten sind.

Der Klimawandel ist anhand des Temperaturanstiegs einfach zu verfolgen und bringt sich durch Katastrophenereignisse wie Brände oder Unwetter regelmäßig in Erinnerung. Veränderungen in der belebten Natur verlaufen meist schleichend, sodass wir eventuelle Verschlechterungen häufig nicht wahrnehmen – die obige Pressemeldung illustriert eine Ausnahme. Und vor allem stellt sich die Frage: Welche Nachteile haben wir überhaupt, wenn immer größere Flächen der Erde bewirtschaftet werden oder wenn etwa der Orang-Utan oder die Hälfte aller Wildbienenarten aussterben?

34 In diesen Fällen Influenzaviren oder Coronaviren

Hierbei sind zwei Sichtweisen zu unterscheiden. Die eine ist die anthropozentrische[35] Sicht: Welchen Nutzen ziehen wir Menschen aus der Natur? Dafür wurde der Begriff „Ökosystemdienstleistungen“ geprägt. Diese beschreiben die kostenlosen „Dienstleistungen“ der Natur und versuchen deren finanzielle Werte abzuschätzen, um letztlich den Schaden bei deren Ausfall kalkulieren zu können. Die andere ist die ethische Sicht, die etwa in Tierwohl-Diskussionen zur Haltung von Rindern, Schweinen oder Hühnern zum Tragen kommt. Haben Tiere Anspruch auf Fürsorge? Wollen wir es verantworten, anderen Lebewesen den Lebensraum zu nehmen und sie dadurch lokal oder global auszurotten? Diese ethische Frage ist komplex und berührt unser Selbstverständnis innerhalb der uns umgebenden Natur. Hat diese ein eigenes Recht? Gibt uns die Macht zu zerstören auch die Legitimation dazu?

Im Folgenden werde ich mich im Wesentlichen auf die anthropozentrische Sichtweise konzentrieren, da diese einen potenziellen Bedrohungscharakter von Umweltschäden (für den Menschen) deutlicher macht.

Die finanzielle Bewertung von Ökosystemdienstleistungen ist teilweise sehr schwierig, da häufig „Äpfel mit Birnen“ verglichen werden müssen. Es stellen sich Fragen wie:

Was ist ein Quadratkilometer Primärurwald oder Korallenriff wert?
Was ist ein Nashorn wert?
Was ist das letzte Nashorn wert?
Was sind fruchtbarer Boden, gute Luft und reines Wasser wert?
Was ist ein Menschenleben wert, das durch Klimawandelfolgen wie Hungersnöte oder gewalttätige soziale Unruhen verloren geht?

---

35 Anthropozentrische Sichtweise (aus dem Griechischen „Mensch“ und „Mittelpunkt“): Der Mensch sieht sich selbst als wichtigste Art an. Sein Handeln dient primär dem eigenen Nutzen.

Hat die Lebensqualität meines Kindes, des Nachbarkindes, eines Kindes auf einem anderen Kontinent denselben Wert? Wie ist der Wert für Enkel und Urenkel?

Bei der wirtschaftlichen Bewertung der Ökosystemleistungen werden in der anthropozentrischen Sichtweise zumeist folgende Faktoren addiert:[36]

- Direkter Nutzen, wie etwa durch Wildinsekten bestäubte Erntepflanzen oder der Fischfang in den Weltmeeren. Dieser ist über den Marktpreis einfach monetär zu bewerten. Auch touristische Einnahmen (zum Beispiel für den Nationalpark Bayerischer Wald, das Great Barrier Reef vor Australien oder die Galapagos-Inseln) fallen darunter.
- Indirekter Nutzen, das heißt Nutzen, für den heute nichts bezahlt werden muss, dessen Ersatz aber Geld kostet, wenn er wegfällt. Darunter fallen beispielsweise die Luftreinhaltung oder $CO_2$-Speicherung durch Bäume (Klimaregulierung), die Selbstreinigung von Wasser oder die Erosionsvermeidung (Feldhecken als Windschutz, Küstenschutz durch Mangroven). Indirekter Nutzen ist schwerer zu bewerten. Manchmal werden die Alternativkosten herangezogen, etwa für eine Kläranlage, wenn das Wasser von der Natur nicht mehr genügend gereinigt wird.
- Optionswerte betrachten eine Leistung in der Zukunft, etwa die Wahrscheinlichkeit der Entdeckung eines Organismus, Gens oder Proteins, und deren potenziellen Marktnutzen.[37]
- Nichtgebrauchswerte betreffen die räumliche oder zeitliche Verschiebung der Nutzung. Jeder, der sich schon einmal

36 Es gibt viele Methoden der Zählung und Bewertung. Eine genauere Beschreibung würde den Rahmen dieses Buches sprengen.

37 Ein Beispiel: Die in heißen Quellen lebende Bakterie Thermus aquaticus wurde 1969 entdeckt, und ab 1987 wurde ihre thermostabile DNA-Polymerase für die DNA-Sequenzierung eingesetzt, die heute ein Milliardengeschäft ist.

Geld von der Bank geliehen hat, kennt das Prinzip: Er ist bereit, Zinsen, das heißt zusätzliche Kosten, zu bezahlen, weil ihm der Geldbetrag heute mehr wert ist als morgen. Für jemanden, der in eine Rentenversicherung einzahlt, ist es umgekehrt. Ihm ist die Rente während seines Lebensabends wichtiger als zusätzliches Einkommen heute. Angewandt auf ökologische Fragestellungen heißt das zum Beispiel: Wie teuer bewerten wir den Schaden für die nachfolgenden Generationen, wenn eine Ressource wie Wald oder fruchtbarer Boden heute abgebaut oder vernichtet wird? Häufig wird die Wertveränderung hierbei auf null gesetzt, wenn man annimmt, dass künftige Generationen denselben Nutzen aus einer Ressource ziehen wie wir heute. Wenn ein wichtiges Naturgut allerdings immer knapper wird, wird es dadurch in der Zukunft immer wertvoller: Der Wert des Naturkapitals vermehrt sich wie der Preis eines Grundstückes in guter Lage. Der Erhalt dieser Ressource wäre in betriebswirtschaftlichen Begriffen also eine „gute Anlage", ihre Zerstörung eine „schlechte unternehmerische Entscheidung".
Für derlei Bewertungen werden Methoden der Versicherungsmathematik verwendet.

Bei der wirtschaftlichen Beurteilung von Risiken ist nicht nur deren Schwere, sondern auch deren Eintrittswahrscheinlichkeit zu berücksichtigen. Für Letztere ist die Stabilität des betreffenden ökologischen Bestandteils gegen schädliche Einflüsse abzuschätzen, die sogenannte Resilienz (Widerstandskraft). Die Resilienz von Ökosystemen hängt häufig von deren Artenvielfalt ab, die Resilienz von Arten von deren genetischer Vielfalt.

Als Beispiel für die Schwierigkeit solcher Abschätzungen sei die Befruchterleistung von Insekten herangezogen.

Von der globalen Erntemenge gehen zwar 90 % auf Windbestäubung zurück, aber die restlichen 10 % umfassen 90 % aller Erntepflanzenarten, darunter das meiste Obst und Gemüse sowie zum Beispiel Raps, Soja, Baumwolle, Kakao und Kaffee. Die weltweite jährliche Bestäuberleistung wird grob auf 150 bis 600 Mrd. Euro geschätzt. Die Spanne zeigt, dass es keine einheitliche Berechnungsmethode gibt.

Im Folgenden soll am Beispiel der Bienen erläutert werden, welche Aspekte bei der Bestäubung eine Rolle spielen, welche Risiken drohen und wie schwierig die Abschätzung von deren Folgen ist.

Weltweit schätzt man den Anteil der Wildbienen bei der Bestäubung auf 50 %, die andere Hälfte erledigt die Westliche Honigbiene (Apis mellifera). Diese wird kommerziell in mehreren Unterarten, umgangssprachlich Rassen genannt, eingesetzt. Zum Beispiel wurde die Rasse der Buckfast-Biene gezüchtet, um Sammeltrieb und Sanftmut der Bienen zu fördern und gleichzeitig ihre Schwarmneigung zu reduzieren. In einigen Fällen ist die Abhängigkeit von der Honigbiene sehr hoch – so werden in den USA im Central Valley 80 % der Weltproduktion an Mandeln gezüchtet, die ausschließlich durch Honigbienen befruchtet werden, welche dafür extra für einige wenige Wochen angefahren werden (rund 3000 LKW mit insgesamt 1,5 Mio. Bienenvölkern, mehr als die Hälfte des US-amerikanischen Bestandes) (NZZ 2018). Die Mandelbaumplantagen sind den Rest des Jahres ökologische Wüsten, sodass keine pflanzenbestäubenden Wildinsekten dort überleben. Um ein Gefühl für die wirtschaftliche Größenordnung zu bekommen: Der Exportwert US-amerikanischer Mandeln betrug 2019 knapp fünf Milliarden US-$ (FAO 2020).

Die Honigbiene ist nur eine einzige Art, und Wildbienenpopulationen gehen in intensiv bewirtschafteten Ländern stark zurück, viele Arten sind gefährdet (in Deutschland etwa die Hälfte von rund 550 Arten). Nun kann man sich die Frage stellen: Wie stabil ist dieses Bestäubersystem?

Bezüglich der Honigbiene gab es bisher zwei großflächig wirksame kritische Ereignisse.

Das erste Ereignis war das Auftreten der Varroamilbe (Varroa destructor), die von asiatischen Bienenarten auf die Westliche Honigbiene übersprang und ab 1976 nach Europa und später nach Amerika eingeschleppt wurde. Praktisch ist heute jeder Bienenstock (mit Ausnahme des Varroamilben-freien

Australiens) von ihr befallen. Sie ist für die Westliche Honigbiene tödlich und muss routinemäßig mit chemischen Mitteln bekämpft werden.

Das zweite Ereignis fand in den Wintern 2006/2007 und 2007/2008 hauptsächlich in den USA statt: ein Massensterben, dem zwischen 30 und 90 % aller Bienenstöcke zum Opfer fielen. Die Honigwaben waren gefüllt, aber die Bienen alle verschwunden. Man taufte dieses neue Phänomen deshalb „Völkerkollaps"-Krankheit[38]. Die Ursachen sind bis heute nicht eindeutig verstanden, und man tippt auf ein Zusammentreffen mehrerer Ursachen: einseitige Fütterung (Zucker), neue biologische Schädlinge, zu viel Pestizideinsatz im Stock (unter anderem gegen die Varroamilbe) und auf den Feldern, Stress der Bienenvölker wegen des vielen Umherfahrens.

Kann bei der Befruchtung durch Bienen also irgendwann etwas schiefgehen, wenn wir so weitermachen wie bisher? Ist eine der Corona-Pandemie vergleichbare Viruserkrankung der Honigbiene denkbar, die für sie vielleicht tödlich sein könnte? Ist es weitsichtig, die Befruchterleistung der Wildbienen, die ja immerhin die Hälfte beträgt, zu schwächen, indem man deren Populationen dezimiert und teilweise in die Auslöschung treibt? Wie wahrscheinlich sind solche Szenarien, und wie teuer könnten sie werden?

Die Vereinten Nationen führten für die Bewertung von Ökosystemdienstleistungen 1993 eine Art statistisches Buchhaltungssystem ein, die SEEA[39]. Eine Metastudie, die 320 Einzelveröffentlichungen betrachtete, schätzte den finanziellen jährlichen Nutzen pro Hektar für alle Biome[40], also zum Beispiel für das offene Meer, Küstensysteme, tropischen oder gemäßigten Wald und grasbewachsenes Land. Zählt man diese Werte für die

---

38 Englisch CCD: Colony collapse disorder

39 SEEA: System of Environmental-Economic Accounts

40 Biom: einheitlicher, meist großer Lebensraum mit charakteristischen Pflanzen- und Tiergesellschaften

gesamte Erdoberfläche (ohne Antarktis) zusammen, ergibt sich ein Gesamtnutzen aller Ökosystemdienstleistungen von grob geschätzt 40 Billionen US-$ pro Jahr. Das sind etwa 70 % des damaligen globalen Bruttoinlandsproduktes (de Groot 2012).

Diese Abschätzungen sind erheblich ungenauer als die Vorhersage der globalen Durchschnittstemperatur in Abhängigkeit von der Konzentration der Treibhausgase in der Atmosphäre. Sie liefern jedoch eine Größenordnung und legen dringend nahe, den Umgang des Menschen mit der Natur kritisch und sorgfältig zu prüfen – im ureigensten Interesse.

Im weiteren Verlauf dieses Kapitels werden der Flächenverbrauch des Menschen und der Zustand der Biodiversität im Zentrum stehen.

Das Problem aller polynesischen Seefahrer, dass ihre jeweilige Insel nur eine begrenzte Fläche für die Landwirtschaft und für den Holzeinschlag hatte, lässt sich nachträglich leicht quantifizieren.

Kann man den aktuellen Flächenverbrauch der Menschheit auch global feststellen?

Die Antwort ist ein klares Ja; diese Bilanz wird regelmäßig von der FAO[41] erstellt (siehe Abb. 10).

Die effektive Landfläche der Erde, also ohne Meeresflächen, Seen und Antarktis, beträgt 130 Mio. $km^2$. Die Landwirtschaft (ohne Forstwirtschaft) verbraucht davon ein gutes Drittel, Wald nimmt ein knappes Drittel ein. Die verbleibende Landfläche besteht aus einem knappen Sechstel Wüste sowie einem Sechstel, das sich karges Hochgebirge, die versiegelten Flächen wie Städte, Straßen und Eisenbahnlinien, Sumpfgebiete und die letzten Reste unbewirtschafteter offener Landschaft teilen.

41 FAO (Food and Agricultural Organization of the United Nations): Ernährungs- und Landwirtschaftsorganisation der Vereinten Nationen

| Jahr | 1960 % | 1990 % | 2020 % | Änderung %/Jahr |
|---|---|---|---|---|
| Ackerland | 10,3 | | 12,0 | 0,29 |
| Weide | 23,9 | | 24,8 | 0,07 |
| Wald | | 32,9 | 31,2 | -0,19 |
| Bebauung | | 0,2 | 0,5 | 4,6 |
| Wüste | | | 14,9 | |
| Rest: Bewuchsarm, Gebüsch, Sumpf | | | 16,6 | |
| Summe | | | 100 | |

Abb. 10: Nutzung der globalen Landfläche von 130 Mio. km$^2$ (%) (nach FAO 2020)[42]

Die Tabelle zeigt, dass in den vergangenen Jahrzehnten Acker- und Weideland auf Kosten des Waldes gewachsen sind. Auffällig ist auch die dramatische Zunahme der Bebauung um knapp 5 % jährlich.

Die FAO zählt ebenfalls regelmäßig die globalen Erträge einzelner landwirtschaftlich erzeugter Produkte wie Weizen, Mais und Kartoffeln. Zählt man den Nährwertgehalt aller Ernten zusammen, kommt man zu einem erstaunlichen Ergebnis: Ein gutes Viertel der Ernte würde ausreichen, alle Menschen zu ernähren.

Dies ist natürlich eine Milchmädchenrechnung. Nicht berücksichtigt sind Lager-, Verarbeitungs- und Transportverluste, die Verwendung außerhalb des Lebensmittelbereiches etwa von Baumwolle für Kleidung und von Zuckerrohr oder Palmöl für Biotreibstoff oder auch der übertriebene Nahrungsmittelkonsum, der zu Übergewicht führt. Die größten Verluste entstehen jedoch durch Nahrungsmittelabfall beim letzten Verteiler (wie Bäcker, Supermarkt und Restaurant) und Verbraucher: In den

42 Für Wald und Bebauung sind für 1960 keine Zahlen vorhanden.

wohlhabenden Regionen werden über 25 % Getreideerzeugnisse, Früchte und Gemüse weggeworfen. Sodann erzeugt die Verwendung als Tierfutter je nach Tierart einen kalorischen Verlustfaktor von etwa 3–10, das heißt für die Erzeugung einer Kilokalorie Fleisch werden 3–10 Kilokalorien Futtermittel benötigt. Hierbei handelt es sich um große Mengen. So wurden 2013 von Mais 53 %, von Sojabohnen 70 %, von Gerste 65 % und von Weizen 17 % an Tiere verfüttert. Der Futteranteil aller Feldfrüchte zusammen liegt bei über 20 % (FAO 2020).

Die Landwirtschaft trägt rund ein Viertel zum Klimawandel bei, indem sie Treibhausgase erzeugt, namentlich Kohlendioxid, Methan und Lachgas. Der Klimawandel beeinflusst durch Änderungen in Temperatur, Niederschlag und Wind wiederum die Landwirtschaft. Ebenso wirkt er auf die biologischen Zustände der Land- und Wasserflächen, die nicht durch den Menschen genutzt werden. Die negativen Aspekte von Landwirtschaft und Klimawandel verstärken sich gegenseitig: ein Teufelskreis.

Dazu verfasste der Weltklimarat einen Sonderbericht (IPCC 2019) mit folgenden Ergebnissen (Auswahl):

Die gesamte Landnutzung emittiert 23 % aller vom Menschen erzeugten Treibhausgase, darunter 13 % (5,2 Gt $CO_2$-Äquiv./Jahr) des gesamten $CO_2$, 44 % (4,5 Gt $CO_2$-Äquiv./Jahr) des Methans und 82 % des Lachgases (2,3 Gt $CO_2$-Äquiv./Jahr). Der größte Summand – Kohlendioxid – stammt hauptsächlich aus der Waldrodung zur Ackerlandgewinnung. Methan wird gut zur Hälfte von wiederkäuenden Nutztieren erzeugt, der Rest zu nahezu gleichen Teilen durch den Reisanbau und durch die Austrocknung von Sumpfgebieten inklusive der borealen[43] Permafrostböden. Ein Viertel der biologischen Lachgaserzeugung

43 Boreale Zone: kaltgemäßigte Klimazone der Nordhalbkugel, grob zwischen 50. und 70. Breitengrad. Bewuchs Nadelwald oder Waldtundra

stammt aus dem Meer, drei Viertel vom Land, davon etwas mehr als die Hälfte aus der chemischen Düngung, der Rest aus der Gülledüngung.

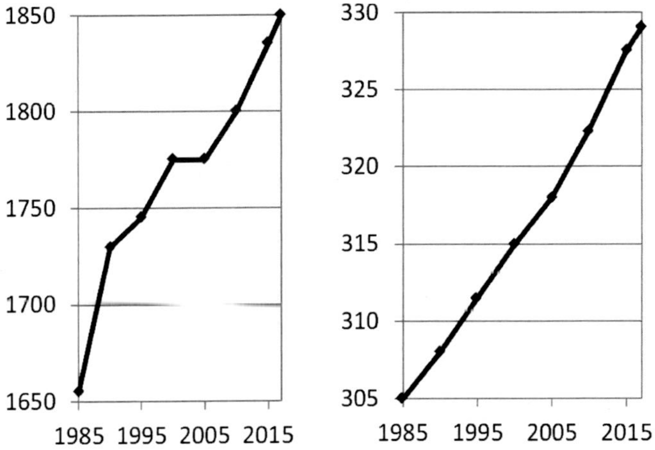


Abb. 11: Methangehalt (links) und Lachgasgehalt (rechts) der Atmosphäre (in ppb) (nach IPCC 2019)

Derselbe Bericht nennt an globalen Zahlen und Trends:

Seit 1960

- hat sich die Bevölkerung auf acht Milliarden verzweieinhalbfacht; heute sind zwei Mrd. Menschen übergewichtig und 800 Mio. Menschen unterernährt,
- stieg der Pro-Kopf-Verbrauch an Kalorien um ein Drittel, dabei aber der von Öl und Fleisch auf mehr als das Doppelte,
- stieg der Wasserverbrauch auf das Doppelte, die Stickstoffdüngung auf das Neunfache,
- nahm die Waldfläche um 5 %, die der Sumpfgebiete um 50 % ab; die Ackerfläche nahm um 15 % und die Weidefläche um 8 % zu.

Heute nutzen Land- und Forstwirtschaft 70 % allen eisfreien Bodens und benötigen 70 % des gesamten Süßwasserverbrauchs.

Dies führte zu Konsequenzen für das Klima: Die Oberflächentemperatur auf dem Land ist seit 1850 bereits um 1,5 °C und damit stärker als die globale Oberflächentemperatur gestiegen, deren Zunahme heute 1,2 °C beträgt (IPCC 2019).

Die Klimakonsequenzen sind aber nicht die einzigen Folgen des Umgangs mit den Naturressourcen. Indem der Mensch mehr als die Hälfte der Erdoberfläche für sich beansprucht, darunter natürlich die fruchtbarsten Gebiete, verdrängt er die Mehrzahl der anderen Lebewesen. Diese müssen sich mit dem Rest begnügen, der auch Wüsten, karge Hochgebirgsflächen und kalte Klimaregionen enthält.

Der Mensch beschränkt also den Lebensraum aller anderen auf der Erde vorkommenden Arten und hat damit Einfluss auf die Höhe ihrer Populationen und auf die biologische Vielfalt. Dieser Begriff soll im Folgenden erläutert werden.

Der Begriff „Biodiversität" wurde 1980 geprägt. Im Rahmen der UN-Konferenz über Umwelt und Entwicklung 1992 in Rio de Janeiro, der später „Erdgipfel" genannten Tagung, entstand ein Übereinkommen über die biologische Vielfalt, die Biodiversitäts-Konvention[44], die von über 190 Staaten unterzeichnet wurde.

Die dort formulierte Definition lautet:

> *„Biologische Vielfalt bedeutet die Variabilität unter lebenden Organismen jeglicher Herkunft, darunter unter anderem Land-, Meeres- und sonstige aquatische Ökosysteme und die ökologischen Komplexe, zu denen sie gehören. Dies umfasst die Vielfalt innerhalb der Arten und zwischen den Arten und die Vielfalt der Ökosysteme." (CBD 1992)*

Es sind somit verschiedene Stufen zu betrachten:

44 Convention on Biological Diversity (CBD)

## 1. Varianten auf der genetischen Ebene des einzelnen Lebewesens

Individuen mit zwei Chromosomensätzen (Diploidie) können in jedem Gen zwei gleiche oder unterschiedliche Allele (Genvarianten) besitzen. Ein Beispiel beim Menschen sind die Allele für braune und blaue Augen, von denen das erstere dominant wirkt.

## 2. Genetische Vielfalt innerhalb einer Population

Populationen mit einem großen „Genpool" haben eine höhere Wahrscheinlichkeit, sich an veränderte Umweltbedingungen anzupassen. So gibt es zum Beispiel Bemühungen, die genetische Vielfalt der kommerziell verwendeten Honigbiene (Unterarten von Apis mellifera) durch Einkreuzen zu erhöhen, um sie resistenter gegen Schädlinge zu machen.

## 3. Genetische Vielfalt zwischen Unterarten (bei Pflanzen auch: Sorten)

Bei Pflanzen wird eine geringe oder nicht vorhandene Vielfalt mit dem Begriff „Monokultur" bezeichnet, augenfällig in der intensiven Landwirtschaft beim großflächigen Einsatz kommerzieller Erntepflanzen, die sehr ähnliche oder sogar identische Erbanlagen haben.

Für die erhöhte Krankheitsanfälligkeit von Monokulturen gibt es zahlreiche Beispiele. Bekannt ist die Kartoffelfäule (Phytophthora infestans), die 1842 aus Nordamerika nach Europa eingeschleppt wurde und in den Folgejahren in Irland eine Hungersnot mit über einer Million Todesopfern (12 % der Bevölkerung) verursachte. Damals wurden nur zwei Sorten Kartoffeln angebaut.

Ein zweites Beispiel ist die Reblaus (Viteus vitifoliae), die schadensarm in Nordamerika auf wilden Rebsorten heimisch war und in den 1860er Jahren ebenfalls nach Europa importiert wurde. Innerhalb von ca. 20 Jahren zerstörte sie epidemieartig unter anderem den französischen Weinbau. Erst die Umstellung auf Pfropfunterlagen wilder, weniger anfälliger Weinstöcke drängte das Problem zurück.

Als drittes Beispiel sei der Reisanbau in Indien und Indonesien genannt. Anfang des 20. Jahrhunderts wurden in Indien 30 000 Reissorten angepflanzt, heute sind es kaum 30. In den 1970er Jahren vernichtete ein aggressives Virus die Reisernten. Als Folge wurden 6273 Reissorten auf ihre Resistenz gegen das Virus getestet, wovon eine einzige resistenzerzeugende Gene besaß. Diese Sorte wurde dann weiter gezüchtet (Baur 2010).

All diese Beispiele zeigen die Risiken von Monokulturen. Die Lösung der auftretenden Probleme wurde jedes Mal mit Hilfe genetischer Ressourcen aus dem Reservoir der Wildpflanzen gefunden.

## 4. Artenvielfalt

Die Zahl der Arten (Spezies) in einem Habitat, einem Land oder auf der Erde ist der bekannteste Aspekt der Biodiversität. Die Art ist definiert durch die gemeinsame Fortpflanzungsfähigkeit und eine genetische, meist auch optische Ähnlichkeit der Individuen.[45] Global sind heute etwa 2,1 Mio. Spezies bekannt. Insgesamt wird deren Zahl auf grob 10 Mio. Spezies geschätzt.

Seit der Entstehung des Lebens sind stets Arten entstanden und wieder vergangen; von den jemals existierenden Arten sind heute wahrscheinlich deutlich mehr als 99 % ausgestorben.[46]

---

45 Allerdings sind Pferd und Esel verschiedene Arten, obwohl sie sich paaren können. Die Nachkommen sind jedoch nicht fortpflanzungsfähig. Hunde sind eine einzige Art, obwohl sie teilweise sehr unterschiedlich aussehen.

46 Eine Schätzung nennt allein 96 % Aussterberate für das größte Massenaussterben vor etwa 250 Mio. Jahren am Übergang zwischen Perm und Trias (MacPhee 1999).

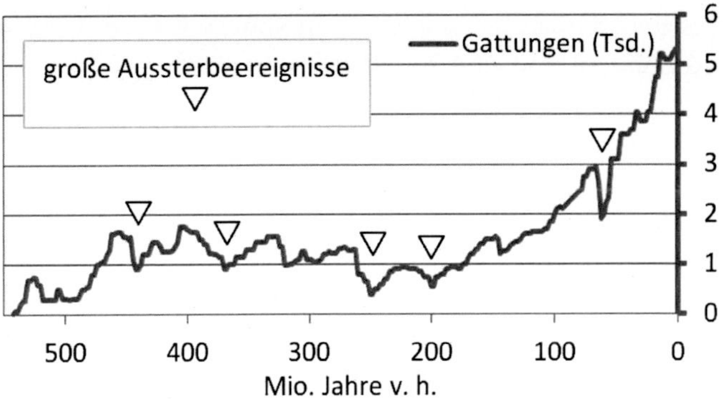


Abb. 12: Entwicklung der marinen Biodiversität
im Phanerozoikum (nach Rohde 2005)

Abb. 12 zeigt die Entwicklung der meeresbewohnenden Gattungen[47] im Phanerozoikum, das ist die Zeitspanne seit dem ersten Nachweis von Fossilien vor ca. 550 Mio. Jahren.

Bemerkenswert ist der Anstieg in den letzten 100 Mio. Jahren. Für auf dem Land lebende Gattungen wird im selben Zeitraum ebenfalls eine starke Steigerung angenommen, verursacht unter anderem durch die damals entstehende Vielfalt an Insekten und Blütenpflanzen.

Wie hoch ist der Artenverlust heute in Relation zur „natürlichen“ Aussterberate?

Nach groben Abschätzungen anhand der fossilen Daten hat eine Art in der Vergangenheit im Durchschnitt 10 Mio. Jahre überlebt. Bei 10 Mio. Arten heute würde durchschnittlich also eine Art pro Jahr aussterben. Mathematisch formuliert entspricht

47 Gattung ist die der Art (Spezies) übergeordnete Klassifizierungseinheit. Darüber kommt die Familie. Die Art Homo sapiens gehört zur Gattung Homo, diese zur Familie Hominidae (Menschenaffen).

dies einer natürlichen Aussterberate von 0,1 Art pro Jahr und pro 1 Mio. Arten (MEA 2005)[48].

Allerdings sind aus den am gründlichsten untersuchten Gruppen der Säugetiere/Vögel/Amphibien in den letzten hundert Jahren etwa 200 Arten nachweislich oder höchstwahrscheinlich ausgestorben, also zwei Arten pro Jahr. Die Gesamtartenzahl dieser Gruppen ist ungefähr 20 000. Daraus ergibt sich eine Aussterberate von 100 Arten pro Jahr und 1 Mio. Arten – also das Tausendfache der natürlichen Aussterberate (MEA 2005).

Andere Schätzungen schlagen noch einen Faktor von zehn drauf. Sie schätzen nicht nur die aktuell gefundenen Aussterberaten, sondern berücksichtigen auch die Verzögerungseffekte, die wir heute schon kennen. So kann etwa eine irreversibel schrumpfende Population noch viele Generationen vorhanden sein, obwohl man ihre Auslöschung schon vorhersagen kann. Wir können auch vorhersagen, dass sich Randbedingungen wie der Zustand der Habitate, deren Zerstückelung oder deren Verschmutzung durch den Eintrag von Chemikalien weiter verschlechtern werden. Wir können den zunehmenden Einfluss von invasiven Arten und des Klimawandels miteinbeziehen.

Die wissenschaftliche Mehrheitsmeinung rechnet letztlich mit einer 100–1000-fachen Beschleunigung des Artensterbens durch den Menschen (MEA 2005). Die Zahlen sind allerdings mit großen Unsicherheiten behaftet – nach unten und nach oben.

Legt man den größeren Wert zugrunde, würden jedes Jahr 1000 Arten und damit alle 100 Jahre 1 % aller Arten verschwinden – unwiderruflich.

48 Diese Zahl wird als Untergrenze für marine Spezies angegeben.

## 5. Biotop-Vielfalt

Unterschiedliche Habitate bieten unterschiedlichen Arten Lebensräume. So wird großräumig unterschieden zwischen

- Klimazonen, wie boreale Zone, gemäßigte Zone, Tropen,
- Höhenlagen,
- Boden, wie Lehm, Ton, Sand, Fels,
- Relief, wie Land, Moor, Ufer, Fluss, Süßwassersee, Meer,
- Niederschlagsmenge, wie gegeben bei Kontinentalklima, Meeresklima, Wüste,
- Bewuchs, wie Wald, Savanne, Grünland.

In der Mehrzahl der Fälle gilt, dass Kulturlandschaften zur Reduzierung der Biotop-Vielfalt führen. Beispiele sind die Rodung von Urwald für Landwirtschaft oder durchgehende Monokultur-Ackerbauflächen, die sogenannten ausgeräumten Landschaften. Es gibt jedoch Ausnahmen. So gehören in Mitteleuropa halbnatürliche, durch menschliche Aktivitäten geschaffene Trockenwiesen auf meist magerem Boden zu den vielfältigsten Pflanzengesellschaften.

Die Weltnaturschutzunion (IUCN)[49], das größte globale Naturschutznetzwerk, das von über 200 staatlichen und über 900 nichtstaatlichen Organisationen gefördert wird, veröffentlicht seit 1966 die sogenannte Rote Liste[50] gefährdeter Arten.

Diese werden nach festgelegten Kriterien in Kategorien wie „nicht gefährdet", „gefährdet", „stark gefährdet" oder „vom Aussterben bedroht" eingeteilt. So gilt beispielsweise eine Art, deren Population in drei Generationen oder 10 Jahren um 50 % abnimmt, als gefährdet, bei 70 % Abnahme als stark gefährdet, bei 90 % Abnahme als vom Aussterben bedroht.

49 IUCN: International Union for the Conservation of Nature

50 „Rote Liste gefährdeter Arten" der Weltnaturschutzunion, siehe Anhang

2020 waren etwa 120 000 Arten in der Liste erfasst, davon waren 32 000 Arten einer Gefährdungskategorie zugeordnet, also rund 27 %. 6 % fielen unter die Kategorie „vom Aussterben bedroht".

Dabei sind die Tropen mehr als doppelt so stark betroffen wie die gemäßigten und borealen Breiten.

Diese Gefährdungsangaben entsprechen nur ungefähr dem Zustand aller Lebewesen, da für die Rote Liste nicht alle Spezies untersucht werden. Genau sind die Angaben jedoch für Säugetiere, Vögel und Amphibien, da dort alle oder fast alle Arten aufgenommen wurden. Vögel sind zu 13 %, Amphibien zu 33 % und Säugetiere zu 22 % gefährdet.

In Bezug auf die Ausrottung einiger Tiergruppen – hervorstechend sind die großen Säugetiere – hat der Mensch eine unrühmliche Vorgeschichte bis tief in die Altsteinzeit hinein.

Homo erectus, der Vorläufer des heutigen Menschen, der vermutlich bereits das Feuer beherrschte, breitete sich im Zeitraum von vor etwa zwei Millionen Jahren bis etwa 400 000 Jahren von Afrika nach Europa und bis in die gemäßigten Klimazonen Asiens aus (inklusive verwandter Arten wie Neandertaler und Pekingmensch). Homo sapiens verließ Afrika vor etwa 100 000 Jahren und hatte vor 10 000 Jahren alle Kontinente und viele Inseln erreicht.

Es gibt auffällige Korrelationen zwischen den Aussterberaten bestimmter Tierarten und dem Auftreten des Menschen. Kausale Zuordnungen sind allerdings nur bedingt und unter Abwägung von Wahrscheinlichkeiten möglich, da Klimaeinflüsse und Pandemien auch eine Rolle gespielt haben könnten.[51]

Hier einige regionale Beispiele, quer durch die Kontinente, zu den Korrelationen:

51 Ein Übersichtsartikel „Artensterben und Mensch: Geschichte, Trends und Prognosen" findet sich unter (Mair 2013).

## Nordeurasien

Im Gegensatz zu Afrika und Südostasien, wo alle sieben zu Beginn des Pleistozäns (vor 2,5 Mio. Jahren) existierenden Säugetierarten mit über einer Tonne Gewicht heute noch leben, sind alle sechs der entsprechenden nordeurasischen Spezies ausgestorben, nämlich der europäische Waldelefant, das Mammut, drei Nashornarten und ein Flusspferd. Dazu kommen die ebenfalls ausgestorbenen etwas leichteren Arten Höhlenbär, Riesenhirsch und Fleckenhyäne.

26 % (11 von 43) aller Säugetierarten oberhalb 40 kg starben in den letzten 50 000 Jahren aus, fast genauso viele wie in 700 000 Jahren zuvor. In diesen Zeitraum fallen 19 Kalt-/Warm-Wechsel, sodass ein „Eiszeiteffekt" (Beginn der letzten Erwärmung vor etwa 10 000 Jahren) als alleiniger Auslöser für die Aussterbeereignisse der letzten 50 000 Jahre eher unwahrscheinlich ist. Auffällig ist dennoch, dass die wärmeliebenden Spezies (Elefant, Flusspferd, Nashorn) während der Abkühlungsphase der letzten Eiszeit ausstarben, die kälteliebenden (Höhlenbär, Wollnashorn, Mammut) jedoch in der Phase der Erwärmung. Es wird deshalb vermutet, dass in den jeweils natürlicherweise geschrumpften Habitaten die Bejagung durch den Menschen zum „Overkill" führte. Das heißt, zwei ungünstige Bedingungen für das Überleben der Spezies wären zusammengetroffen. Eine Bestätigung dieser Theorie könnte das Überleben des Mammuts um 2000 Jahre länger in Nordsibirien und um 8000 Jahre länger auf der arktischen Wrangel-Insel sein, wo der Siedlungsdruck durch den Menschen später einsetzte und geringer war. Allerdings überlebte das Mammut auch dort nicht dauerhaft (MacPhee 1999).

## Australien

Die fossile Datenlage ist hier relativ schlecht. 55 Wirbeltierarten, darunter 16 % der Säugetiere, starben vor rund 50 000 Jahren aus. Das deckt sich etwa mit der Besiedelung durch

Homo sapiens. Unter den Verlusten befanden sich wieder alle Großtiere, zum Beispiel sechs Riesenbeuteltierarten mit mehr als 500 kg Gewicht, Riesenreptilien und Riesenschildkröten. Die heute noch existierenden Beuteltiere sind entweder schnell oder sie bewohnen Höhlen oder Bäume. Dies spricht für die Theorie der Ausrottung durch Bejagung.

Im 20. Jh. gab es nochmals ein Aussterbeereignis. Weitere 23 Säugetierspezies verschwanden, und zwar fast alle mit unter 5 kg Gewicht. Dies wird der Einführung von Fuchs und Kaninchen (das sich mangels natürlicher Feinde zur Massenplage entwickelte), verstärkter Beweidung und mehr Flächenbrand zugeschrieben (MacPhee 1999).

## Amerikanischer Kontinent

In Süd- und Nordamerika ereignete sich vor etwa 13 000 Jahren ein Aussterbeereignis, das herausragend Großsäugetiere betraf. Es fiel zeitnah mit der Besiedelung durch den Menschen zusammen, aber auch mit einem scharfen Temperaturrückgang um etwa 7 °C am Ende der letzten Eiszeit. Die wissenschaftliche Diskussion ist daher gespalten bei der Frage, ob Klimawandel oder Überjagung die Ursache war.

Von 70 Gattungen großer Säugetiere der letzten vier Millionen Jahre starben in Nordamerika 34 innerhalb von ca. 1000 Jahren aus (48 %), von 126 Gattungen kleiner Säugetiere nur drei (2 %). Südamerika war noch härter betroffen: 51 Gattungen von Großsäugern starben aus (davon 11 identisch mit denen in Nordamerika) (MacPhee 1999). Der südamerikanische Kontinent allein umfasst 60 Breitengrade mit den unterschiedlichsten Biomen: tropisch bis gemäßigt, Flachland und Gebirge, feucht bis trocken. Unter diesen Voraussetzungen gilt es als ausgeschlossen, dass die raschen Klimawechsel während der betroffenen Zeitspanne ein solch flächendeckendes Aussterbeereignis allein hätten verursachen können. Im Vergleich mit Eurasien lässt sich auch ablesen, dass die Auslöschung verwandter Taxa[52], zum Beispiel Elefant und Mammut, nicht überall mit Klimaereignissen korreliert, jedoch überall mit der Anwesenheit der Gattung Homo.

Das Fazit lautet, dass die Indizien stark für eine Täterschaft des Menschen sprechen.

In Bezug auf die Überjagungs-Hypothese („Overkill") wird auch noch angeführt, dass die Gefährdung umso existenzieller für die gejagte Spezies sei, je „naiver" diese sei, das heißt, je kürzer sie mit dem Menschen zusammengelebt habe. Dies würde erklären, warum in Afrika noch Großsäuger überlebt haben.

## Neuguinea und pazifische Inseln

In Neuguinea starben alle sechs Großsäuger mit über 40 kg Körpergewicht vor etwa 40 000 Jahren gleichzeitig mit der Besiedelung durch Homo sapiens aus (MacPhee 1999). Da die Insel gebirgig ist und die ausgestorbenen Spezies alle Regionen von Meereshöhe bis 3000 m bewohnten, scheidet Klimawandel als Ursache praktisch aus, weil die Tiere notfalls mit den Temperaturzonen nach oben oder unten hätten wandern können.

Die Besiedelungsgeschichte der pazifischen Inseln wurde bereits behandelt, und Ausrottungsereignisse wurden miterwähnt. In Melanesien, einer Inselgruppe nördlich von Australien, korreliert die Einwanderung der Lapita-Kultur-Menschen, die Hund, Schwein und eine asiatische Ratte mitbrachten, um 1500 v. u. Z. mit dem Aussterben von fünf Säugetierarten. Die Datierungen sind allerdings unsicher. Sechs weitere Arten, kleine Nagetiere und Fledermäuse, verschwanden erst um 1880. Dies wird auf

52 Taxon (Plural Taxa): Bezeichnung für die hierarchischen Gruppen der biologischen Abstammungssystematik. So sind „Familie", „Gattung" und „Art" (Spezies) Taxa.

die Einführung der Schwarzen Ratte (Rattus rattus), die ein guter Kletterer ist, zurückgeführt (MacPhee 1999).

## Madagaskar

Wie schon in Kapitel 2 („Die Besiedelung der pazifischen Inseln“) erwähnt, besiedelten die polynesischen Seefahrer Madagaskar etwa zu Beginn unserer Zeitrechnung. Eine zweite Besiedelungswelle erfolgte um 800 im Nordwesten der Insel.

Die komplette Megafauna, mindestens 12 Arten, darunter Riesenlemuren, Elefantenvögel (siehe Abb. 13) und Riesenschildkröten, starb zwischen null und 500 bis 1000 aus. Eine andere Quelle nennt die Hälfte von 41 Lemurenspezies (Lemuren sind endemische Säugetiere Madagaskars) und alle Säugetiere schwerer als 12 kg als ausgestorben (MacPhee 1999 und Goodman 2003).

An Landtieren schwerer als 10 kg überlebten nur das Nilkrokodil und einige Schildkrötenarten.

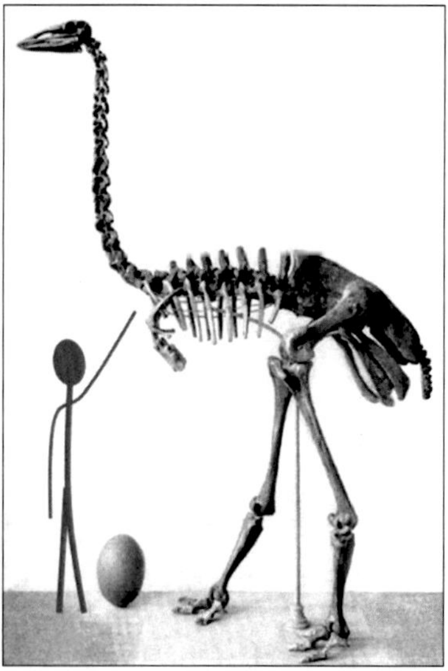

Abb. 13: Modell des ausgestorbenen Elefantenvogels (Aepyornis maximus) (nach Monnier 1913)

Madagaskar ist ein gutes Beispiel dafür, dass das Drama der Ausrottung vor allem großer Tiere kein Phänomen der Vergangenheit ist, sondern sich heute fortsetzt. In Madagaskar sind aktuell viele Arten gefährdet oder vom Aussterben bedroht, von den schwereren zum Beispiel:

- Der Madagaskar-Seeadler (Haliaeetus vociferoides), der größte madagassische Raubvogel mit 2 m Spannweite und bis zu 3,5 kg Gewicht, hat noch einen geschätzten Bestand von 100–120 Paaren. Er ist bedroht durch Habitatverlust (Wald, Sumpfland), Überfischung (Nahrungsmangel) und Erosion (in trüben Wasserläufen kann er nicht fischen).
- Von den noch lebenden größeren Lemuren (mit einem Gewicht von 5–9 kg, Familien Indridae und Lemuridae) haben manche Populationen nur noch wenige Tausend Individuen.
- Die Schnabelbrustschildkröte (Geochelone yniphora), die bis zu 19 kg wiegt, kommt im Westen Madagaskars in fünf Populationen mit insgesamt nur ca. 600 Individuen vor (Goodman 2003).

## Neuseeland

Diese Inselgruppe ist ein gutes Beispiel für die Schäden, die invasive Arten anrichten können. In diesem Fall sind es vor allem mehrere Rattenarten, die mit Ausrottungsereignissen in Verbindung gebracht werden.

Die beiden Hauptinseln wurden erst sehr spät, gegen 1300, von den Polynesiern besiedelt, da sie weit außerhalb der navigationstechnisch sicheren Route in Ostsüdostrichtung lagen (siehe auch Kapitel 2 „Die Besiedelung der pazifischen Inseln").

Die Pazifische Ratte (Rattus exulans) schaffte allerdings schon 300 Jahre früher den Sprung auf die Inseln. Sie kann aufgrund ihrer Gebissgröße Vogeleier fressen, die kleiner als 57 mm sind.

Ab 1769 erreichten Europäer die Inseln und brachten die Norwegische Ratte (Rattus norvegicus) mit. Diese ist ein guter

Schwimmer, klettert jedoch nicht. Ab 1860 wurden die schon erwähnte gut kletternde Schwarze Ratte und verschiedene Marderarten (Gattung Mustela) eingeschleppt.

Vor der Ankunft dieser Tierarten und des Menschen hatte Neuseeland mit insgesamt 132 Arten eine reichhaltige Vogelfauna, unter anderem die flugunfähigen Moas, Riesenvögel mit bis zu 200 kg Gewicht. Von dieser starb die Hälfte aus, etwa ein Viertel vor und ein Viertel nach Eintreffen der Europäer. Die Aussterbeschwerpunkte lassen sich den Prädatoren (Mensch und die verschiedenen Rattenarten) zuordnen:

- Alle Vögel schwerer als 5 kg starben vor 1770 aus
  → Verursacher Mensch (polynesische Ureinwohner)
- Im gleichen Zeitraum verschwanden 85 % der bodenbrütenden Sturmvögel und Laufvögel mit Eiern bis 57 mm Durchmesser
  → Verursacher Pazifische Ratte (natürliche Verbreitung)
- 20 % der übrigen Bodenbrüter (mit größeren Eiern) starben vor 1870 aus
  → Verursacher Norwegische Ratte (eingeführt durch Europäer)
- 20 % der Baumbrüter verschwanden vor 1930
  → Verursacher die kletternde Schwarze Ratte (eingeführt durch Europäer) (MacPhee 1999)

Diese Fallbeschreibungen stellen eine sehr beunruhigende Bilanz des Wirkens von Homo sapiens auf dem Weg seiner „Eroberung" der Kontinente und Inseln dar. Sie betrifft die direkte Bejagung sowie Kollateralschäden durch absichtlich oder versehentlich mitgeführte Neobiota[53].

Zur Entlastung unserer steinzeitlichen Ahnen sei gesagt, dass wir nicht davon ausgehen können, dass sie diese Schäden bewusst

53 Neobiota: Aus anderen Lebensräumen oder Kontinenten eingeführte Pflanzen oder Tiere. Wenn diese sich in der neuen Umgebung ausbreiten, werden sie als invasive Arten bezeichnet.

anrichteten. Weder die Ausrottung ihrer eigenen Nahrungsquellen noch das Verbreiten ortsfremder Arten werden geplante Aktionen gewesen sein. Das Verhalten, Arten bedenkenlos und fahrlässig auszurotten, hat sich allerdings bis heute nicht wesentlich geändert. Die beiden Orang-Utan-Arten in Borneo und Sumatra, die durch Habitatverlust vom Aussterben bedroht sind, weil kommerzielle Ölpalmen-Interessen priorisiert werden, sind nur ein prominentes Beispiel. Das Verständnis für die Pflege von (benötigten) Naturressourcen kam erst langsam auf – so entstanden die ersten Naturparks erst im 19. Jahrhundert. Der Unterschied zu früher ist: Wir wissen heute, was wir anrichten.

Zur Ausrottung führende Bejagung und die Verbreitung von Neobiota sind beide immer noch hochaktuell.

Der größte Schadensfaktor dürfte heute allerdings der Biotopverlust sein, das heißt die Vernichtung natürlicher Lebensräume durch Umwandlung und Gebrauch der Fläche durch den Menschen. Dies galt damals für die Osterinsel, auf der das Biotop „Wald" vernichtet wurde, und gilt ebenso heute direkt vor unserer Haustür. Durch die Intensivierung der Landwirtschaft wurde beispielsweise, bei unwesentlich veränderten Bewirtschaftungsflächen, in Deutschland die Population der Feldvögel zwischen 1978 und 2002 um 30 % reduziert (MEA 2005b), und die Insektenpopulation ging gemäß mehreren Schätzungen in 25 Jahren um 70–80 % zurück. Diese beiden Entwicklungen hängen natürlich damit zusammen, dass viele Vögel auf Insekten als Nahrung angewiesen sind. Diese wiederum ernähren sich häufig von Blütenpflanzen, die der intensiven Landwirtschaft zum Opfer fallen. Man erkennt, dass die biologischen Systeme zusammenhängen und es genügt, einen wichtigen Baustein zu schwächen, um das System als Ganzes aus dem Gleichgewicht zu bringen.

Beim globalen Flächenverbrauch wurde bezüglich des Waldes bisher nur die jährliche Abnahme von knapp 0,2 % im Durchschnitt der letzten 30 Jahre genannt. Dies soll jetzt etwas genauer betrachtet werden.

Wie schon erwähnt, bedeckt der Wald mit 40 Mrd. km$^2$ knapp ein Drittel der festen Erdoberfläche und spielt damit eine herausragende Rolle für die Klimaregulierung und die Biodiversität. Entsprechend den Klimazonen unterscheidet man vier Haupttypen: den tropischen Regen- oder Trockenwald mit 46 %, den borealen Wald um den sechzigsten Breitengrad mit 27 %, den Wald der gemäßigten Breiten mit 16 % und den subtropischen Wald mit 11 % Flächenanteil. Ein Drittel davon ist Primärwald (Urwald), der Rest ist mehr oder weniger durch den Menschen geprägt. Reine Plantagenpflanzungen wie die Ölpalmenplantagen sind hier nicht mitgezählt und schlagen mit zusätzlichen runden 6 % (2,5 Mio. km$^2$) zu Buche.

Warum ist der Wald wichtig? Erstens speichert er $CO_2$ in Form des Kohlenstoffgehaltes von Wurzeln, Stämmen, Ästen, Blättern und organischem Boden. Das kann jede Waldart, hierbei kommt es ausschließlich auf die organische Masse pro Quadratkilometer an. Zweitens sind insbesondere die tropischen und subtropischen Urwälder für ihren Artenreichtum bekannt. Tropische Regenwälder sind gemeinsam mit Korallenriffen die artenreichsten Biome der Erde.

Es gibt 60 000 Baumarten, davon sind 8000 laut Roter Liste in ihrem Bestand gefährdet. Von 28 000 Medizinalpflanzen sind viele im Wald heimisch. Ein Waldtier-Häufigkeitsindex für 268 Säugetier-, Amphibien-, Reptilien- und Vogelarten zeigte einen Rückgang der Populationsgrößen um 53 % in den letzten 45 Jahren. Man sieht deutlich: Der Zustand der Wälder verschlechtert sich (FAO 2020a).

Der Hauptgrund hierfür ist die Abholzung. Zwar ist die Netto-Verlustrate in den letzten 10 Jahren auf 0,12 % pro Jahr gesunken, aber man muss berücksichtigen, dass dies die Differenz zwischen Aufforstung inklusive natürlichem Aufwuchs (+0,15 %) und der Abholzung (-0,27 %) ist. Betrachtet man die besonders artenreichen tropischen Urwälder separat, sind in ihnen die Abholzraten noch deutlich höher, bis zu 0,5 % pro Jahr, wie die folgende Tabelle (Abb. 14) zeigt. Bei linearer Entwicklung wäre damit in 100 Jahren die Hälfte der Urwaldfläche verloren. Das bedeutet, boreale und gemäßigte Wälder mit geringer Biodiversität nehmen zu, während die tropischen und subtropischen Urwälder verschwinden – ein schlechter Tausch!

| | Fläche 2020 Mio km$^2$ | Änderung 2000-2010 %/Jahr | häufigster Waldtyp |
|---|---|---|---|
| Russland | 8,2 | 0 | boreal |
| Brasilien | 5,0 | -0,5 | tropischer Regenwald |
| Kanada | 3,5 | 0 | boreal |
| USA | 3,1 | 0,1 | boreal-subtrop. |
| China | 2,2 | 1,6 | gemäßigt-subtrop. |
| Australien | 1,3 | -0,4 | tropischer Trockenwald |
| Kongo | 1,3 | -0,2 | tropischer Regenwald |
| Indonesien | 0,9 | -0,5 | tropischer Regenwald |
| Peru | 0,7 | -0,2 | tropischer Regenwald |
| Indien | 0,7 | 0,5 | trop. Trocken-/Regenw. |
| Welt | 40,0 | -0,13 | |

| Welt | 2010-2020 |
|---|---|
| Abholzung | -0,27 |
| Aufforstung | 0,15 |
| Bilanz | -0,12 |

Abb. 14: Entwicklung des Waldbestandes in den zehn waldreichsten Ländern und global (nach FAO 2011 und FAO 2020a)

Was sind die Treiber für die Abholzung? Der wichtigste Faktor mit 40 % Anteil ist die kommerzielle Landwirtschaft, vor allem die Viehzucht, der Anbau von Soja (das hauptsächlich als Viehfutter dient) und Palmölplantagen. Die zweitwichtigste Ursache mit 33 % ist die Subsistenzwirtschaft[54], das heißt der Wanderfeldbau, häufig mit regelmäßiger Brandrodung und dem Zurücklassen des ausgelaugten Bodens nach einigen Ernten.

In den letzten 30 Jahren gingen etwa 0,81 Mio. $km^2$ Urwald verloren, das entspricht knapp der Fläche von Frankreich und Deutschland zusammen. Der Nettowaldverlust im selben Zeitraum betrug 1,78 Mio. $km^2$ oder 40 % der Fläche der Europäischen Union (FAO 2020a).

Ich möchte Ihnen ein Länderbeispiel zur Abholzung vorstellen, und zwar Madagaskar. Warum gerade dieses Land? Es ist ein sogenannter Biodiversitäts-Hotspot und deshalb relativ gut untersucht.

Heute sind 34 Gebiete auf der Erde als Biodiversitäts-Hotspots festgelegt; das bedeutet, dass dort mindestens 1500 endemische Pflanzen wachsen und dass deren natürlicher Lebensraum durch den Menschen bereits um über 70 % reduziert wurde. Zu diesen Biodiversitäts-Hotspots gehören etwa die Karibik, die tropischen Anden, Polynesien, der Mittelmeerraum und auch Madagaskar.

Die Insel Madagaskar, mit seiner Fläche etwas größer als Frankreich, liegt 400 km von Afrika entfernt im Indischen Ozean. Sie weist einen sich von Norden nach Süden erstreckenden Gebirgszug auf, mit zentralen Hochflächen im Westen und einer steilen Küste nach Osten.

Warum ist Madagaskar so reich an endemischen Arten? Dabei spielt die kontinentferne Insellage eine Rolle. Die Evolution hatte sich dort vor rund 70 Mio. Jahren, als die Insel vom

54 Subsistenzwirtschaft: Eigenversorgung von Haushalten oder kleinen Gemeinschaften durch Landwirtschaft, Jagen oder Sammeln mit nur geringem externen Warenaustausch

weiter nach Norden driftenden Indien getrennt wurde, quasi abgekoppelt. Deshalb wird Madagaskar von Biologen auch „die Insel der lebenden Fossilien“ genannt, da hier Spezies leben, die andernorts durch evolutionäre Weiterentwicklungen ersetzt wurden.

Zudem bringt die Insel alle Voraussetzungen für einen hohen Artenreichtum mit. Dazu zählt die Lage in den Tropen, sodann sind außer Schneeregionen und Vollwüsten praktisch alle denkbaren regionalen Biome vorhanden: Höhen von null bis 2800 m, Niederschläge zwischen 300 und 6000 mm/Jahr, unterschiedliche jährliche Niederschlagsmuster, Bergland und Ebene, Flüsse, Seen, flache Meeresufer und Korallenriffe.

Nach grober Schätzung beherbergt Madagaskar 5 % aller globalen Arten, obwohl es nur knapp 0,5 % der globalen Landfläche besitzt. Zudem ist eine überwältigende Zahl an Spezies endemisch. Etwa 11 000 Arten von Blütenpflanzen (mit 1000 Orchideenarten, mehr als in Afrika), 380 Frosch-, 340 Landreptilien-, 100 Vogel-, 3000 Schmetterlings- und 97 Lemurenarten leben nur auf dieser Insel. Wegen dieses außergewöhnlichen Artenreichtums wurde Madagaskar auch schon „der achte Kontinent“ genannt.

In dieser ökologischen Schatzkiste leben heute etwa 24 Millionen Menschen, mit einer sehr hohen jährlichen Wachstumsrate von 3 %.

Die Landfläche wird aktuell zu 70 % für die Landwirtschaft genutzt (mehrheitlich Reisanbau und Zebuhaltung), weitere 21 % sind Wald. Ein Viertel davon (30 000 km²) ist Primärregenwald (Rainforests 2014), der Rest laubabwerfender und Trockenprimärwald, Sekundärwald und ein sehr kleiner Teil Plantagen. Die restlichen 9 % der Fläche sind im Wesentlichen Trockensteppe.

Nach der Besiedelung durch den Menschen verlosch die Mehrzahl der schwereren Tierarten, wie oben bei der Aufzählung der regionalen Aussterbeereignisse erwähnt; heute liegt die Hauptbedrohung der meisten gefährdeten Arten nicht mehr in der Bejagung, sondern in der Fragmentierung und dem Verlust des Habitats. 70 % der Landfläche sind vom Menschen bereits direkt für Nutzungszwecke oder indirekt durch deren Folgen verändert, mit steigender Tendenz.

Die Landnutzungsänderung wird durch folgende Tätigkeiten getrieben:

- Im Wald: Brandrodung mit Wanderfeldbau, zum Beispiel für Trockenreis,
- In der Steppe: Brandrodung des letztjährigen Grases in der Trockenzeit; damit wird vorhandene Primärvegetation mitvernichtet,
- Beweidung, wodurch Primärvegetation am Nachwachsen gehindert wird,
- Abholzung zur Brennholz- und Holzkohlegewinnung,
- Edelholzentnahme aus den Urwäldern.

Insbesondere der ökologisch wertvolle Regenwald wird in nicht zu hohen, zu steilen oder zu abgelegenen Gegenden durch den Brandrodungswanderfeldbau dezimiert. Flächen werden geschlagen, zum Beispiel mit Trockenreis oder Süßkartoffel bepflanzt und nach einigen Jahren wieder aufgegeben, wenn der Boden verarmt ist und die Erosion durch die Starkregenfälle der Regenzeit Mutterboden fortgeschwemmt hat. Auf dem gut zugänglichen und saisonal trockenen zentralen Hochland ist Baumbewuchs praktisch nicht mehr vorhanden. In der Gegenwart besonders bedroht ist der gut erreichbare Ostküstenbereich, in dem entlang der gesamten Insel der Hangregenwald von unten nach oben durch Rodung vernichtet wird.

Heute sind, verglichen mit dem Jahr 1800, noch etwa 10 % der Regenwaldfläche vorhanden.

Die Grafik (Abb. 15) zeigt den Zusammenhang der Abholzraten mit dem Bevölkerungswachstum. Man kann ablesen, dass der Hauptteil der Rodung (etwa 80 %) zwischen 1950 und 2000 erfolgte.

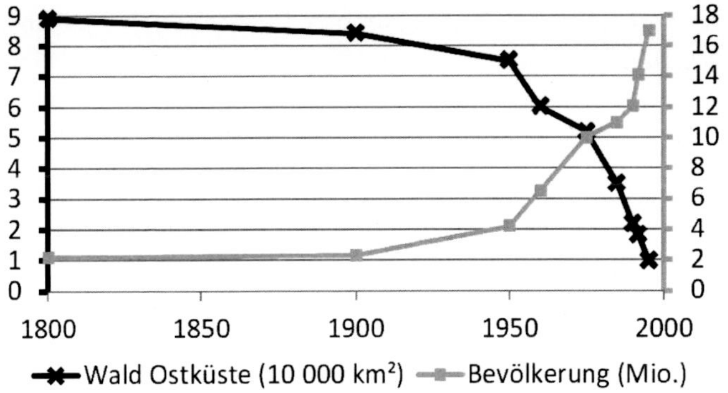


Abb. 15: Bevölkerungswachstum und Abholzung im Ostküsten-Regenwald (nach Goodman 2003b)

Die Verlustraten betragen (Masoala 2013):

- für den gesamten Wald 0,4 % pro Jahr,
- für den Primärregenwald 0,5 % pro Jahr,
- für die Masoala-Halbinsel, einen der größten Nationalparks, 1,0 % pro Jahr.

Je nach Bevölkerungswachstumsszenario, lokalem Wirtschaftswachstum und Aktivität der international getriebenen Edelholzausbeutung könnten die Urwälder in 100 Jahren bis auf schwierig zugängliche oder wirksam geschützte Reststücke verschwunden sein.

Eine der augenfälligsten Nebenwirkungen der Rodungen ist die Erosion. Während der Regenzeit werden vom nackten Boden bis zu 250 t/ha Erde ausgeschwemmt (wildmadagascar 2020). Das entspricht über 10 mm pro Jahr! Der eisenreiche Boden wird über die Flüsse ins Meer geschwemmt, das er tiefrotbraun färbt, weshalb Madagaskar schon der Name „Blutende Insel" verliehen wurde.

In Madagaskar ist die Brandrodung für die Subsistenzwirtschaft der größte Faktor. Dies ist nicht unbedingt typisch: In Brasilien dominieren die kommerzielle Viehwirtschaft und der Sojaanbau den Waldverbrauch, in Indonesien der Anbau von Ölpalmen.

Wir haben uns in diesem Kapitel mit Aspekten des ökologischen Fußabdrucks des Menschen beschäftigt, die ob ihrer Eindeutigkeit schon eine gewisse Betroffenheit auslösen können. Natürlich musste bei der Darstellung eine willkürliche Auswahl getroffen werden. Wie sieht die Gesamtsituation aus, wie sind die Trends und was bedeutet das?

Die globale Gemeinschaft der Staaten mit Hilfe ihrer Dachorganisation, den Vereinten Nationen, hat sich gründlich und umfassend mit diesem Thema befasst. Die UN beschäftigen nicht nur den Weltklimarat (IPCC), der anhand der Analyse tausender wissenschaftlicher Veröffentlichungen regelmäßig über die Entwicklung des Klimas und über mögliche politische Korrekturmaßnahmen berichtet, sondern auch seit 2012 den weniger bekannten Weltbiodiversitätsrat (IPBES)[55]. Diesem gehören aktuell 132 Staaten an. Er hat als Aufgabe, über den globalen Zustand der Biodiversität und der Ökosystemdienstleistungen und den Wissensstand darüber zu berichten.

2019 wurde vom IPBES ein Medienbericht veröffentlicht, der den Titel trägt:

> *„Gefährliche Verschlechterung des Naturzustandes in noch nie dagewesener Form – Aussterberaten beschleunigt – Eine Million Arten vom Aussterben bedroht – Systemänderungen erforderlich, um Natur wiederherzustellen und zu schützen."*

Dieser sicher mit Absicht reißerisch aufgemachte Titel wurde mit Zahlen unterlegt, die im Folgenden der besseren Lesbarkeit halber in tabellarischer Form dargestellt werden:

55 IPBES (Intergovernmental Science-Policy Platform on Biodiversity and Ecosystem Services): Weltbiodiversitätsrat, eine Organisation der Vereinten Nationen

Einige Fakten auf der Aktionsseite der Spezies Mensch

Seit 1970

- Bevölkerung verdoppelt (von 3,7 auf 7,6 Mrd. Menschen)
- Landwirtschaftliche Pflanzenproduktion verdreifacht
- Bruttosozialprodukt vervierfacht
- Handel verzehnfacht
- Holzgewinnung vereineinhalbfacht

Seit 1980

- Plastikabfall im Meer verzehnfacht

Seit 1992

- Versiegelung durch Städte verdoppelt

Seit 2009

- Der Klimagas-Fußabdruck des Tourismus in vier Jahren (bis 2013) um 40 % gestiegen auf 8 % aller Treibhausgasemissionen

Einige Fakten auf der daraus resultierenden Schadensseite

Seit 1500

- 680 Wirbeltierarten ausgerottet

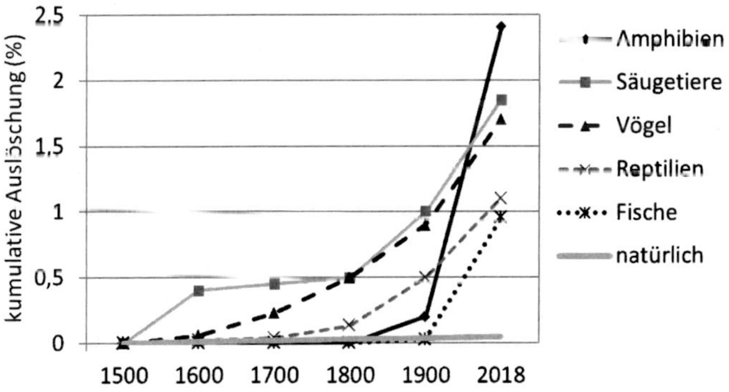


Abb. 16: Kumulierte Aussterberaten von Wirbeltieren seit 1500
„natürlich“: natürliche Aussterberate der letzten 10 Mio. Jahre
(nach IPBES 2019)

Seit 1700

- 75 % der globalen Landfläche durch den Menschen verändert
- 87 % des Sumpflandes verloren
- 32 % des Waldes verloren
- Der Verlustanteil an tropischem Regenwald ist höher: allein in den zwanzig Jahren 1980–2000 eine Mio. km² (rund 8 % des Bestandes), entsprechend der Fläche Deutschlands, und weitere 0,3 Mio. km² (rund 2,4 %) von 2010–2015. Wichtigste Treiber sind Landwirtschaft und Ölpalmenanbau.

Seit 1870

- 50 % der Korallenriffe verloren, Tendenz dramatisch steigend

Seit 1900

- Meeresspiegel um 18 cm gestiegen. Tendenz steigend mit aktuell 3 mm pro Jahr. Ein Anstieg um einen Meter flutet die Heimat von 40 Mio. Küstenbewohnern.

Seit 1970

- Auf 23 % der bewirtschafteten Landfläche hat sich der Boden verschlechtert.
- Die Häufigkeit von Landwirbeltieren ist um 40 %, die von Salzwassertieren um 35 % gefallen.

Seit 1980

- Invasive Arten um 40 % zugenommen

Heute

- 33 % der Meeresfischarten überfischt
- 25 % der in der Roten Liste bewerteten Arten gefährdet, darunter 40 % der Amphibien, 33 % der Haie, Meeressäuger und Korallen
- Von grob geschätzten 8 Mio. Arten gute 10 % vom Aussterben bedroht
- Die aktuelle Aussterberate ist etwa hundertmal höher als in den letzten 10 Mio. Jahren.

Als größte Treiber dieser Verschlechterungen werden in Reihenfolge der Wichtigkeit identifiziert:

1. Land-, Meeres- und Küstennutzung
2. Direkte Ausbeutung wie Fischen, Jagen, Roden
3. Klimawandel

4. Verschmutzung und Vergiftung der Umwelt
5. Invasive Arten.

Unter dem Dach der Vereinten Nationen hatten sich 2010 Vertreter von 193 Staaten in der japanischen Präfektur Aichi getroffen und ein Übereinkommen zur biologischen Vielfalt verabschiedet. Darin waren Ziele zum Erhalt der Biodiversität vereinbart worden, wie Stoppen der Überfischung, Halbierung der Landverlustrate, Abschaffung biodiversitätsfeindlicher Subventionen, Stopp des Artensterbe-Trends und Ausweisung von mehr Schutzgebieten. Diese sogenannten „Aichi-Ziele" (CBD 2020) sollten zehn Jahre später, also 2020, überprüft werden.

Der Bericht des Biodiversitatsrats von 2019 musste allerdings feststellen, dass die Verschlechterungstrends ungebrochen sind und die meisten Aichi-Ziele deutlich bis völlig verfehlt wurden.

Er mündet in die politische Beurteilung, dass mit dem vorhandenen gesellschaftlichen und wirtschaftlichen System ein Stoppen der Zerstörung nicht zu erreichen und ein tiefgreifender gesellschaftlicher Wandel notwendig sei.

Die Ratschläge weisen auf folgende Aktionsfelder hin:
- Komfort und Wohlstand – Interpretation des Begriffs „gutes Leben"
- Konsum und Abfall
- Werte und Aktionen
- Ungleichheit
- Effektiver Naturschutz mit Einbindung der betroffenen Bewohner
- „Externe Kosten"[56]. Das sind Kosten, die der Verursacher nicht bezahlen muss, da sie nicht verpreist sind oder woanders oder später anfallen. Beispiel: Die künftigen Klimaschäden durch das $CO_2$ aus der Gasheizung zahlt der Wohnungsinhaber

56 Der Begriff der externen Kosten wurde bereits im Zusammenhang mit der „Bierdeckel-Formel" in Kapitel 1 „Klimawandel" eingeführt.

nicht. Solche externen Kosten sollten ermittelt und verursachergerecht zugeordnet werden.[57]

- Innovation, Technologie
- Bildung, Wissensvermittlung

Dieser Analyse der Vereinten Nationen ist eigentlich nichts hinzuzufügen. Ursachen, Wirkungen, Lösungsvorschläge, es liegt alles auf dem Tisch: Man müsste die Ratschläge nur befolgen ...

Allerdings sind wir dem Titel dieses Buches „Warum wir unsere Ressourcen zerstören, obwohl wir es doch besser wissen“ noch nicht wesentlich näher gekommen!

Aber halt: Fehlt bei der Analyse nicht doch noch etwas?

Erinnern wir uns an die Formel:

$$A = B * K * T$$

(Auswirkung = Bevölkerung * Konsum * Technologie).

Es fällt bei den Ratschlägen der Vereinten Nationen (IPBES) auf, dass der Einfluss von Bevölkerungszahl und Bevölkerungsentwicklung ausgeblendet wurde. Wir haben aber sowohl bei den pazifischen Inseln als auch bei Madagaskar gesehen, dass das Bevölkerungswachstum eine wesentliche Rolle für die Entwicklung spielte. Im folgenden Kapitel soll diese Lücke geschlossen werden.[58]

---

57 $CO_2$-Zertifikate oder $CO_2$-Steuern sind ein Schritt in diese Richtung.

58 Um die Bedeutung der Bevölkerungszahl richtig einzuordnen, hier ein paar Zahlen: Bei einem angenommenen Wirtschaftswachstum in China von 6 %, einem Wirtschaftswachstum in den USA von 2 % und einem Bevölkerungswachstum in Afrika von 5 % beträgt die jährliche Steigerung des $CO_2$-Äquiv.-Ausstoßes in China rund 0,75, in den USA 0,12 und in Afrika 0,10 Gt. Das Wirtschaftswachstum hat also (heute) einen größeren Einfluss auf den Klimagasausstoß als das Bevölkerungswachstum.

## 4 Bevölkerungswachstum

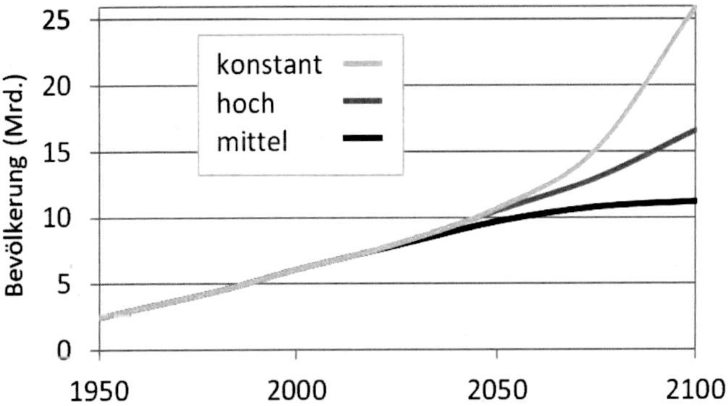


Abb. 17: Projektionen der Weltbevölkerung bis 2100
„konstant“: heutige Fortpflanzungsraten
„hoch“/„mittel“: Prognosen mit Verhaltensänderungen bezüglich der Fortpflanzung
(nach DSW 2015)

Im Jahr 1804 hatte die Erde etwa eine Milliarde Einwohner. Die Zahl verdoppelte sich in 123 Jahren (1927) auf zwei Milliarden, die folgende Verdoppelung auf vier Milliarden benötigte nur noch 47 Jahre (1974), fast genau wie die nächste auf acht Milliarden (2022).

Heute steht für jeden Menschen eine Weide- und Ackerfläche von etwa 6000 m² zur Verfügung. Extrapoliert man das weiter, würden in 50 Jahren 16 Milliarden Menschen je 3000 m² und in 100 Jahren 32 Milliarden je 1500 m² zur Verfügung stehen. Prognosen rechnen mit Verhaltensänderungen und schätzen einen langsameren Anstieg (siehe Abb. 17), aber auf die Jahreszahl soll es hier nicht ankommen. Wie werden die natürlichen Ressourcen, wie Atmosphäre, Wasser, Boden und Biodiversität, auf diese Belastung reagieren, wie die menschlichen Gesellschaften auf den Ressourcenmangel?

Die Weltbevölkerungszunahme ist kein unbeeinflussbares Naturereignis. Wir machen sie im Wortsinn selbst. Interessant ist die Frage nach den Parametern, die sie steuern. Die Grafik (Abb. 17) zeigt verschiedene Prognosen bis 2100. Die Streuung ist sehr hoch, wobei der größte Unsicherheitsfaktor in der Prognose der künftigen jeweils lokal betrachteten Fertilitätsraten liegt.

Die Fertilitätsrate ist definiert als die Zahl der Geburten pro Frau. Liegt der Wert über 2,1, wächst die Bevölkerung, liegt er darunter, schrumpft sie. Warum beträgt der Kippwert nicht 2,0? Das liegt daran, dass nicht alle Neugeborenen das Fortpflanzungsalter erreichen. Der Wert 2,1 ist global gemittelt, wobei er in entwickelten Ländern wegen der geringeren Säuglings- und Kindersterblichkeit darunter und in ärmeren Ländern zum Teil deutlich darüber liegt.

Die zehn Länder mit der höchsten Fertilitätsrate (UN 2020) sind in absteigender Reihenfolge Niger, Somalia, Demokratische Republik Kongo, Mali, Tschad, Angola, Burundi, Nigeria, Gambia und Burkina Faso, mit Fertilitätsraten zwischen 7,0 und 5,2. Diese Zahlen bedeuten eine Verdoppelung der Bevölkerung in 18 bzw. 29 Jahren. Es fällt auf, dass alle diese Länder in Zentralafrika liegen.

Sortiert man die Länder nach dem gemäß einer Prognose für 2019–2050 größten absoluten Bevölkerungszuwachs, sieht die Liste etwas anders aus, da sich natürlich bevölkerungsreiche Länder nach vorn schieben. Hier lautet die Reihenfolge Indien, Nigeria, Pakistan, Demokratische Republik Kongo, Äthiopien, Tansania, Indonesien, Ägypten und USA. Das drittbevölkerungsreichste Land der Erde hat sich auf Platz eins geschoben (UN 2019).

Während sich die Weltbevölkerung bei einer eher niedrigen Schätzung bis 2100 von acht auf runde zwölf Milliarden etwa vereineinhalbfachen wird, findet man dieses Wachstum mit Ausnahme von Nigeria, das sie dramatisch übertrifft, in keinem der großen Länder wieder – für einige wie China, Brasilien oder Japan wird sogar eine Reduzierung prognostiziert. Die Bevölkerung Afrikas wird sich allerdings vervierfacht haben und dann 39 % der globalen Bevölkerung oder über vier Milliarden Menschen betragen.

Natürlich sind die Fertilitätsraten der größte und entscheidende Faktor. Nigeria ragt durch seine Größe in Verbindung mit der hohen Fertilitätsrate von 5,7 mit weitem Abstand heraus.

Nicht unterschlagen werden darf an dieser Stelle die Migration. So wächst die Bevölkerung der USA jährlich um 0,4–0,5 %, obwohl die Fertilitätsrate bei 1,9 liegt. Dies wird durch Einwanderung hervorgerufen. Zwischen 2000 und 2010 kamen die meisten Migranten aus Asien (China, Indien, Philippinen), Mexiko, aus der Karibik und Europa (US-DHS 2011). Europa erlebte 2015 den Beginn einer Einwanderungswelle, die sich nach der Entspannung der Corona-Lage und unabhängig vom Einfluss des Ukrainekrieges 2020–2022 wieder beschleunigte. Dieser Trend wird sich mit dem Bevölkerungswachstum und den Klimawandelfolgen in Afrika möglicherweise dramatisch verstärken.

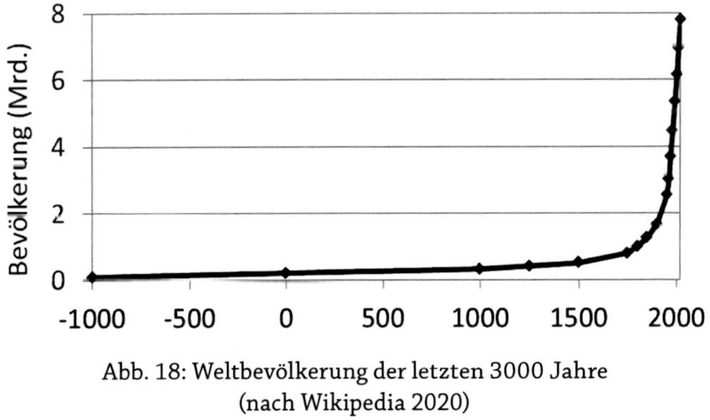


Abb. 18: Weltbevölkerung der letzten 3000 Jahre (nach Wikipedia 2020)

Warum ist die Erdbevölkerung erst ab etwa 1700 so explosionsartig gewachsen (siehe Abb. 18)?

Dazu hatte Thomas Robert Malthus (1766–1834), ein englischer Ökonom, der zur Zeit der Industriellen Revolution lebte, eine Theorie entwickelt. Er beobachtete die vielen Erfindungen, den technischen Fortschritt, aber auch die sozialen Umwälzungen wie die Verarmung der Landbevölkerung und die Bildung eines Proletariats in den Großstädten und versuchte zu interpretieren, was er sah.

Im Gegensatz zur damals fortschrittsgläubigen Grundstimmung vertrat er eine pessimistische Hypothese, die er 1798 in „An Essay on the Principles of Population" („Ein Aufsatz über die Prinzipien der Bevölkerungsentwicklung") veröffentlichte.

Seine Kernaussage lautete:

Die Menschheit vermehrt sich blind und unbegrenzt, in einer exponentiellen Funktion, während Nahrung und Güter sich durch den technischen Fortschritt zwar auch steigern lassen, aber nur in einer linearen Funktion. Somit wird die menschliche Vermehrung die Bereitstellung von Ressourcen stets überholen. Dies führt regelmäßig zur Verelendung: Hunger, Armut, sozialen Unruhen und erhöhten Todesraten.

Wie deckt sich das mit der Geschichte der Bevölkerungsentwicklung bis heute?

Wie bei jedem Tier ist auch beim Menschen die Veränderung der Populationsgröße gegeben durch die Differenz von Geburts- und Sterberaten. Diese wird, wie wir schon am Beispiel der polynesischen Inseln gesehen haben, beeinflusst durch

- Nahrungsverfügbarkeit,
- Krankheiten und Unglücksfälle,
- Gegenseitiges Töten,
- Reproduktionsverhalten.

Die Ausbreitung von Homo sapiens vor ca. 100 000 Jahren aus Afrika nach Eurasien erfolgte möglicherweise auf Basis von nur einigen zehntausend Individuen. Die relativ rasche Verbreitung über den gesamten Globus (Eurasien, Australien, Nord- und Südamerika) in den folgenden 90 000 Jahren lässt darauf schließen, dass die Fähigkeiten des Feuermachens, der Kleidungsherstellung und vor allem der Großwildjagd hohe Vermehrungsraten ermöglichten. Die Nahrungsbeschaffung durch Jagen und Sammeln hat möglicherweise nach erfolgter Durchdringung der bewohnbaren Habitate zu einer gewissen Plateaubildung der Bevölkerungszahl geführt. Man geht für die Altsteinzeit von wenigen Millionen Menschen aus.

Die Erfindung des Ackerbaus verbesserte die Ernährungssituation drastisch – Schätzungen vermuten eine Weltbevölkerung im zweistelligen Millionenbereich. Vor 2000 Jahren könnten 200–300 Mio. Menschen gelebt haben.

Im Verlauf der Neusteinzeit bis in die Neuzeit wurde die Landwirtschaftstechnik laufend verbessert. Man erfand die Bewässerung, den Pflug, die Dreifelderwirtschaft und setzte domestizierte Tiere ein. Aber erst im Industriezeitalter setzte die aktuelle Bevölkerungs-„Explosion“ ein. Sie begann etwa um 1700 mit weiteren Erfindungen in immer rascherer Reihenfolge. Dabei spielten neben der technischen Hilfe durch Dampfmaschine, Elektrizität, Eisenbahn usw. vor allem folgende Faktoren eine Rolle:

- ab 1500. Verbesserung der Nahrungsbasis durch nachkolumbianische Transfers von Feldfrüchten über die Kontinente, etwa durch Einführung der Kartoffel in Europa oder durch Import/Export zum Beispiel von Zuckerrohr und Reis,
- ab 1800: Absenkung der Sterblichkeit durch die Entdeckung und Einführung von Impfungen (zum Beispiel Pockenimpfung ab 1796) und – mit Erkenntnis des Konzepts der Krankheitserreger – die Einführung von Hygiene; dadurch zum Beispiel massive Senkung der Kindersterblichkeit,
- ab 1850: Um 1840 beschreibt Liebig die Wirkung von Stickstoff und Phosphor als Dünger. Millionen Tonnen Guano werden von Peru nach Europa verschifft.
- ab 1900: Haber und Bosch entwickeln 1913 das gleichnamige Verfahren zur Herstellung von Ammoniak aus Luftstickstoff,

was die Entwicklung der anorganischen Dünger ermöglichte. Diese tragen heute rund zur Hälfte der globalen Nahrungsproduktion bei.

- ab 1940: Antibiotika werden erfunden – erster Einsatz von Penicillin 1942,
- von 1950 bis heute verachtfachte sich der Verzehr von Fisch. Ab den 1990er Jahren spielt die Aquakultur[59] eine größere Rolle, mit heute rund 40 % Anteil an der gesamten Ausbeute an Fischen und Meeresfrüchten.
- 1960–1980: Die „Grüne Revolution" findet statt. Durch Züchtung gelingt es, die Mais-, Weizen- und Reiserträge auf das Zwei- bis Dreifache zu erhöhen, was vor allem in asiatischen Entwicklungsländern Hungersnöte verhindert. Die genetische Verarmung und die hohe Flächenkonzentration führen allerdings zu erhöhtem Schädlingsbefall, was den verstärkten Einsatz von Pestiziden erforderlich macht.
- ab 1996: Einsatz der Gentechnik. 2019 werden bereits rund 12 % der globalen Ackerfläche mit genetisch veränderten Pflanzen bewirtschaftet, vor allem bei Baumwolle, Soja, Mais und Raps (Transgen 2022).[60]

Die Bevölkerungsexplosion der letzten rund 300 Jahre wurde also durch vorher nie gekannte und immer weitere Verbesserungen in der Nahrungsmittelproduktion ermöglicht. Die laufend steigende Welternte erlaubte eine Zunahme der Populationsgröße von Homo sapiens, und diese fand über die meiste Zeit und an den meisten Orten auch statt. Der Hunger aber wurde dadurch nie ausgerottet.

Weitere technische Fortschritte und Innovationen sind sicherlich zu erwarten, etwa durch die Zucht und Verwendung von Algen

59 Aquakultur: Aufzucht von im Wasser lebenden Organismen im Gegensatz etwa zum Fischfang auf offener See

60 Bei Baumwolle sind es 79 %, bei Soja 74 %, bei Mais 31 % und bei Raps 27 %.

als Rohstoff für Lebensmittel. Der globale Ernteertrag auf der Landfläche mag jedoch irgendwann ein Maximum erreichen, wenn die negativen Folgen durch den Klimawandel und den Rückgang an Ökosystemdienstleistungen (wie Bodenverschlechterung, Erosion, Wassermangel) die positiven Effekte weiterer Grüner Revolutionen übertreffen werden.

Wie steht es nun um die Theorie von Malthus, dass sich der Mensch jeweils bis zur Ausschöpfung seiner Nahrungsressourcen vermehrt?

Rein auf die Nahrungsknappheit bezogen – so wie Malthus es meinte – ist jedes Land mit einer Fertilitätsrate unter 2,1 Kinder pro Frau ein Gegenbeispiel zu seiner Hypothese. Darunter fallen viele klassische Industrieländer, aber auch zum Beispiel China, Brasilien, Costa Rica, Thailand und der Iran. Malthus hatte nicht vorhergesehen, dass Wohlstand in Verbindung mit funktionierenden Sozialsystemen regelmäßig zu geringerem Kinderwunsch führt, dass moderne Verhütungsmittel erfunden würden und dass die Bevölkerungspolitik gesellschaftlich und staatlich (wie in China oder dem Iran) beeinflusst werden könnte.

Doch gibt es auch heute, über 200 Jahre nach Malthus, viele meist arme Länder mit ungebremst hohen Fertilitätsraten von über fünf, die meisten davon in Zentralafrika, wie Niger, Uganda und Nigeria. In vielen von ihnen herrscht Hunger. Gängige Prognosen sagen eine Vervierfachung der afrikanischen Bevölkerung bis 2100 voraus. In diesen Fällen wäre die Malthusianische Hypothese bestätigt.

Malthus hatte auch globale Migrationsströme „von arm zu reich“ nicht vorhergesehen. So nimmt die US-Bevölkerung durch Immigration jährlich um über eine Million Personen zu, obwohl die Fertilitätsrate seit Jahrzehnten unter 2,1 liegt, wie schon erwähnt wurde.

Verallgemeinert man jedoch die Aussage von Malthus, die sich ursprünglich ausschließlich auf die verfügbare Nahrungsmenge bezog, auch auf andere knappe Güter wie Wohlstand und auf andere begrenzte Ressourcen wie „Atmosphäre als Lagerplatz für Treibhausgase" und „Fläche auf der Erde für Artenschutz", dann ergibt sich ein völlig anderes Bild: Wir stecken mittendrin in der Malthusianischen Falle. Wir – die globale Weltbevölkerung – vermehren uns ständig weiter, als gäbe es weitere Inseln hinter dem Horizont bzw. eine zweite Erde irgendwo in Reichweite. Wie die Steinzeit-Osterinsulaner brechen wir ständig Brücken hinter uns ab, deren Relevanz für unser Wohlergehen wir ignorieren (Klima) oder verdrängen (Artenschutz).

Dieser Befund mag bezüglich des Umgangs mit knappen Ressourcen für die überwältigende Mehrheit aller Staaten gültig sein und auch für den Aspekt der globalen Bevölkerungsentwicklung. Auf nationaler Ebene ist das Teilproblem der ungesteuerten Bevölkerungszunahme heute jedoch bereits in vielen Fällen gelöst. Bei mehr als der Hälfte aller Staaten beträgt die Fertilitätsrate weniger als 2,1.

Die meisten Gesellschaften haben soziale Normen zur Geburtenkontrolle entwickelt, so wie dies für die steinzeitliche Pazifikinsel Tikopia vermutet wird. Dazu werden etwa Wertvorstellungen zur wünschenswerten Kinderzahl, zum Geschlechtsverkehr vor der Partnerbindung, zur Heirat, zur Monogamie, zum Zeitpunkt der Geburt des ersten Kindes oder zum Umgang mit unehelichen Kindern entwickelt. Auch zu den jeweils verfügbaren medizinischen Methoden gibt es in jedem Land gesellschaftliche Normen, die sich allerdings nicht immer mit der Gesetzeslage decken und auch, teilweise mit religiöser Begründung, umstritten sein können. Darunter fallen vor allem Verhütung und Abtreibung.

Global verwenden heute 63 % aller verheirateten gebärfähigen Frauen Verhütungsmittel, mit einer durchschnittlichen Steigerung von knapp 1 % pro Jahr. Dabei liegt Afrika, der Kontinent mit den höchsten Geburtenraten, weit abgeschlagen mit 28 % auf dem letzten Platz (Singh 2009). Je nach Land sind etwa

10–30 % davon traditionelle Verhütungsmethoden wie Coitus interruptus oder die Rhythmusmethode, der Rest von 70–90 % moderne Methoden wie Kondom, Pille, Spirale, Hormondepots, weibliche und männliche Sterilisation.

In Afrika betreiben 50 % aller Frauen gewollt keine Empfängnisverhütung, während gut 20 % dies gern tun würden, jedoch keinen Zugang dazu haben. Weltweit ist für Nicht-Industrieländer der Versorgungsmangel in derselben Größenordnung (18 %) (Singh 2009).

Innerhalb Afrikas gibt es unterschiedliche Trends. So verharrt der Gebrauch moderner Methoden in Nigeria seit 40 Jahren bei unter 10 %, während in Äthiopien ein kontinuierlicher Anstieg zu verzeichnen ist; in Ruanda wurden innerhalb von 5 Jahren 40 % erreicht (Singh 2012).

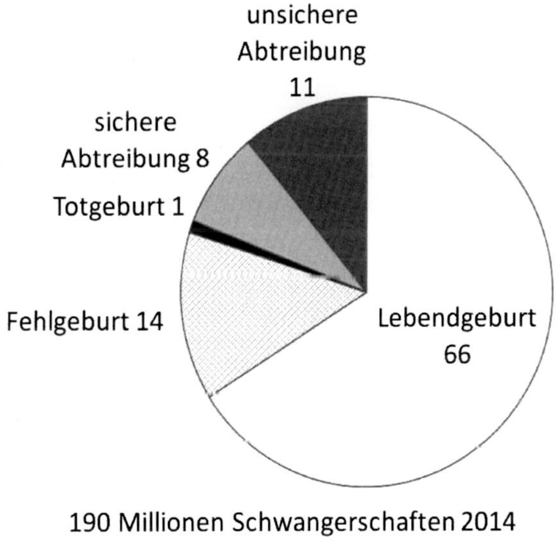


Abb. 19: Schwangerschaften und deren Ausgang (%) in Nicht-Industrieländern (nach Singh 2014)

Analysen zur Zahl der Schwangerschaftsabbrüche liefern unterschiedliche Resultate, vermutlich aufgrund der Schwierigkeit, statistisch relevante Daten zu erhalten. Laut der oben schon zitierten Quelle (Singh 2009) werden global rund 20 % aller Schwangerschaften abgebrochen, und je nach Kontinent sind weitere 10–35 % der Schwangerschaften unerwünscht.

In Nicht-Industrieländern (siehe Abb. 19) führen zwei Drittel der Schwangerschaften zu Lebendgeburten und 15 % zu Fehl- oder Totgeburten. Knapp ein Fünftel (19 %) wird abgebrochen, davon mehr als die Hälfte mit unsicheren Methoden. Das ergibt etwa 20 Mio. unsichere Abtreibungen pro Jahr (Singh 2014).

Die Weltgesundheitsorganisation gibt noch höhere Zahlen an: 29 % aller Schwangerschaften weltweit führen zu Abbruch, davon ein Drittel oder 24 Mio. pro Jahr mit unsicheren Methoden. Sie schätzt, dass die nicht fachmännisch ausgeführten Abtreibungen in Entwicklungsländern bei 0,2 bis 0,5 % der betroffenen Frauen zum Tod führen (WHO 2020).

Die Themen Familien- und Bevölkerungsplanung sind emotional und ethisch komplex, und die meisten Menschen werden davon instinktiv mehr berührt als durch die Gefährdung anderer Arten oder die Bedrohung durch den Klimawandel. Warum unsere Emotionen dazu neigen, uns nahezulegen, dass das Leben eines Kindes heute wichtiger sei als das Leben eines vom Hungertod bedrohten Kindes morgen, wird Thema eines späteren Kapitels sein.

Wie haben sich in der jüngeren Vergangenheit die unterschiedlichen Staaten in der Bevölkerungspolitik verhalten? Wie sind sie mit der nationalen Malthusianischen Falle umgegangen? Dazu möchte ich fünf Beispiele aus verschiedenen Kulturkreisen herausgreifen, aus armen und reichen Ländern, aus demokratischen und diktatorischen Staatsformen.

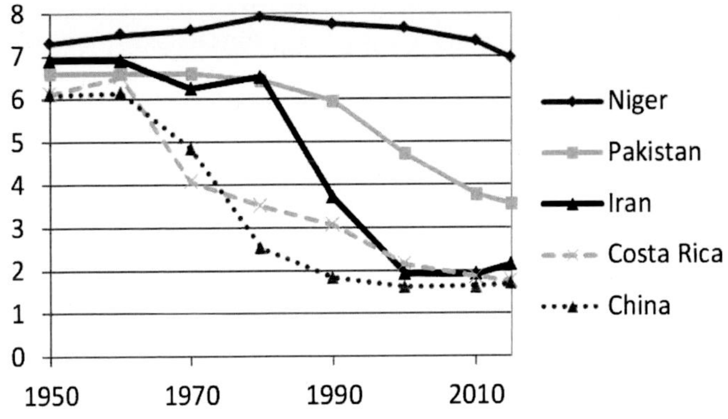


Abb. 20: Fertilitätsrate ausgewählter Länder (nach UN 2020)

## a) Niger – das Land mit der höchsten Fertilitätsrate der Welt

Niger liegt als Binnenland im tropischen Nordafrika im Bereich der Sahara und der südlich angrenzenden Sahelzone. Seine Fläche beträgt knapp 1,3 Mio. km², etwa so viel wie Deutschland, Frankreich und Italien zusammen. Zwei Drittel liegen in der fast niederschlagsfreien Wüste, ein Drittel in der Sahelzone mit 400–700 mm jährlichem Niederschlag, der mit großen Schwankungen nur während des Sommermonsuns fällt. Ausschließlich im Südwesten, wo der gleichnamige Fluss Niger das Land quert, gibt es ganzjährig genügend Wasser.

Die Einwohnerzahl beträgt etwa 24 Mio. (2020), bestehend aus den ethnischen Gruppen Hausa, Zarma, Songhai, den nomadischen Touareg und anderen, bei einer Dichte von 15 Einwohnern pro Quadratkilometer, wobei die meisten im vom Monsun erreichten Süden wohnen. Etwa 50 % sind Muslime, 40 % Christen, der Rest bekennt sich zu einer der zahlreichen traditionellen afrikanischen Religionen. Der Übergang zwischen den traditionellen Glaubensformen und Christentum bzw. Islam ist vermutlich gleitend. Das Land ist eine präsidentielle laizistische Republik; die muslimischen rechtlichen Normen (Scharia) gelten nicht.

Mit einem kaufkraftbereinigten[61] Bruttoinlandsprodukt von ungefähr 1280 US-$ pro Kopf im Jahr 2019 gehört Niger zu den zehn ärmsten Ländern der Erde.

Seine Fertilitätsrate beträgt seit über 60 Jahren nahezu unverändert mehr als sieben[62], was selbst unter Annahme eines Absinkens auf fünf zu einer Verfünffachung der Bevölkerung in den nächsten 40 Jahren führen würde.

Wie entwickelte sich die Versorgungslage mit Lebensmitteln?

1960 herrschte Mangelernährung mit etwa 1600 kcal/Person[63] und Tag. Sechzig Jahre später, 2020, hatte sich die Bevölkerung versiebenfacht, während die Produktion der größten Grundnahrungsmittel Millet-Hirse (echte Hirse) und Sorghum-Hirse etwa auf das Vier- bzw. Siebenfache gestiegen war. Diese beiden Getreide tragen zu etwas mehr als der Hälfte zur kalorischen Versorgung der Bevölkerung bei. Die Ausbeute aller Erntepflanzen zusammen stieg im selben Zeitraum um das Achteinhalbfache.[64] Insgesamt verbesserte sich die spezifische Kalorienzufuhr auf 2600 kcal/Person. Niger muss bis heute netto Nahrungsmittel importieren.

Die Produktionssteigerung der beiden Hauptgetreidesorten gelang nicht durch Ertragserhöhung (Millet-Hirse unverändert, Sorghum-Hirse minus 17 %), sondern durch Ausweitung der Anbauflächen auf das Vierfache (Millet-Hirse) bzw. Achtfache (Sorghum-Hirse). 2020 betrug der Anteil dieser beiden Getreidearten an der gesamten landwirtschaftlich genutzten Fläche 59 % (FAO 2020).

---

61 Es wird nicht der reine Geldwert des BIP genommen, sondern berücksichtigt, wie viele Waren man dafür in diesem Land erhält.

62 Prognose 2020–2025 6,5 (UN 2020)

63 Für einen Erwachsenen liegt der Tagesbedarf bei rund 1900 (Frauen) bzw. 2200 (Männer) kcal/Tag. Körperliche Arbeit erhöht den Wert um 100–400 kcal/h.

64 Ernteausbeute in Tonnen

Eine nochmalige Vervielfachung der Anbaufläche der Hirsesorten ist völlig ausgeschlossen, da diese bereits heute rund 40 % der Landesfläche beanspruchen, wenn man die Wüste außer Betracht lässt und bedenkt, dass die Dürren während der vergangenen 40 Jahre zugenommen haben (Weisman 2013).

Nach heutigem Ermessen ist daher die Eigenversorgung mit Lebensmitteln für eine in 40 Jahren doppelt so große Bevölkerung nicht möglich. Mehr Hunger, eine Schuldenkrise, innere Unruhen oder massive Fluchtbewegungen werden die Folge sein, wenn sich die Situation nicht rechtzeitig ändert.

Zum Thema Bevölkerungspolitik in Niger:

Die Sterblichkeit von Kindern unter fünf Jahren betrug 1950 ca. 33 % und fiel bis 2015 auf etwa 10 % (UN 2015). Niger ist eines der wenigen Länder, in denen mehr Kinder gewünscht (Frauen: 8,8 Kinder, Männer: 12,6; Stand 2007) (Potts 2011) als tatsächlich geboren werden (7,0).

In der islamisch dominierten Gesellschaft bestimmen die Männer, dass eine möglichst große Familie ein Wert an sich ist. Trotz eines offiziellen Verbotes der Sklaverei (2003) sind zudem etwa 10 % der Bevölkerung Sklaven; deren Besitzer sollen laut Weisman die Vermehrung zur Bereitstellung kostenloser Arbeitskräfte fördern (Weisman 2013).

Die religiösen Eliten proklamieren teilweise die ungeregelte Vermehrung, teilweise aber auch die Verantwortung der Eltern für Kinder und Umwelt und somit Geburtenkontrolle (Weismann 2013).

2007 hatten nur 15 % der Frauen wenigstens die einfachste Schulbildung, nur 1 % hatte die Grundschule abgeschlossen.

2009 benutzten 11 % der Frauen Verhütungsmittel, davon weniger als die Hälfte moderne Methoden, obwohl Verhütungsmittel seit 2002 kostenlos ausgegeben werden.

44 % aller Kinder unter fünf Jahren sind unterernährt (Stand 2010).

Das Wirtschaftswachstum ist mit ca. 2 % niedriger als das Bevölkerungswachstum mit ca. 3,9 % (Stand 2010), die Bevölkerung verarmt also weiter (Potts 2011).

Dies ist eine interessante Erweiterung der Malthusianischen Zusammenhänge: Nicht nur Nahrungsmangel an sich, sondern auch Mangel an Wohlstand und seine Abnahme können als begrenzende Faktoren gesehen werden, deren Beseitigung eigentlich wünschenswert wäre. Dies gilt umso mehr, als Armut und hohes Bevölkerungswachstum oft Hand in Hand gehen. Diese volkswirtschaftliche Interpretation der Malthusianischen Falle wird uns noch mehrfach begegnen.

Niger steht repräsentativ für weite Teile von Subsahara-Afrika. Während der letzten 50 Jahre des vergangenen Jahrhunderts fiel die Geburtenrate in Asien von 5,7 auf 2,4 und in Lateinamerika von 5,9 auf 2,3, während sie in Afrika meist auf über 5 verharrte.

In der großen Mehrzahl der Länder herrscht geringer Wohlstand und der Bildungsgrad besonders der Frauen ist niedrig. Wahrscheinlich wegen einer hohen Kindersterblichkeit[65] ist die Kinderwunschzahl, auch der Frauen, viel höher als auf den anderen Kontinenten. Wohl aus demselben Grund sind staatliche Investitionen in Familienplanung und Verhütungsmittel häufig gering.

Westliche Entwicklungshilfeprogramme zur reinen Familienplanung haben in Subsahara-Afrika im Gegensatz zu anderen Kontinenten in vielen Fällen nur einen geringen Einfluss auf die Kinderwunschzahl und die Geburtenzahl gezeigt. Dies wird den besonderen kulturellen und gesellschaftlichen Gegebenheiten zugeschrieben.

---

65 Die Kindersterblichkeit (Sterblichkeit unterhalb von fünf Jahren) in Subsahara-Afrika fiel zwischen 1950 und 2021 von 32 % auf 7,2 %, für Niger gelten ähnliche Zahlen. Vergleiche Deutschland heute 0,4 % (UN 2021).

Ein positives Beispiel ist Ruanda, wenn man es mit seinem ostafrikanischen Nachbarn Burundi vergleicht. Mitte der 2000er Jahre intensivierte Ruanda mit internationaler Hilfe seine Familienplanungsprogramme, verbesserte den Zugang zu Verhütungsmitteln deutlich und führte eine Informations- und Kommunikationskampagne durch. Innerhalb von fünf Jahren stieg die Anwendung von Verhütungsmitteln durch verheiratete Frauen von 10 % auf 45 %, und die Geburtenrate fiel von 6,1 auf 4,6. Auch die Kinderwunschzahl ging geringfügig zurück. Im Vergleich dazu blieb die Geburtenrate in Burundi nahezu unverändert bei 6,4 (Bongaarts 2011).

Nach dieser sicherlich etwas deprimierenden Beschreibung der Bevölkerungssituation in vielen zentralafrikanischen Staaten mit Niger an der Spitze der Fertilitätsraten soll der Blick auf ein erfolgreiches Gegenbeispiel gerichtet werden.

## b) Costa Rica – Fertilitätsrate von sechs auf unter zwei gefallen

Costa Rica liegt im tropischen Mittelamerika. Es hat (Stand 2022) etwa 5,2 Mio. Einwohner, bei einer Bevölkerungsdichte von gut 80 Einwohnern pro Quadratkilometer. Sie sind zu 99 % Nachkommen von Einwanderern, hauptsächlich von spanischsprachigen Europäern und Sklaven aus Afrika. Nur 1 % sind Ureinwohner aus der vorkolumbianischen Zeit.

Die Religion ist vorwiegend christlich, davon circa 77 % katholisch und 14 % protestantisch.

Das kaufkraftbereinigte Bruttoinlandsprodukt pro Kopf betrug 2020 etwa 20 000 US-Dollar und lag damit etwas über dem globalen Mittelwert.

Die Fertilitätsrate sank innerhalb von etwa 40 Jahren von über sechs auf unter zwei[66], also unter die Reproduktionsrate.

66 Prognose 2020–2025 1,7 (UN 2020)

Wie sieht die Entwicklung der Lebensmittelversorgung aus?

Die tägliche kalorische Versorgung stieg im Zeitraum 1960 bis 2020 von knapp 2000 kcal/Person auf über 3000 kcal/Person. Die Nahrungsmittelgrundlage war schon 1960 vielfältig, mit den größten Bestandteilen Mais, Weizen, Reis und Zucker, wobei ein hoher Anteil importiert werden musste. Costa Rica war und ist ein Grundnahrungsmittel-Importland. Die Handelsbilanz von Costa Rica in Bezug auf Lebensmittel war allerdings stets deutlich positiv. Die mengenmäßig größten Exportposten sind heute Ananas, Bananen, Palmöl und Zucker aus Zuckerrohr, in Geldwert ausgedrückt steht jedoch Kaffee an dritter Stelle (FAO 2020).

Bemerkenswert ist die Entwicklung des Waldbestandes, der sich nach einem kräftigen Rückgang der jährlichen Abholzungsraten auf weniger als ein Zehntel ab etwa 1990 bei rund 50 % der Landesfläche stabilisierte (SIREFOR 2013). Dies kann als qualitativer Hinweis darauf dienen, dass ein Wechsel beim Umgang mit den natürlichen Ressourcen stattgefunden hat.

Obwohl die Lebensmittelversorgung also deutlich besser wurde, nahm die Fertilitätsrate dramatisch ab – was mögen die Ursachen gewesen sein?

Zum Thema Bevölkerungspolitik in Costa Rica:

Die Geschichte der Bevölkerungspolitik von Costa Rica ist eng verwoben mit lokalpolitischen, regionalen und sogar geopolitischen Abläufen. Auf diese wird deshalb im Folgenden eingegangen.

1948 führte der Politiker José Figueres Ferrer den vielleicht originellsten Staatsstreich der Geschichte aus: Er putschte mit Waffengewalt gegen die Regierung, trat dem interamerikanischen Beistandspakt TIAR bei und schaffte als eine seiner ersten Amtshandlungen die Armee ab. Wenige Jahre später wurde er demokratisch gewählt, danach nochmals zweimal wiedergewählt.

Er verstaatlichte Banken, ließ Frauen und Schwarze zu Wahlen zu, baute das Gesundheitswesen und die Schulbildung aus. Die gesellschaftlichen Verhältnisse stabilisierten sich.

Im Schatten des Kalten Krieges (Revolution in Kuba 1959) wurde Costa Rica von den USA als Vorzeigedemokratie gewertet und erhielt im Rahmen der gepflegten Beziehungen ab 1966 Entwicklungshilfe in Form der 1960 erstmals zugelassenen Verhütungspillen (Weisman 2013).

Bereits kurz zuvor (1962) hatte die „Evangelikale Allianz Costa Rica" mit Radioprogrammen und Vor-Ort-Hilfe begonnen, Verhütungsmethoden und Vasektomie[67] auch in ländlichen Orten anzubieten (Carranza 2009). Sie argumentierte unter anderem, dass die Bibel jedem das Recht gebe, sein eigenes Leben zu gestalten, dass erfolgreiche Familienplanung die Zahl der Abtreibungen verringere und dass eine geringere Kinderzahl es leichter mache, der Armut zu entkommen (Weismann 2013).

1963 wurde aus dem Interamerikanischen Institut für Agrarwissenschaften[68] heraus aus Motiven des Umweltschutzes eine Bewegung für Familienplanung gegründet, die bereits die neu auf den Markt gekommene Verhütungspille verteilte. Die aus dieser Bewegung entstehende „Costa-Ricanische demografische Assoziation" (ADC) begann mit Duldung der Regierung national zu arbeiten. Die Pille wurde in dieser Phase weitgehend durch die Internationale Föderation für Familienplanung[69], die Vereinten Nationen und USAID[70] finanziert.

Ab 1968 wurde – unter dem katholischen Präsidenten José Fernández – die Pille vom Gesundheitsministerium über das neue „Amt für Bevölkerung" verteilt, während zur gleichen

67 Vasektomie: männliche Sterilisation durch Durchtrennen der Samenstränge

68 Instituto Interamericano de Ciencias Agrícolas, IICA

69 IPPF: Internationale Föderation für Familienplanung (International Planned Parenthood Federation)

70 USAID: Agentur für internationale Zusammenarbeit der USA (United States Agency for International Development)

Zeit Papst Paul VI. für die katholische Kirche mit der Enzyklika „Humanae Vitae" die Geburtenkontrolle verboten hatte.

1970 schloss die nationale Sozialversicherung Familienplanung in ihr Angebot ein, und gleichzeitig wurde sie in den Lehrplan aufgenommen (Carranza 2009).

In den 1960er Jahren hatten 50 % der in der Hauptstadt lebenden Frauen Verhütungsmethoden angewandt, im Wesentlichen Kondome, Coitus interruptus und die Rhythmusmethode, während die Quote in ländlichen Gebieten erst 22 % betragen hatte. Gute zehn Jahre später war die Verteilung über städtische und ländliche Gebiete sowie über unterschiedliche Bildungsgrade bereits gleichmäßig. 1999 nutzten 80 % aller Frauen moderne Verhütungsmittel. Am häufigsten wurden die Pille (26 %), weibliche Sterilisation (21 %) und Kondom (11 %) genannt.

Gut 70 % aller Verhütungsmittel wurden kostenfrei zur Verfügung gestellt. Auch die Sterilisationen wurden überwiegend (95 %) von staatlichen Stellen durchgeführt, obwohl dies per Gesetz erst 1999 erlaubt wurde (Carranza 2009).

2001 wurde ein Gesetz erlassen, das die legale Vaterschaft auf die Aussage der Mutter hin festzulegen erlaubte. Dadurch fiel die Zahl der Kinder ohne erklärten Vater von 31 % (2000) auf 8 % (2002). Ein Rückgang der Geburtenrate um etwa 10 % in diesem Zeitraum wird diesem Gesetz zugeschrieben (Carranza 2009).

Die Abtreibung ist seit über 50 Jahren mit wenigen Ausnahmen verboten. 2007 wurde die Zahl der illegalen Abtreibungen auf 27 000 geschätzt (Weisman 2013), also rund 20 % aller Schwangerschaften.

Was war in Costa Rica anders als in Niger? Mehrere Faktoren fallen ins Auge, die sicherlich zusammengewirkt haben: kulturelle und religiöse Hintergründe, der größere Wohlstand, die Gleichstellung von Frauen, Investitionen in Bildung und Gesundheitswesen und ein staatliches Familienplanungsprogramm. Bemerkenswert ist die „Meuterei" des katholischen Präsidenten gegen das Verbot der Geburtenkontrolle durch den Papst. Dies ist allerdings kein Einzelfall. So verteilt die brasilianische Regierung jedes Jahr beim Karneval Millionen Kondome, vor allem zum Schutz gegen AIDS, obwohl das Land mehrheitlich katholisch ist und Kondome damit seitens der Religion „verboten".

Die drastische Senkung der Fertilitätsrate erfolgte völlig freiwillig – das unterscheidet Costa Rica von meinem nächsten Beispiel.

## c) China – Ein-Kind-Politik im bevölkerungsreichsten Land der Erde

China ist vermutlich das bekannteste Beispiel für eine nationale Bevölkerungspolitik.

Es ist mit 9,6 Mio. km² nach Russland, Kanada und den USA das viertgrößte Land der Erde, mit der größten Bevölkerung. 2022 waren das 1,4 Mrd. Menschen. Die nominelle Bevölkerungsdichte beträgt somit 145 Einwohner je km².

Wegen der klimatischen und geografischen Verhältnisse – wie Höhenlage, Gebirge, vor allem aber Trockenheit – wohnen jedoch 90 % der Bevölkerung in der südöstlichen Landeshälfte und 50 % auf nur 10 % der Fläche. Letzteres ergibt eine Einwohnerdichte von etwa 740 Einwohnern je km² (zum Vergleich: Deutschland 230, Indien 380 Einwohner je km²).

Etwa 92 % der Einwohner sind Han-Chinesen, der Rest 56 anerkannte Minderheiten, darunter die Zhuang (Thai-Volk im Süden), Mongolen, Tibeter und Uiguren (im autonomen Gebiet Xinjiang im Nordwesten).

Wegen der politischen Verhältnisse sind Zahlen zu Religionszugehörigkeiten ungenau. Um die 30 % sind Taoisten, 18 % Buddhisten, je einige wenige Prozent Muslime, Christen und Angehörige von Religionen ethnischer Minderheiten.

Das kaufkraftbereinigte Bruttoinlandsprodukt pro Kopf betrug 2021 etwa 18 500 US-$.

Die Fertilitätsrate fiel ab etwa 1970 in mehreren Stufen bis heute (2022) von über sechs auf rund 1,1. Diese Entwicklung wird dazu führen, dass die Bevölkerung Chinas bereits in sehr naher Zukunft abnehmen wird.

Wie sah es mit der Entwicklung der Ernährungslage in den vergangenen Jahrzehnten aus?

Chinas Landfläche umfasst 28 % Wald, 23 % landwirtschaftlich nicht nutzbare Flächen wie Wüste und Hochgebirge und 29 % Gras- und Weideland. 14 % werden als Ackerfläche genutzt (FAO 2020). Pro Einwohner sind dies knapp 1000 $m^2$, das ist etwa die Hälfte des globalen Durchschnitts von knapp 2000 $m^2$. Dass heute kein Hunger herrscht, spricht für die Fruchtbarkeit der Böden, die guten klimatischen Bedingungen (zum Beispiel sind drei Reisernten pro Jahr möglich) und die hohe Intensivierung der Landwirtschaft. Allerdings ist auch zu berücksichtigen, dass China ein Nahrungsmittelimportland ist.

Heute sind die vier am meisten verzehrten Grundnahrungsmittel Reis, Weizen, Schweinefleisch und Gemüse, die knappe zwei Drittel der kalorischen Versorgung ausmachen (FAO 2020).

1961 war das letzte Jahr des „Großen Sprunges nach vorn". Mao Zedong ordnete die Kollektivierung der Landwirtschaft an, um die Industrialisierung voranzutreiben. Das wirkte sich katastrophal auf die folgenden drei Ernten aus und führte zu 30–40 Millionen Hungertoten, bis die Maßnahmen wieder abgeschwächt wurden. Die kalorische Versorgung betrug nur etwa 1400 kcal pro Person und Tag.

In den folgenden 60 Jahren wuchs die Reisproduktion bei kaum veränderten Anbauflächen auf das Vierfache und die Weizenproduktion auf mehr als das Neunfache, bedingt durch die Zuchterfolge der schon erwähnten Grünen Revolution und weitere Verbesserungen. Die Erhöhung der Schweinefleischproduktion auf das Vierzehnfache bis 1990 und nahezu eine weitere Verdoppelung bis heute zeigen den rasch wachsenden Wohlstand. Für den Ackerflächenverbrauch ist dabei zusätzlich zu berücksichtigen, dass eine erzeugte Kilokalorie Schweinefleisch etwa vier Kilokalorien Futter benötigt.

2020 betrug die Versorgung knapp 3200 kcal pro Person und Tag[71], mehr als eine Verdoppelung gegenüber 1960 (FAO 2020).

Das chinesische Bevölkerungswachstum verlief also nicht parallel zur Erhöhung der Lebensmittelproduktion, sondern erheblich langsamer. Dies steht im klaren Gegensatz zur Malthusianischen Prognose, die ja lautet, dass die Bevölkerung sich prinzipiell immer weiter vermehrt, bis die Nahrungsmittel knapp werden.

In der Geschichte Chinas haben Hungersnöte mehrfach eine entscheidende politische Rolle gespielt. So wurde die Mongolenherrschaft im 14. Jh. durch Bauernaufstände beendet, die die Ming-Dynastie begründeten. Diese wiederum fand ebenfalls durch Bauernaufstände im 18. Jh. ein Ende, was zur Machtübernahme durch die Mandschuren führte (Qing-Dynastie). Hungersnöte lösten auch den Taiping-Aufstand aus (ab 1850), der, gleichzeitig mit den Aktionen der Kolonialmächte (darunter der Opiumkrieg), das Qing-Reich destabilisierte, was viele Jahrzehnte später letztlich in die Machtübernahme Maos mündete.

Zum Thema Bevölkerungspolitik in China:

Bekannt ist China für seine „Ein-Kind-Politik“. Diese trat jedoch offiziell erst 1980 in Kraft, als die Fertilitätsrate sich bereits auf etwa 2,7 halbiert hatte.

Was passierte vorher?

71 Zum Vergleich: In Deutschland beträgt die kalorische Versorgung 3500 kcal pro Person, mit den Hauptkomponenten Weizen, Butter (mit Fetten und Ölen), Milchprodukte ohne Butter, Zucker, Schweinefleisch und Bier, die über 60 % beitragen. Am großen Anteil von Fetten und Zucker erkennt man einen hohen industriellen Verarbeitungsgrad.

Man sollte sich vor Augen halten, dass im kommunistischen China unter Mao Zedong und danach Deng Xiaoping diktatorische Verhältnisse herrschten und Parteivorgaben mit Propaganda, Schulungen und Zwang durchgesetzt wurden.

China ragt mit seiner Bevölkerungspolitik weltweit heraus. Dies betrifft die dirigistische Schärfe in Planung und Durchsetzung, aber auch die Auswirkungen, die eine Milliarde Menschen und damit zum damaligen Zeitpunkt ein Viertel der Weltbevölkerung betrafen. Wir werden die entsprechende politische Entwicklung in China daher etwas detaillierter betrachten.

Es folgt eine schlagwortartige Analyse der jüngeren chinesischen Geschichte mit Blick auf politische Elemente der Bevölkerungssteuerung:

## I. 1950er bis 1960er Jahre: Wechselhafte Politik Maos

1950er Jahre:
Es wurde die Politik des „Später – langsamer – weniger" vorgegeben: spätere Heirat, größerer Abstand zwischen den Kindern, weniger Kinder, zwei Kinder als Optimum. Die Propaganda fokussierte auf die Emanzipation der Frauen von patriarchalischen Verhältnissen hin zu einem besseren Sozialismus, zur Gesundheit von Müttern und Kindern und zur besseren Teilhabe der Frauen am Produktionsprozess (Greenhalgh 2008). Kondome und Spiralen wurden verteilt. Mao selbst äußerte widersprüchliche Meinungen.

1957:
Bei einem Stand von 600 Mio. Einwohnern gab Mao vor, dass die Geburtenplanung Teil einer wirtschaftlichen Staatsplanung sein müsse. Im Rahmen der Kampagne „Lasst hundert Blumen blühen", die die Intellektuellen aufforderte, offen ihre Meinung zu sagen, argumentierte der Präsident der Bejing-Universität Ma Yinchu für eine Bevölkerungskontrolle.

1958:
Mao gab die These vor, dass mehr Einwohner mehr Arbeitskräfte bedeuteten und damit vorteilhaft seien. Während der

Anti-Rechts-Kampagne, in der die freie Meinungsäußerung wieder verboten und „Abweichler" bestraft wurden, fiel Ma Yinchu in Ungnade; zwei Jahre später verlor er seinen Posten. Seine Thesen wurden mit dem „kapitalistischen" Gedankengut des Malthusianismus verbunden und dadurch als negativ gebrandmarkt.

1959–1961:
Die bereits erwähnte Kampagne „Großer Sprung nach vorn" verursachte 30–40 Mio. Hungertote. Möglicherweise verstärkte dies die staatlichen Bemühungen um Bevölkerungskontrolle.

Anfang 1960er Jahre:
Die Politik des „Später – langsamer – weniger" wurde regional und lokal auf Akzeptanz und Ergebnisse getestet.

1966:
Beginn der Kulturrevolution, die sich gegen Gebildete und das Bürgertum richtete. Aufgrund der resultierenden Unruhen nahm die Durchsetzungskraft der Partei und des Staates für einige Jahre ab. Es wurde ein Geburtenpeak beobachtet. Dies spricht für Zwangsmaßnahmen in der Zeit davor.

## II. 1970er Jahre: Der Klassenkampf wird bemüht – die Bevölkerungsexplosion sei eine Ausbeutungsstrategie des Kapitalismus

1971:
Bevölkerungszahlen wurden in den Fünfjahresplan aufgenommen. Die „Geburtenplan-Führungsgruppe" wurde durch den Staatsrat, das heißt die Regierung, wieder eingerichtet; die makroökonomische Betrachtung hatte Vorrang.

1972:
„Später – langsamer – weniger" wurde spezifiziert: Heirat ab 23/25 Jahren für Frauen/Männer, erstes Kind ab 24 Jahren, Abstand zwischen den Kindern mindestens drei Jahre (jeweils für die Landbevölkerung). Ein drittes Kind wurde als „zu viel" bezeichnet.

1974:
Die Führung wünschte einen politischen Unterbau für die Bevölkerungspolitik und wurde bei Engels fündig. Dieser hatte (im Jahr 1884) in einer Textpassage die unkontrollierte Vermehrung als anarchistisches Syndrom des Kapitalismus bezeichnet, während der Sozialismus ökonomisches Wachstum und Bevölkerungswachstum in die Staatsplanung integriere. Dies nutzte China auch in seiner Außendarstellung. Auf der im selben Jahr in Bukarest stattfindenden Bevölkerungskonferenz gab sich China als Sprecher der Entwicklungsländer und bezeichnete die unkontrollierte Bevölkerungszunahme, die „Bevölkerungsexplosion", als Ausbeutungsstrategie der kapitalistischen Staaten.

1976:
Tod Maos. Nach einigen Machtkämpfen übernahm Deng Xiaoping die Führung als Parteigeneralsekretär und Staatspräsident. Er vollzog, nach dem Bruch mit der Sowjetunion, die Öffnung zum Westen. Der wirtschaftliche Zusammenhang, dass der Wohlstand nicht wachsen könne, wenn die Bevölkerung genauso oder sogar schneller zunehme als das Bruttoinlandsprodukt, wurde mit vielen anderen Themen zur Wirtschaftsförderung hoch priorisiert.

In den siebziger Jahren fiel die Fertilitätsrate von 3,1 auf 1,8 und das Bevölkerungswachstum infolgedessen von 2,3 % auf 1,2 %.

1978:
Als Folge der Kulturrevolution, die mit Maos Tod beendet war, waren alle Wissenschaften außer der Rüstungsforschung unterdrückt und zerstreut. Sie verfügten über schlechte Ressourcen – zum Beispiel fehlten Computer, die zu dem Zeitpunkt neueste Technologie waren – und sie hatten Auslandskontaktverbot.

Nun wurde die Wissenschaft als neue Argumentationshilfe für die Bevölkerungskontrollpolitik eingeschaltet.

Forscher aus dem Militärsektor begannen sich mit dem Thema „Bevölkerung" zu beschäftigen. Song Jian, ein Verfahrensingenieur und Raketensteuerungsexperte, erhielt auf einer Ingenieurtagung in Helsinki Zugang zum Gedankengut des „Club of Rome". Dieser hatte 1972 das Buch mit dem Titel „Grenzen des Wachstums" veröffentlicht und prognostizierte darin das Knappwerden von Rohstoff- und Naturressourcen innerhalb von einhundert Jahren, verursacht durch Bevölkerungszunahme und Wirtschaftswachstum.

Das erste chinesische Wissenschaftssymposium über Bevölkerungstheorie fand statt.

1979:
Die Propagandaslogans häuften sich: „Fertilitätsrate von 0,6 bis 1985" oder „Die Nation kann die Last [der hohen Geburtenrate] nicht tragen" (Greenhalgh 2008b). 27 von 29 Provinzen hatten dezentrale Kontrollregeln, mit unterschiedlichen Bedingungen, Anreizen und Strafen.

Auf dem zweiten Wissenschaftssymposium über Bevölkerungstheorie trug ein Mitarbeiter von Song Jian erstmalig damals hochmoderne computergenerierte Kurven vor und untermauerte sie mit dem – damals noch als überlegen wahrgenommenen – Wissenschaftsanspruch des Westens, wobei er das Gedankengut des Club of Rome in einer an die chinesische Kultur angepassten Form einbrachte. Dieser wurde jedoch vorsichtigerweise nicht zitiert, um den Vorwurf zu vermeiden, dem „kapitalistischen" Malthusianismus anzuhängen. Mit Formulierungen wie „Raumschiff Erde" und „Das Wohl der Menschheit und der Natur steht auf dem Spiel" mit der Rolle Chinas als möglichem und wichtigstem Retter wurde das Selbstwertgefühl des „Reiches der Mitte" angesprochen.

Die Konferenz fand in Chendu statt, in der fruchtbaren und dicht besiedelten Provinz Sichuan gelegen, die in den 1970er Jahren mit einer Reduktion der Fertilitätsrate von 3,1 auf 0,6 ihre Ziele übererfüllt hatte.

Zwei Jahre später wurde ein Bevölkerungsoptimum für China von 600–700 Mio. Menschen definiert – bei einem damals aktuellen Stand von bereits knapp einer Milliarde.

## III. 1980er bis 1990er Jahre: Formale Ein-Kind-Politik mit scharfen Sanktionen

1980:
Das Zentralkomitee traf seine Entscheidung: Als Ziele wurden 1000 US-$ Jahreseinkommen (damals eine Vervierfachung) und eine Obergrenze von 1,2 Mrd. Einwohnern bis 2000 formuliert. Dies hätte einer Fertilitätsrate von etwa 1,75 entsprochen. Die veröffentlichte Geburtenbeschränkung wurde härter und eindeutiger gesetzt, um es den lokalen Kadern einfacher zu machen, sie durchzusetzen, und um auch bei unvollständiger Umsetzung das eigentliche Ziel (1,75) sicher zu erreichen.

Ein „offener Brief" des Politbüros, formal beschlossen durch den Nationalkongress, kommunizierte die Ein-Kind-Politik: Es wurde die „Empfehlung" ausgesprochen, ab sofort für 30–40 Jahre nur noch ein Kind zu haben, wobei ethnische Minderheiten Ausnahmeregelungen bekamen. Erreicht werden sollte dieses Ziel durch Erziehung und Propaganda sowie finanzielle Anreize. Von Zwangsmaßnahmen war keine Rede. Es wurde appelliert, Jungen und Mädchen gleichzuschätzen (Greenhalgh 2008).

Kindermord und geschlechtsbezogene Abtreibung – ein Jahr zuvor hatte die Produktion von Ultraschall-Geräten in China begonnen – führten zu einem Verhältnis von Jungen zu Mädchen bei Neugeborenen von 118:100, während die natürliche Geschlechterverteilung etwa 105:100 beträgt (Weisman 2013).

1983:
Eine Durchsetzungskampagne gebot die Zwangssterilisation für alle Paare mit zwei oder mehr Kindern sowie die Zwangsabtreibung aller nicht genehmigten Schwangerschaften. Es sollen 21 Mio. Sterilisationen und 14 Mio. Abtreibungen durchgeführt worden sein (Greenhalgh 2008). Als Strafe wurden Häuser abgerissen oder Geldbußen bis zu einem Jahresgehalt

erhoben. Solche Geldbußen für reproduktives Fehlverhalten waren für die lokalen Kader Einnahmequellen wie anderswo Strafen für Geschwindigkeitsüberschreitungen im Straßenverkehr (Weisman 2013).

Der chinesische Journalist Ma Jian, der drei Jahre lang durch China reiste, sah in der Provinz Gansu ein Propagandaplakat „Erstes Kind: Spirale – zweites Kind: Abtreibung – drittes Kind: Gebärmutterentfernung". In der Provinz Guizhou wurde ein Mann, der vier Kinder gezeugt hatte, auf Entscheidung des Dorfkaders zwangssterilisiert, und die Dachziegel seines Hauses, sein Vieh und sein Arbeitsgerät wurden beschlagnahmt (Ma 2009).

1984–1988:
Wegen zu großer Unruhen, die die Partei als mögliche Gefährdung ihrer Macht ansah, wurden die Kontrolle und Sanktionierung von Regelverstößen reduziert. Neue Ausnahmen wurden geschaffen, darunter die Regel, dass Bauernpaare nach einer Tochter ein zweites Kind haben dürfen („Eineinhalb-Kind-Regel").

1990er Jahre:
Es folgte eine weitere Kampagne zur Durchsetzung der Beschränkungen.

## IV. Ab 2000: Zunehmende Ausnahmen bis hin zur Abschaffung der Ein-Kind-Politik

2000:
Nachlassen der Sanktionen, Verstärkung der sozialen und finanziellen Anreize bei Befolgung (Greenhalgh 2008).

2013:
Partner, von denen einer Einzelkind ist, durften zwei Kinder haben. Insgesamt gab es Ausnahmen für etwa 35 % der Bevölkerung.

2015:
Zwei Kinder wurden erlaubt, die Ein-Kind-Politik war abgeschafft.

Die Fertilitätsrate reduzierte sich auch nach der offiziellen Abschaffung der Ein-Kind-Politik weiter auf rund 1,1 (2021).

Die Zahl der Abtreibungen liegt nach unterschiedlichen und ungenauen Angaben zwischen 6 und 13 Mio. pro Jahr, was einer Schwangerschaftsabbruchquote zwischen 27 % und 45 % entspricht. Sie liegt damit deutlich über der globalen Abtreibungsquote von rund 20 %.

Der steigende Wohlstand, die rasant wachsende Verstädterung (60 % der Bevölkerung lebten 2019 in Städten), aber auch die Schwierigkeiten, angemessen für Kinder zu sorgen, wie etwa Mangel an Wohnraum und hohe Kosten, haben den Kinderwunsch häufig schon auf eines reduziert.

Am Beispiel China sehen wir eine staatlich verordnete Bevölkerungskontrolle, die zeitweilig mit drastischen Zwangsmaßnahmen durchgesetzt wurde. Das Entscheidungskriterium für die kommunistische Führung basierte auf dem erweiterten Malthusianischen Gedankengut, mit dem Ziel, den Wohlstand zu erhöhen und damit die Macht der Partei und Chinas zu sichern und zu fördern.

Das nächste Beispiel stammt aus einem weiteren Kulturkreis, dem des Islam.

## d) Pakistan – im Griff des Analphabetismus

Pakistan ist mit etwa 800 000 $km^2$ gut doppelt so groß wie Deutschland. Im Norden und Westen liegen Hochgebirge und Halbwüsten, die südöstliche Hälfte besteht aus dem Schwemmland des Indus mit seinen Zuflüssen.

Das Klima ist kontinentalklimatisch und aride[72], mit Niederschlägen von 200 bis 400 mm/Jahr, die meist im Sommermonsun fallen. Die sommerliche Schneeschmelze bringt zusätzliches Wasser.

In Pakistan lebten 2021 etwa 220 Mio. Menschen (270 Personen pro km$^2$), die meisten davon in den Flussniederungen, das sind die Provinzen Punjab im Norden und Sindh im Süden. Dort beträgt die reale Bevölkerungsdichte deshalb über 550 Einwohner pro Quadratkilometer, was mehr als doppelt so hoch ist wie in Deutschland. Die Situation in der angrenzenden indischen Region Punjab, die den Oberlauf der linken Induszuflüsse umfasst, ist ähnlich.

Pakistan ist Heimat einer der ältesten Stadtkulturen, der Induskultur um ca. 2500 v. u. Z. Später geriet die Region unter hinduistischen, buddhistischen und ab dem 8. Jh. unter islamischen Einfluss. In der Kolonialzeit war sie wie Indien Teil des British Empire. 1947 wurde bei der Gestaltung der Unabhängigkeit das mehrheitlich islamische Pakistan, damals mit dem heutigen Bangladesch zusammen, von Indien abgetrennt. Mehrere Millionen Muslime bzw. Hindus und Sikhs flüchteten in entgegengesetzter Richtung über die neu entstandene Grenze.

In Pakistan werden etwa 50 Sprachen gesprochen; Amtssprache ist Urdu, die Sprache der aus Nordindien geflüchteten muslimischen Muhadschir. Die verbreitetste Sprache ist Sindhi (40 %).

96 % der Bevölkerung sind muslimisch, davon die große Mehrzahl Sunniten. Der Islam ist Staatsreligion.

Das Bruttoinlandsprodukt pro Kopf betrug 2020 kaufkraftbereinigt etwa 5200 US-$.

Die Fertilitätsrate fiel in den vergangenen 40 Jahren von etwa sieben auf unter vier Kinder pro Frau.[73] Die Bevölkerung

---

72 Arides Klima: Die Niederschläge sind geringer als die potenzielle Verdunstung. Das Gebiet hat daher, zumindest die meiste Zeit im Jahr, keine eigenen Abflüsse.

73 Prognose 2020–2025 3,2 (UN 2020)

verdoppelte sich damit in 25 Jahren (1980–2005) und wird sich laut den Prognosen in weiteren 45 Jahren ein zweites Mal verdoppeln (2005–2050).

Wie entwickelte sich die Nahrungsmittelversorgung?

1960 betrug die kalorische Versorgung etwas unter 1900 kcal pro Tag und Person und war damit knapp bemessen. 40 % davon waren Weizen, daneben Reis, Milch und Zucker aus Zuckerrohr. Über ein Drittel des Weizens musste importiert werden.

In den folgenden 60 Jahren wurden die Anbauflächen mehr als verdoppelt und die Flächenerträge durch die „Grüne Revolution" und spätere Entwicklungen etwa verdreifacht. So stiegen die Weizenproduktion und die Reisproduktion um das Sechseinhalbfache und damit stärker als die Bevölkerungszahl, die im selben Zeitraum etwa um das Viereinhalbfache zugenommen hatte. Etwa 40 % des Reises wird exportiert. Heute beträgt die Versorgung etwas unter 2500 kcal pro Tag und Person.

Nebenbei: Auch die Baumwollproduktion stieg um das Fünffache auf etwa 1,7 Mio. t, womit Pakistan nach China, Indien und USA der weltviertgrößte Baumwollproduzent wurde (FAO 2020).

Die „Grüne Revolution" benötigte neben Saatgut, Dünger und Pestiziden auch Wasser, welches heute knapp wird. In Karatschi lebten 1947 eine halbe Million Menschen, heute sind es in der dortigen Region um die 21 Millionen. In dieser Gegend waren Brunnen vor 40 Jahren 8 m tief, vor 15 Jahren 70 m tief, und heute muss über 100 m tief gebohrt werden. Im Bereich der Flussoberläufe im benachbarten indischen Punjab ist die Situation ähnlich. Das Grundwasser war damals in 30 m, heute in mehr als 300 m Tiefe. Heute gibt es dort 1,2 Mio. Brunnen. Da aus dem Indus und seinen Zuflüssen im Norden mehr Wasser abgeleitet wird als nachfließt, sinkt der Pegel im südlichen Küstenbereich, und Salzwasser dringt aus dem Delta mit etwa einem Kilometer pro Jahr landeinwärts und macht das Land unfruchtbar (Weisman 2013).

Im landwirtschaftlich vergleichbaren Punjab haben sich in den letzten 20 Jahren mehr als 40 000 Bauern das Leben genommen, häufig mit Celphos (Aluminiumphosphid), einem dort frei verfügbaren Rattengift. Der gängige Grund ist Überschuldung, da sie Saatgut, Dünger und Pestizide nicht mehr bezahlen konnten (Weisman 2013).

Trotz der im Durchschnitt ausreichenden Versorgung ist ein Drittel der pakistanischen Kinder chronisch untererernährt.

44 % der Pakistanis können nicht lesen und schreiben (vgl. 13 % für den Iran, 5 % für Indonesien als Beispiele anderer großer muslimischer Länder), darunter 53 % der Frauen und 30 % der Männer. 33 % der Mädchen und 21 % der Jungen besuchen keine Grundschule (UNESCO 2016).

1995 wurde von pakistanischen Geschäftsleuten die private Bildungsinitiative TCF („The Citizens Foundation“) gegründet, die 830 Schulen mit 5400 Lehrerinnen (alle weiblich, da Eltern ihre Töchter nicht zu männlichen Lehrern schicken würden) und 115 000 Schülern betrieb (Stand 2013). Eine Quelle berichtet, dass Islamisten Schulen zerstörten, da dort Mädchen ausgebildet würden (Weisman 2013).

Zum Thema Bevölkerungspolitik in Pakistan:

2002 waren 2,4 Millionen, das heißt ein Viertel aller Schwangerschaften, ungewollt, davon wurden knapp 900 000 abgetrieben, die meisten davon illegal und unsicher. 200 000 Frauen wurden wegen Komplikationen in Kliniken nachbehandelt, davon starben rund 10 %. Diese Zahlen stellen wahrscheinlich nur die Spitze eines Eisberges dar.

Der durchschnittliche Kinderwunsch der pakistanischen Frauen beträgt 3,1 Kinder. Abgetrieben wird zumeist von verheirateten Frauen (97 %), die schon mehr als drei Kinder haben, wobei als Grund meist „genügend Kinder“ oder „Armut“ angegeben wird. In afrikanischen Regionen dagegen treiben vor allem unverheiratete Frauen ab.

Nur etwa 30 % der gebärfähigen Frauen in Pakistan betreiben Verhütung, davon nur etwa zwei Drittel mit modernen Methoden.

Als Gründe gegen Verhütung wurden genannt:
„Es liegt in Gottes Hand“ (28 %),
„Kein Schwangerschaftsrisiko vorhanden“ (25 %),
„Ablehnung durch Ehegatten oder andere“ (23 %),
„Unkenntnis oder Angst vor Nebenwirkungen“ (15 %)
(Vlassov 2009).

Bemerkenswert ist, dass die Entwicklung der Bevölkerungszahl im Schwesterland Bangladesch, bis 1971 Ostpakistan, deutlich anders verlief.

Bangladesch ist in vielem vergleichbar: Es wird dominiert durch Flussniederungen im Himalayavorland (Ganges, Brahmaputra und andere). Die Religion ist mehrheitlich islamisch. Die Bevölkerungsdichte ist mit über 1200 Einwohnern pro Quadratkilometer ebenfalls sehr hoch, bei ähnlich niedrigem Einkommensniveau.

Eines jedoch ist anders: Die Fertilitätsrate sank in 30 Jahren von 6,0 auf 2,2 Kinder pro Frau (UN 2015).

Woran mag das liegen?

Ein signifikanter Unterschied zwischen den beiden Ländern ist der Bildungsgrad: In Bangladesch können nur 17 % der Bevölkerung nicht lesen und schreiben (rund ein Drittel im Vergleich mit Pakistan), und nur etwa 5 % aller Kinder gehen nicht in die Grundschule, darunter 3,5 % der Mädchen und 7,4 % der Jungen (rund ein Fünftel im Vergleich mit Pakistan) (UNESCO 2016).

Es mag noch andere Gründe für diese deutlich unterschiedliche Entwicklung geben, aber Schulbildung mit einer Gleichstellung von Mädchen und Jungen ist sicherlich ein wesentlicher Baustein.

Man kann zusammenfassen, dass in Pakistan in den vergangenen Jahrzehnten offenbar keine nennenswerte staatliche

Bevölkerungspolitik stattfand, und dass ein gesellschaftlicher Wandel, der zu einer niedrigeren Geburtenrate führen könnte, durch Mangel an Bildung verlangsamt wird, wie man am Vergleichsbeispiel Bangladesch beobachten kann.

Als letztes Länderbeispiel möchte ich ein weiteres islamisch geprägtes Land vorstellen, in dem die Entwicklung völlig anders verlief.

## e) Iran – Bevölkerungskontrolle unter geistlicher Führung

Der Iran war in der Antike Sitz des mächtigen Perserreiches, bis es im 7. Jh. von islamischen Eindringlingen erobert wurde. Das Land ist fünfmal so groß wie Deutschland und liegt zwischen dem Kaspischen Meer und dem Persischen Golf. Damit verbindet es die Arabische Halbinsel mit Zentralasien.

Über die Hälfte der Fläche sind trockenes Hochland, Gebirge und Wüste. Zwei Drittel des Territoriums sind so trocken, dass keine bis ins Meer führenden Flüsse existieren.

Im Iran lebten 2021 85 Mio. Menschen, mit einer flächenmäßig sehr ungleich verteilten mittleren Bevölkerungsdichte von nur 48 Personen je Quadratkilometer. Etwa 65 % sind Perser, die nächststärkste ethnische Gruppe sind Kurden mit 7–10 % Anteil. 99 % sind Muslime, davon die meisten Schiiten.

Das Bruttoinlandsprodukt betrug 2020 kaufkraftbereinigt 15 000 US-$ pro Kopf.

Die Fertilität sank innerhalb von nur 20 Jahren von über sechs auf knapp zwei Geburten pro Frau und beträgt heute 2,1.[74]

Zwischen 1960 und 2020 hatte sich die Versorgungslage verbessert: Von den wichtigsten Grundnahrungsmitteln Weizen und Reis wurde viel mehr produziert, wie wir das schon von

74 Prognose 2020–2025 ebenfalls 2,1 (UN 2020)

anderen Ländern kennen. In Summe stieg diese Erntemenge um mehr als das Fünffache, während die Bevölkerung im selben Zeitraum knapp um das Vierfache gewachsen war. Die kalorische Versorgung stieg so von mangelhaften 1740 kcal auf üppige 3080 kcal pro Tag und Person (FAO 2020).

Der Anteil des Ackerlandes an der Landfläche hat seit 1960 (11 %) bis heute (13 %) nur geringfügig zugenommen. Allerdings verdoppelte sich die Anbaufläche von Weizen und Reis im Durchschnitt nahezu, während die Weidelandfläche von 27 % auf 18 %, zurückging, eine Abnahme um ein Drittel. Die Erhöhung der Produktion gelang also durch die flächenmäßige Konzentration auf die wichtigsten beiden Nahrungsmittel, deren Ernteertrag auch wie üblich stark erhöht werden konnte. Wasser dagegen ist knapp.

Zum Thema Bevölkerungspolitik im Iran:

Wie kam die rasche Geburtenratensenkung zustande?

In den 1960er Jahren, in der Zeit der konstitutionellen Monarchie, begann der Staat bereits mit einem Familienplanungsprogramm, das jedoch wenig Wirkung zeigte.

1979 übernahm nach der „Islamischen Revolution" der religiöse Führer Ajatollah Chomeini die Macht und verwandelte den Iran in eine islamische Republik unter geistlicher Führung. Moderne Geburtenkontrolle blieb jedoch erlaubt.

Der Angriff des Irak (1. Golfkrieg 1980–1988) änderte jedoch alles: Chomeini begann eine Kampagne zur Schaffung einer „20-Millionen-Mann-Armee" durch Zeugung von mehr Nachwuchs. Das Familienplanungsbüro wurde geschlossen, das legale Heiratsmindestalter wurde von 18 auf 13 Jahre heruntergesetzt, und es gab wirtschaftliche Anreize für jedes zusätzliche Kind.

Unmittelbar nach dem Ende des Golfkriegs fand eine Bevölkerungskonferenz statt, deren Ergebnis zum staatlich und damit auch religiös bindenden Slogan führte: „Eines ist gut. Zwei sind genug." (Weisman 2013). Die Politik der Regierung hatte sich um 180 Grad gedreht.

„Pferdebrigaden“ mit Ärzten und Familienberatern bereisten jedes Dorf. Beratung und Verhütungsmittel waren für alle kostenlos. Ajatollah Khamenei, seit 1989 als „Revolutionsführer“, das heißt als höchste geistliche und politische Instanz, im Amt, erließ eine Fatwa[75], die Sterilisation erlaubte. Frauen durften über ihren Kinderwunsch selbst entscheiden. Eine voreheliche Schulung zu Fragen der Familienplanung und der Geburtenkontrolle war verpflichtend. Der einzige negative Anreiz war der Entzug von Kindergeld ab dem vierten Kind. Heute hat jedes Dorf ein „Gesundheitshaus“ zur Familienberatung, jeweils fünf davon sind einem Krankenhaus zugeordnet.

1975 konnte nur knapp ein Drittel der iranischen Frauen lesen, 2012 betrug der Anteil bei den unter 26-Jährigen bereits 96 %. Ein Drittel der Staatsangestellten war damals weiblich (Weisman 2013).

Der Iran schaffte die Wende bei der Fertilitätsrate (in 20 Jahren von über sechs auf unter zwei) im Gegensatz zu China ohne Zwangsmaßnahmen. Unterschiede zum ebenso islamischen, weit weniger erfolgreichen Pakistan sind das Vorhandensein einer staatlichen Familienplanungspolitik, die über die religiöse Bindung wirksam vertreten wurde, die erheblich höhere Bildungsquote besonders auch für Frauen sowie ein höherer wirtschaftlicher Wohlstand.

Der konservativere Staatspräsident Ahmadinedschad (2005–2013) wollte das Rad allerdings wieder zurückdrehen. Er kündigte 2012 an, das Familienplanungsprogramm zu streichen und Frauen den Zugang zur Universitätsausbildung zu erschweren.

Ein amerikanischer Demograf interpretierte die Politik des nun über 30 Jahre bestehenden islamischen Staates als Steuerung nach zwei Prinzipien: zum einen nach Glaubensinhalten,

75 Fatwa: Rechtsauslegung nach islamischem Recht

zum anderen nach säkularen staatlichen Entwicklungszielen – und deren ständiger Widerstreit würde den schlingernden politischen Kurs erklären (Cincotta 2012).

## Gemeinsamkeiten der Länderbeispiele

Die fünf Beispiele haben gezeigt, dass Länder eine Bevölkerungspolitik entwickeln können (dies aber nicht immer tun).

Viele Faktoren spielen eine Rolle bei der Änderung des Reproduktionsverhaltens einer Gesellschaft, unter denen die Emanzipation und Bildung der Frau herauszuragen scheinen.

Vergleicht man nun die Befunde zum Thema Bevölkerungsentwicklung für die steinzeitlichen pazifischen Inseln mit denen für Staaten der Gegenwart, kann man feststellen, dass es Parallelen gibt.

Allen beschriebenen Situationen ist ein Problem gemeinsam: die Knappheit einer Ressource. Hierin besteht auch der Bezug zu unserem Leitthema, dem Dilemma der Allmende. Im Fall der Inseln war die knappe Ressource die Inselfläche und deren landwirtschaftliche Erträge sowie Ökosystemdienstleistungen. Im Fall der Staaten ist die knappe Ressource gemäß Malthus primär ebenfalls die Nahrung bzw. die bebaubare Fläche mit ihrem Ertrag; dazu kommt im erweiterten Sinn der kollektive materielle Wohlstand, repräsentiert durch das Bruttoinlandsprodukt des Landes.

Als kollektiver Übernutzungsakt lässt sich in beiden Fällen das Zeugen „zu vieler" Nachkommen definieren.

Ein Allmendeproblem entsteht allerdings erst, wenn die Zusammenhänge öffentlich bekannt sind und das Nutzen der Ressource jedem freisteht, das heißt konkret, die Kinderzahl von jedem Paar selbst entschieden werden kann.

Nehmen wir an, langfristig wäre es für einen Staat (oder die Erde) aus Ressourcenmangelgründen erstrebenswert, eine bestimmte Bevölkerungsgröße nicht zu überschreiten, dann kann dieser Staat eine aktive Bevölkerungspolitik betreiben oder auch nicht. Gleichzeitig können die fortpflanzungsfähigen Paare selbst eine Meinung entwickeln, ob sie für ihr Eigeninteresse gegebenenfalls viele Kinder bekommen wollen oder im kollektiven Gesamtinteresse weniger.

Entscheiden können sie allerdings nur, soweit ihnen das erlaubt ist. Wird jedoch Zwang ausgeübt bei der Familienplanung, ist die Situation eine andere. Die Ressourcennutzung (Kinderzahl) ist dann eine staatliche Vorgabe und keine offene gesellschaftliche Norm und unterliegt daher nicht der Entscheidung des Einzelnen. In diesem Fall ist kein Allmendeproblem gegeben, da die betroffenen Menschen überhaupt keine Wahlmöglichkeit haben.

Für die oben erläuterten Länderbeispiele kann man eine Rangliste der privaten Entscheidungsfreiheit aufstellen:

Niger/Pakistan/Costa Rica > Iran > China.

Im ersten Drei-Länder-Block ist persönliche Entscheidungsfreiheit gegeben, im zweiten Fall (Iran) wurde ein starker religiöser Appell ausgeübt und im letzten (China) wurde mit Zwang gearbeitet.

Die wohlhabenden Staaten der Welt gehören typischerweise zur ersten Kategorie, wobei ein breiter Mix der beeinflussenden Faktoren inbegriffen ist – Wohlstand, Bildung, Stellung der Frau, Gesundheitswesen und Kulturkreis. Übrigens haben sich nicht in allen reichen Staaten die Bürger für eine niedrige Kinderzahl entschieden: In Israel betrug die Fertilitätsrate im Jahr 2019 3,0, wobei die ultraorthodoxen Juden mit 6,5 Geburten pro Frau den Trend bestimmten.

Auch in den sogenannten westlichen Staaten können religiöse Motive eine Rolle spielen, erkennbar etwa an der Position zur Abtreibung. So vertraten in den USA in den 1970er Jahren die religiös motivierten Republikaner den Slogan „pro Life“, während die liberaleren Demokraten für „pro Choice“ warben.[76] Dieser Konflikt verhärtete sich bis in die Gegenwart. Im katholischen Polen gab es im Jahr 2020 größere Demonstrationen gegen eine Gerichtsentscheidung, die Abtreibung auch bei schweren Missbildungen des Fötus zu untersagen, mit dem Slogan: „Meine Gebärmutter ist keine Kapelle“.

Mit diesen Beispielen soll verdeutlicht werden, dass auch in eigentlich laizistischen Staaten religiös motivierte Gesetze oder Glaubensinhalte einen Zwang oder einen starken Druck auf die Familienplanung ausüben können und damit auch hier der persönlichen Entscheidungsfreiheit gewisse Grenzen gesetzt sind.

Oben wurde festgehalten, dass eine Allmendesituation nur entstehen kann, wenn die Nutzung der Ressource, in diesem Fall die menschliche Vermehrung in einem Umfeld knapper Ackerlandfläche, knapper wirtschaftlicher oder anderer Allgemeingüter, der Allgemeinheit überhaupt freisteht: Die Ressource muss öffentlich sein.

Was genau bedeutet das? Im folgenden Kapitel werden diese Begriffe anhand von Beispielen anschaulich gemacht, und die Altmeisterin der Allmendeforschung Elinor Ostrom wird vorgestellt.

76 Pro Life: für das Leben (des Ungeborenen); pro Choice: für die Wahl (der Frau für oder gegen Abtreibung)

# 5 Allmende

Der Begriff „Tragik der Allmende" wurde in der Geschichte regelmäßig auf größere Zusammenhänge angewendet, so auch in einem Artikel von Hardin in der wissenschaftlichen Zeitschrift Science (Hardin 1968), wo er schrieb:

> *„Darin liegt die Tragödie. Jeder Mensch ist in einem System gebunden, das ihn motiviert, seine eigene Herde grenzenlos zu vermehren – in einer Welt, die Grenzen hat. Ruin ist das Schicksal, auf das die Menschheit zustrebt, indem jeder sein eigenes Interesse verfolgt in einer Gesellschaft, die an die Selbstbedienungsmentalität gegenüber öffentlichen Gütern glaubt."*

Hardin bezog sich im Wesentlichen auf das Bevölkerungswachstum und die Umweltverschmutzung, und er formulierte:

> *„Das Bevölkerungsproblem hat keine technische Lösung; es erfordert eine fundamentale Ausweitung des Denkens."*

Elinor Ostrom war eine amerikanische Politikwissenschaftlerin, die für ihre Arbeiten zum Verständnis des Allmendeproblems 2009 als erste Frau den Wirtschaftsnobelpreis erhielt.

Sie begann in den 1960er Jahren mit ihrer Forschung zu den Wasserressourcen in Kalifornien. Die übermäßige Entnahme drohte eine Versalzung der Grundwasserreservoire durch eindringendes Meerwasser auszulösen, und sie untersuchte an mehreren Fallbeispielen, wie die lokalen Akteure der Städte und der Landwirtschaft mit dem Problem umgingen und ob sie erfolgreich waren.

Sie erweiterte die Fragestellung auf historisch dokumentierte Fälle von Forst- oder Weidebewirtschaftung etwa in der Schweiz oder in Japan und auf heutige Beispiele in verschiedenen Kontinenten, wie die Organisation von Fischgründen oder Bewässerungssystemen in Europa oder Asien.

In einer nächsten Stufe sammelte sie Tausende von Feldstudien anderer Forscher, um sie nach einheitlichen Kriterien zu katalogisieren und nach strukturellen Gemeinsamkeiten und Unterschieden zu suchen. Die Preiswürdigkeit ihrer Arbeit ist in ihrem Verdienst begründet, zur Beschreibung von Allmendesituationen ein formales Modell entwickelt und daraus verallgemeinerbare Folgerungen abgeleitet zu haben.

Beginnen wir mit einem ihrer Fallbeispiele, dem Ort Törbel im Wallis (Schweiz), der auf knapp 1500 Meter auf einem der Sonne zugewandten Hang liegt, rund 500 Einwohner hat und dessen Verwaltungsaufzeichnungen bis ins 13. Jh. zurückreichen. Neben privatem Grund für Ackerbau und Heuproduktion für den Winter gibt es kommunale Weideflächen und kommunalen Wald. Auch die Bewässerungssysteme und das Weidevieh sind Dorfeigentum.

Bereits im 15. und 16. Jh. wurden wesentliche Benutzungsregeln festgelegt. Die Grenzen der Allmende (Wald, Weide) waren definiert; Fremde (Zuwanderer) hatten kein Recht auf Nutzung, sofern sie nicht ausdrücklich aufgenommen worden waren; jeder Hof durfte sich nur so viele Kühe zurechnen lassen, wie er über den Winter füttern konnte; eine Amtsperson, der „Gewalthaber", sollte bei Missachtung der Regeln Sachstrafen verhängen, wovon er die Hälfte behalten durfte. Dieser Gewalthaber wurde von einem Rat bestimmt, der wiederum von der Bürgerschaft gewählt wurde. Dieser Rat traf nötige Verwaltungsentscheidungen. Während der Weidesaison wurde die Milch zentral gesammelt und proportional der Viehzahl verteilt. Zur Waldbewirtschaftung legte der Rat fest, welche Bäume entnommen werden durften. Das geschlagene Holz wurde in so viele Portionen aufgeteilt, wie es Höfe gab, und das Los entschied über die Zuordnung. Dieses System funktionierte jahrhundertelang stabil.

Die Ressourcen waren naturgegeben begrenzt. Als im 19. Jh. die Bevölkerung anstieg, führte dies zu verstärkter Familienplanung und nennenswerter Auswanderung (Ostrom 1990).

Heute hat sich die erfolgreiche Allmendebewirtschaftung in Törbel und ähnlichen Schweizer Bergdörfern quasi überlebt.

Die Waldbewirtschaftung wurde zusätzlich unter kantonale Regeln gestellt, und die Viehhaltung veränderte sich aufgrund wirtschaftlicher Umwälzungen zum Nebenerwerb; sie blieb nur möglich durch staatliche Subventionen. Die völlig eigenständige Selbstverwaltung hatte damit ein Ende (Maiorano 2006).

Im Falle Törbel gelang die nachhaltige Nutzung des Gemeindegutes über mehrere Jahrhunderte lang. Bei der Bewirtschaftung einer Allmende tritt ein Problem erst und genau dann auf, wenn die betreffende öffentliche Ressource durch egoistisches Handeln überlastet oder zerstört wird, wodurch der Gruppennutzen (Summe der Einzelnutzen) letztlich geringer wird.

Hierzu gibt es auch den Begriff „Schwarzfahrerproblem“. Der Einzelne mag sich frei bedienen wollen, ohne sich an den Kosten oder dem Aufwand der Erhaltung zu beteiligen. Machen das zu viele, bricht das System für alle – auch für die Schwarzfahrer – zusammen.

Was ist in diesem Zusammenhang mit „öffentliche Ressource“ gemeint?

Ostrom teilt Güter – materielle und immaterielle – nach zwei Kriterien auf: Danach, ob sie sich durch Benutzung verbrauchen, und danach, wie schwierig es ist, potenzielle weitere Nutzer auszuschließen.

| | | Verbrauch durch Benutzung | |
|---|---|---|---|
| | | niedrig | hoch |
| Schwierigkeit des Ausschlusses potenzieller Nutzer | niedrig | Privateigentum | privates Konsumgut |
| | hoch | öffentliches Gut | öffentliche Ressource |

Abb. 21: Kategorien von Gütern (nach Ostrom 2005)

Güter, bei denen Drittnutzer im Regelfall leicht auszuschließen sind (obere Zeile der Abb. 21), sind typischerweise Privateigentum (zum Beispiel ein Grundstück) oder sich verbrauchende

Privatgüter, also Konsumgüter (wie Nahrungsmittel oder Urlaubsreisen). Ist die Nutzung eines Gutes durch beliebige Dritte schwierig oder nicht einzugrenzen (untere Zeile der Abb. 21), handelt es sich häufig um ein öffentliches Gut. Zur Unterscheidung von sich nicht verbrauchenden öffentlichen Gütern (wie Frieden oder Rechtssicherheit) werden sich verbrauchende öffentliche Güter auch als öffentliche Ressourcen bezeichnet. Darunter fallen zum Beispiel Wald, Fischbestände, Wasser, die Atmosphäre, Boden und die Biodiversität, insoweit sie durch Abholzen/Fang/Verbrauch/Verschmutzung usw. genutzt werden. Allerdings können auch nichtmaterielle öffentliche Güter „verbraucht" werden, etwa der Frieden durch öffentliche Gewalt oder ein Rechtssystem durch Korruption.

Nach dem über viele Generationen erfolgreichen Schweizer Beispiel auf eher wohlhabendem Niveau möchte ich noch einen Fall auf Subsistenzniveau zeigen, der wieder nach Madagaskar führt.

Nach dem Eintreffen der ersten polynesischen Segler um null u. Z. war die Ostküste von Madagaskar im 9. Jh., die Westküste im 12. Jh. an vielen Stellen besiedelt. Für das 12. und 13. Jh. lässt sich auch im zentralen Hochland durch Pollenanalyse und Holzkohledatierung nachweisen, dass die Brandhäufigkeit anstieg und der Waldbestand abnahm – ein Zeichen für menschliche Anwesenheit (Goodman 2003a).

Es etablierte sich eine Religion, die vom Glauben an die Macht der Ahnen dominiert ist – die Parallele zu Kulturen in Polynesien ist vermutlich kein Zufall. Mit ihr gingen Regeln und Tabus („fady") einher, die auch die Landnutzung betreffen konnten, wie Betretungsverbote, Nutzungsverbote, Nutzung nur für gewisse Zwecke oder nur nach gewissen Ritualen.

Die Königin Ranavalona I. erließ 1881 ein Gesetz, das Brandrodungsfeldbau („tavy") und die Zerstörung oder Besiedelung des Waldes verbot. Der Grund hierfür war allerdings weder ökologisch noch ökonomisch, sondern es sollte dadurch der Zugang für angreifende Kolonialmächte erschwert bleiben, die sich bisher von der Küste durch den dichten Urwald kämpfen mussten.

Die Kolonialmacht Frankreich (1896–1960) verbot ebenfalls den Brandrodungsfeldbau der Bevölkerung für die Reisgewinnung zur Deckung des Eigenbedarfs, um die Landwirtschaft hin zur Produktion von Exportgütern wie Kaffee, Nelken, Vanille und Pfeffer zu entwickeln und so ihren wirtschaftlichen Gewinn zu maximieren. Holz wurde ebenfalls exportiert (Goodman 2003b).

Das erste Naturschutzgebiet wurde 1927, in der französischen Kolonialzeit, geschaffen. Heute gibt es über 140 Schutzgebiete, darunter rund ein Drittel Nationalparks. Nominell stehen jetzt 10 % der Landesfläche unter Schutz, wobei der Realisierung dieses Schutzes zahlreiche Probleme entgegenstehen. Personal und Mittel aus nationalen Quellen reichen nicht aus. Der Ökotourismus deckt nur rund 35 % der Kosten. Internationale Unterstützung ist unabdingbar (KfW 2019).

Während der Ersten Republik (1960–1972) begann eine verstärkte Entwicklung verbesserter Landwirtschaftstechniken, darunter für Reisanbau, Erosionskontrolle und Wiederaufforstung.

1975 brachte eine sozialistische Revolution Madagaskar in eine lange Rezession. Die städtische Armut wuchs und mehr Einwohner mussten ihre Nahrung wieder selbst produzieren, während die staatlichen Kontrollen der Landnutzung abnahmen. Die Produktion von Exportnahrungsmitteln ging zurück und der Brandrodungsfeldbau nahm wieder zu (Goodman 2003b).

1985 wurde eine internationale Konferenz über die Ökosysteme der madagassischen Wälder ausgerichtet, die in Antananarivo, der Hauptstadt Madagaskars, stattfand.

Zwischen 1992 und 1999 stieg die Besucherzahl des Nationalparks „Tsingy de Bemaraha“, einem der spektakulärsten auf der Westseite Madagaskars, von 128 auf 2517 Personen jährlich – der Ökotourismus hatte begonnen.

Nach politischen Krisen 2002 und 2009 sanken jeweils die nationale Anstrengung und die internationale Zusammenarbeit, Touristenzahlen fielen, um sich danach langsam wieder zu erholen.[77]

Vor diesem Hintergrund – eine außerordentliche, aber stark bedrohte Artenvielfalt in einem der ärmsten Länder der Erde (kaufkraftbereinigtes Bruttoinlandsprodukt je Kopf 2021 1600 US-$) – wurden zahlreiche internationale Studien und Hilfsprojekte durchgeführt.

Eines dieser Projekte, das als Hauptziel die Reduzierung des tavy, des urwaldvernichtenden Brandrodungsfeldbaus, hatte, wird im Folgenden vorgestellt (Goodman 2003d). Das Bündel der dort vorgeschlagenen Maßnahmen umfasst typische Entwicklungshilfe-Themen und deutet gleichzeitig Lösungsmöglichkeiten für das lokale Allmendeproblem an. Um das zu veranschaulichen, werden die Maßnahmen im Einzelnen genannt:

- Intensivierung der Grundnahrungsmittel-Landwirtschaft durch Düngung mit Gülle und Kompost (für Trockenreis wurde eine Verdoppelung der Ernte auf 3,3 t/ha demonstriert), Einsatz ergiebigerer Sorten, optimierte Rotation von Kulturen.
- Bodenpflege: Rückgewinnung unproduktiven, das heißt erodierten oder ausgelaugten Landes durch Relief- und Wasserführungsmanagement im abschüssigen Gelände, um die Erosion während der Regenzeit zu verhindern. Setzen von Gehölzen entlang Konturlinien zur Bodenfestigung. Bodenverbesserung durch Anpflanzen von Leguminosen[78], um den Nährstoffgehalt der Erde zu erhöhen.

77 Zwischen 1995 und 2019 stiegen die Einnahmen durch Tourismus auf das Neunfache.

78 Leguminosen binden Stickstoff aus der Luft und düngen damit den Boden.

- Optimierung des lokal vorhandenen tropischen „Heimgarten“-Systems. Darunter wird eine Kombination von Nutzbäumen mit darunterliegendem Nutzgarten verstanden. Infrage kommen etwa Banane, Kaffee, Zimt für den Verkauf, Obstbäume wie Brotfrucht, Jackfrucht und Mango für den Eigenverbrauch, Edelholzbäume wie Palisander und Ebenholz, darunter schattentolerante Feldpflanzen wie Ingwer und Taro.
- Statt der Urwaldvernichtung eine Forstwirtschaft, das heißt eine nachhaltige Entnahme von Produkten wie Holz, Medizinalpflanzen, Orchideen, Chamäleons und Schmetterlingen mit einer Vermarktung, die faire Erlöse in der Erzeugerregion belässt.
- Klärung von Landbesitzverhältnissen und dauerhafte Überschreibung von Land an die Dorfgemeinden. Dadurch wird der Anreiz erhöht, dass die Gemeinden ihr Land als kollektives Eigentum besser schützen.
- Ein Paket aus Bildung, beginnend mit der Lese- und Schreibfähigkeit der Erwachsenen, Verbesserung des Gesundheitswesens und der Familienplanung. Alle anderen Maßnahmen (wie in dieser Liste beschrieben) würden langfristig verpuffen, wenn das Bevölkerungswachstum nicht gebremst werden kann.
- Kontrollen: Verbesserung der Gebietskontrollen auch gegen Externe. Dies dient zum Beispiel der Eindämmung der illegalen Holzfällung, die in Madagaskar vor allem für den asiatischen Edelholzmarkt betrieben wird. Ein motivierender Mix aus staatlicher (Fremd-) und kommunaler (Selbst-) Kontrolle wird empfohlen.
- Erstellen eines langfristigen lokalen Landnutzungsplanes, der vorzugsweise von der Dorfgemeinde selbst erarbeitet und verantwortet wird.
- Lokale Öffentlichkeitsarbeit: Externe und lokale Experten zeigen konkrete Beispiele guter und schlechter Landnutzung, um das Thema im kommunalen Bewusstsein in den Vordergrund zu bringen.

Wie man sieht, umfasst ein Teil der Verbesserungsvorschläge direkt die Landwirtschaft, um die Lebensmittelversorgung und ein Einkommen ohne Neurodung zusammen mit einer Landschaftsverbesserung zu erreichen. Ein weiterer Teil betrifft die Besitzverhältnisse, die Nutzungsabgrenzung gegen Dritte, die Information und Motivation innerhalb einer Gemeinde, die Stärkung der Selbstorganisation und das Zusammenspiel zwischen Obrigkeit/Staat und dieser Gemeinde. Damit sind wir wieder beim Allmendethema angelangt, und es sind Parallelen zum Schweizer Bergdorf festzustellen.

Lokale Religion und Überlieferung können unterschiedliche Einflüsse haben. So ist einerseits der Brandrodungsfeldbau (tavy) teilweise fest in der Tradition verwurzelt und heute in vielen Gegenden noch selbstverständlicher Bestandteil der Landwirtschaft. Andererseits können Tabus (fady), häufig in Zusammenhang mit dem Glauben an die Macht der Ahnen, bestimmte Flächen schützen. Als Beispiel seien Betretungs- oder Nutzungsverbote für heilige Wälder als Wohnstatt der Vorfahren oder für die Umgebung von Grabstätten genannt.

Eine Studie (Goodman 2003e) verglich zwei einzeln stehende Waldgebiete im Südwesten Madagaskars, die jeweils von einer Gemeinde verwaltet wurden. Die eine Gemeinde war erfolgreich im Erhalt eines stabilen Waldbestandes, bei der anderen Gemeinde unterlag der Wald einem kontinuierlichen Raubbau. Welche Unterschiede fanden die Autoren?

Die erfolgreiche Gemeinde bestand aus einer homogenen Bevölkerung, während die weniger erfolgreiche einen signifikanten Anteil an Immigranten aus anderen Stämmen aufwies, was zu einem Dissens innerhalb der Gemeinde über die Nutzung führte; gemeinsame Regeln wurden nicht anerkannt.

Diese Gemeinde hatte auch weniger traditionelle kommunale Regeln an Ge- und Verboten und war stärker auf die staatlichen Regeln angewiesen, die als widersprüchlich empfunden und nur mangelhaft eingehalten wurden. Die erfolgreichere Dorfgemeinschaft hingegen hatte einen größeren Fundus an traditionellen, oft religiösen Vorschriften mit einer Mischung aus Geboten, Erlaubnissen und Verboten, die etwa die Baumfällung in einem bestimmten Gebiet untersagten, da angeblich ein Fluch der Vorfahren darauf lag. Die wenigen staatlichen Regeln, wie etwa die Genehmigung für Baumfällungen, passten inhaltlich zur eigenen Tradition.

Den Autoren der Studie fiel auf, dass in der weniger erfolgreichen Gemeinde wegen des Raubbaus eine stärkere Kontrolle erforderlich gewesen sei. Da die lokale Gemeinschaft gespalten war, habe dies nur durch den Staat erfolgen können, der jedoch nur wenig und wenn, dann ineffektiv eingriff.

Im Rahmen des Projektes wurden daher für einige Zeit vom Projektgeber als externem Agenten Kontrollen durchgeführt. Entsprechende Anzeigen wurden jedoch regelmäßig durch Bestechung niedergeschlagen.

Korruption, das heißt hier die regelwidrige Durchsetzung von Partikularinteressen im Widerspruch zu einem allgemeinen Interesse, kann generell ein Problem bei der übergeordneten Kontrolle und Sanktionierung sein, was bei Aufgabenstellungen dieser Art für eine Ermächtigung der lokalen Selbstverwaltung spricht.

Die Studie kam zu dem Schluss, dass die Findung der Nutzungsregeln zwischen Staat und Gemeinde, die Identifikation der Nutzergruppe mit diesen Regeln und die Sicherstellung einer wirksamen Überprüfung und Sanktionierung die wesentlichen Herausforderungen für die Veränderung von Verhaltensmustern seien.

In diesen Beispielen haben wir es also mit einer Kombination der Selbstverwaltung öffentlicher Ressourcen – dem Wald – mit gegebenenfalls durch den Staat herangetragenen Regeln zu tun. Voraussetzung des erfolgreichen Zusammenarbeitens ist unter anderem gegenseitiges Vertrauen in das Handeln der anderen, also zwischen Gemeindemitgliedern und Obrigkeitsvertretern.

Die hier vorgestellten Fallstudien zur Allmendebewirtschaftung in madagassischen Wäldern basieren auf der Annahme eines lokalen Übernutzungsproblems durch die Subsistenz-Landwirtschaft. Global gesehen wird der Urwald jedoch überwiegend durch internationale Nachfrage nach Landwirtschaftsfläche, nach fossiler Energie und Mineralien und nach oft illegal geschlagenem Edelholz bedroht (siehe auch Kapitel 3 „Ökologischer Fußabdruck und Artensterben").

Eine Studie der FAO (FAO 2021) analysierte die Rolle der Ureinwohner in Lateinamerika, der Region mit der weltweit größten Urwaldfläche vor Zentralafrika und Südostasien. Dort leben 826 verschiedene Stämme mit 58 Mio. Menschen, die ein Drittel der Waldfläche (3,3 Mio. $km^2$) bewohnen. In diesen Gebieten ist die Abholzrate etwa zweieinhalbmal geringer als in staatlich verwalteten Flächen, und im Amazonasbecken auch deutlich niedriger als in ausgewiesenen Schutzgebieten ohne indigene Bevölkerung.

Aufgrund der internationalen kommerziellen Interessen stehen die selbstverwalteten Gebiete unter Druck. Die Studie berechnete, dass es selbst unter der Annahme eines niedrigen $CO_2$-Preises von nur fünf US-$/t[79] lohnend wäre, die Schutzmaßnahmen zur Aufrechterhaltung der Selbstverwaltung mit den vorhandenen Programmen zu finanzieren, da deren Kosten geringer wären als die $CO_2$-Kosten der unvermindert weitergehenden Rodung.

Was auf den ersten Blick aussieht wie ein einfacher Fall postkolonialer Ausbeutung, ist zusätzlich ein Allmendeproblem,

79 Zum Vergleich: $CO_2$-Zertifikate der EU kosteten Ende 2020 um 30 Euro/t, die deutsche Bundesregierung legte für 2021 einen nationalen Preis von 25 Euro/t fest, der bis 2025 auf 55 Euro/t steigen sollte. Diese Vorgaben wurden vom Markt überholt, Anfang 2023 kosteten die Zertifikate bis zu über 100 Euro/t. 5 US-$ entsprechen etwas mehr als 4 Euro (Stand April 2021). Hinter der Bepreisung von $CO_2$ steckt der Ansatz, die externen (Klimafolgen-)Kosten dessen Ausstoßes dem Erzeuger zuzuordnen.

und zwar ein globales, da die Folgen des durch die Abholzung verstärkten Klimawandels nicht nur die Eingeborenen des Amazonasbeckens treffen, sondern auch uns Konsumenten und deren Nachkommen, die wir kurzfristig ökonomisch von diesen internationalen Wirtschaftspraktiken profitieren.

Ostrom identifizierte das Allmendeproblem als eine Unterkategorie des „sozialen Dilemmas“, das immer dann vorhanden ist, wenn in einer Gruppe egoistische Einzelentscheidungen zu schlechteren Einzel- und Gruppenergebnissen führen als kooperative Entscheidungen. Das wohl bekannteste Beispiel aus der Spieltheorie ist das „Gefangenendilemma“. Wem vertrauen wir?

# 6 Gefangenendilemma

Das Gefangenendilemma in seiner Originalform wurde in den 1950er Jahren erfunden[80] und ist ein klassischer Baustein der Spieltheorie.

Das Spiel geht so:

Zwei Ganoven wurden ins Gefängnis gesteckt und stehen unter dem Verdacht, gemeinsam eine Straftat begangen zu haben. Sie können nicht miteinander kommunizieren, werden aber über die folgenden Regeln informiert:

- Wenn beide dichthalten, bekommt jeder von ihnen aufgrund der Indizien je zwei Jahre Gefängnis.
- Wenn einer den anderen verpfeift, der andere aber nicht aussagt, wird der erste als Kronzeuge freigelassen, der zweite erhält die volle Strafe von fünf Jahren.
- Wenn beide sich gegenseitig beschuldigen, beträgt das Strafmaß je vier Jahre.

| | B kooperiert | B verweigert |
|---|---|---|
| A kooperiert (mit B) | 2/2 | 5/0 |
| A verweigert (verpfeift B) | 0/5 | 4/4 |

Gefängnisjahre: 1. Ziffer für A, 2. Ziffer für B

Abb. 22: Wertematrix des Gefangenendilemmas
Beispiel: Wenn A verpfeift und B dichthält (kooperiert), erhält A 0 Jahre und B 5 Jahre Gefängnis

80 Von den Mathematikern M. Dresher und M. Flood am RAND-Institut in den USA

Die Tabelle zeigt die jeweiligen Ergebnisse des Handelns als resultierende Gefängnisjahre. Spielwesentlich ist, dass für den Einzelnen die möglichen Ergebnisse für „ich kooperiere mit meinem Partner“ (2 bzw. 5 Jahre) schlechter liegen als die möglichen Ergebnisse für „ich verpfeife meinen Partner, das heißt, ich verweigere die Zusammenarbeit mit ihm“ (0 bzw. 4 Jahre), und dass das kollektive Ergebnis für beide zusammen in der Reihenfolge kooperieren/kooperieren – kooperieren/verweigern – verweigern/verweigern ungünstiger wird, hier mit 4 < 5 < 8 Jahre Gefängnis. Um keine Verwechslung aufkommen zu lassen: Die Begriffe „kooperieren“ und „verweigern“ beziehen sich auf das Verhalten der Spielpartner untereinander, nicht gegenüber der Behörde.

Die Spielparameter sind also so gewählt, dass

- bei rationalem, kurzfristig egoistischem Handeln der Spieler sich für „Verweigern“ entscheidet, und
- da beide Spieler dies tun, für beide ein schlechteres Ergebnis herauskommt, als es bei „Kooperieren“ der Fall wäre.

Wie verhalten sich die Ganoven?

Man kann das Spiel einmal spielen lassen oder mit einer den Teilnehmern bekannten oder unbekannten Zahl von Runden.

Wie man leicht erkennt, liegt das gemeinsame Optimum im Kooperieren, insbesondere und auch wenn mehrere Runden gespielt werden. Das „Dilemma“ liegt im Risiko, übers Ohr gehauen zu werden, was in der (Spiel-) Praxis auch zur Doppelverweigerung führen mag, die für beide Spieler zu einem Nachteil führt.

Das heißt, dass egoistisches Handeln zu einem für das Individuum schlechteren Ausgang führt.

An dieser Stelle ist ein Kommentar angebracht: Der obige Satz gilt im realen Leben häufig nicht! Eine gängige Theorie des freien Wirtschaftsmarktes behauptet sogar das Gegenteil, dass nämlich das egoistische und rein rationale Verhalten des „Homo oeconomicus“[81] beim Kaufen, Produzieren und Verkaufen auf Dauer zur höchsten volkswirtschaftlichen Wertsteigerung führen würde, also zum besten Ergebnis für alle. Diese Theorie gilt in ihrer Absolutheit allerdings als veraltet, da erstens die Steigerung des Bruttoinlandsproduktes wegen der Nichtberücksichtigung externer Kosten (siehe Kapitel 1 „Klimawandel“ und Kapitel 3 „Ökologischer Fußabdruck und Artensterben“) nicht automatisch das „beste Ergebnis für alle“ ist, zweitens die Ausbeutung des wirtschaftlich Schwächeren durch den Stärkeren nicht berücksichtigt wird.[82] Zudem handelt der Mensch nur sehr bedingt rational. Letzteres wird in den Kapiteln 10 „Somatische Marker“ und 11 „Meme“ behandelt werden.

Noch komplizierter wird es, wenn der „Spielpartner“ weit weg ist, wie etwa die Menschen auf einem anderen Kontinent, dieser Partner noch gar nicht existiert, zum Beispiel unsere Nachkommen, oder gar kein Mensch ist, sondern eine andere Spezies. Bevor wir über „kooperieren oder verweigern“ nachdenken: Interessiert uns ein „kollektives Optimum“ überhaupt, wenn der meiste Nutzen in der Zukunft entsteht? Für Familien ist dies üblich und normal – die meisten Eltern wünschen ihren Kindern eine gute Zukunft und investieren in diese, manchmal unter persönlichen Nachteilen –, aber für fremde Menschen, die und deren Nachkommen wir überhaupt nicht kennen? Und gar für andere Lebewesen? Wollen wir die überhaupt „mitspielen“ lassen? Fragen über Fragen.

Wir kehren zur einfachen Spielsituation zurück:

Ostrom und ihre Forscherkollegen haben Varianten des Gefangenendilemma-Spiels entworfen, die den Umgang mit einer öffentlichen Ressource abbilden sollen.

---

81 Modellvorstellung der Wirtschaftstheorie eines rein rational denkenden, ausschließlich gewinnstrebenden Menschen, der vollständige Kenntnis über die Märkte hat

82 Beide Punkte sind auch Inhalte der Globalisierungskritik.

Eine dieser Versuchsanordnungen sieht folgendermaßen aus (Ostrom 2005):

## Basisversion

In der Basisversion gibt es nur eine Position, die des „Aneigners". Jeder Spieler einer Gruppe erhält pro Runde 10 Werteinheiten, gedanklich als Tagesarbeitsstunden vorstellbar. Diese kann er zur Ausbeutung der Ressource einsetzen oder für Lohnarbeit verwenden, die die Ressource nicht belastet. Als Ressourcennutzung stelle man sich Fischen in einem begrenzten Meeresgebiet oder Holzfällen im Gemeindewald vor. Die Lohnarbeit wird nach Stunden bezahlt. Die Ausbeutungsarbeit bemisst sich nach dem Bruchteil am Gesamteinsatz der Gruppe, multipliziert mit einer Funktion, die die Belastbarkeit der Ressource abbildet. Das bedeutet, je mehr Arbeitseinheiten in die Ressourcenausbeutung gesteckt werden, desto mehr sinkt der Wert der einzelnen Arbeitseinheit. Am Beispiel der Fischerei bedeutet das, je stärker ein Fischfanggebiet überfischt ist, desto geringer ist der Fangerfolg pro Stunde.

Es spielen 8 Teilnehmer in 20 bis 30 Runden. Im Gegensatz zur Realität findet die etwaige Überlastung der Ressource sofort – in der aktuellen Spielrunde – statt, und vor der nächsten Runde ist die Ressource wieder völlig vorhanden. Die Folgen der Überausbeutung treten also in jeder einzelnen Spielrunde auf. Die soziologische Frage lautet: Wie setzen die Teilnehmer diese Erkenntnis im weiteren Verlauf des Experiments, das heißt in den folgenden Spielrunden, um?

Gemäß den Spielregeln wird nach jeder Runde die Gesamtressourcennutzung kommuniziert, nicht aber die Nutzung durch die einzelnen Teilnehmer.

Die Parameter sind so gewählt, dass ein „rational-egoistisches" Verhalten zu einem Einsatz von etwa 8 Einheiten für die Ressource und 2 Einheiten für die Lohnarbeit führen würde, mit einem Gewinn von 66 $ je Runde. Das kooperative Optimum läge bei Einsätzen von 4,5 Einheiten für die Ressource und 5,5 Einheiten für die Lohnarbeit, bei einem Gewinn von 91 $ je Runde.

Welches Ergebnis wurde erzielt? Es wurden durchschnittlich nur 34 $ (37 % des Maximums) erreicht (das heißt sogar weniger als für das „egoistische" Verhalten), und die Werte oszillierten stark sowie durchgängig.

Eine nachträgliche Befragung der Teilnehmer zu ihren Strategien legte offen, dass häufig ausschließlich aufgrund der Vorrunde entschieden wurde. So wurde zum Beispiel die Ausbeutung erhöht, wenn in der Vorrunde der Stundenertrag der Ressource höher war als der Stundenlohn. Dieser Typ kurzfristiger Strategien erklärt die nicht endenden Oszillationen und die regelmäßige Übernutzung. Ein „Fahren auf Sicht" zur Optimierung, ein „Weiter so", wenn bisher alles gutging, ist also erkennbar nicht der beste Lösungsweg für diese Art Probleme.

## 1. Variante – Kommunikation

Nach jeder Runde kann die Gruppe kommunizieren, um etwa Strategien zu besprechen und Ausreißerverhalten – das nur in Form der Gesamtausbeutungsinformation vorliegt – zu kritisieren.

Im Durchschnitt aller Runden erreichte die Gruppe nahezu 100 % des Maximums, wobei etwa 5 % der Teilnehmer sich nicht an die besprochene Strategie hielten.

Fazit: Kommunikation hilft! Offenbar findet eine Normenbildung durch Diskussion des Verhaltens Dritter und Anpassung des eigenen Verhaltens statt.

## 2. Variante – Arm und Reich

Es gibt zwei Positionen, „arme“ und „reiche“ Aneigner. Statt 10 Werteinheiten wie in der Basisversion können sie 8 bzw. 24 Werteinheiten pro Runde einsetzen. Die Positionen werden zu Beginn durch Auktion verteilt, das heißt, der „Reichtum“ muss vorab mit Werteinheiten ersteigert werden.

Das Ergebnis war grob vergleichbar mit den oben vorgestellten Varianten. Ohne Kommunikation wurden 49 % des Maximalergebnisses erzielt, mit Kommunikation beinahe das Optimum.

Es bildete sich eine bimodale Verteilung mit durchschnittlich je 6 bzw. 10 für die Ressource eingesetzten Einheiten (der Rest von 2 bzw. 14 Einheiten wurde für Lohnarbeit verwendet). Interessanterweise setzten die „Reichen“ im Konsens nicht das Dreifache, sondern nur knapp das Doppelte für die rentablere Ressourcenausbeutung ein wie die „Armen“.

Fazit: Über die Strategiediskussion der Variante 1 hinaus wurde offenbar die „Gerechtigkeitsfrage“ angesprochen und eine Entscheidung dazu getroffen. Anschließend konnten soziale Vertrauensnormen aufgebaut werden.

## 3. Variante – Außenseiter

Zwei von acht Spielern sind von der Kommunikation ausgeschlossen und dürfen beliebig hohe Beträge oder begrenzte Beträge zwischen 4 und 12 Einheiten für die Ressourcenausbeutung einsetzen.

Ergebnis: Im ersten Fall schafften es nur 31 % der Gruppen (der sechs kommunizierenden Spieler), gemeinsame Strategien zu entwickeln. Zudem hielten sich durchschnittlich 50 % dieser Gruppe nicht an ihre besprochene Strategie. Im zweiten Fall vereinbarten nahezu alle Gruppen Strategien, und die Zahl der Abweichungen betrug nur 16 %.

Fazit: „Setze nie auf ein totes Pferd!“ Die Gewissheit, dass ein Viertel der Spieler mit unbegrenzten Ausbeutungsmöglichkeiten sich sicher nicht an Regeln halten würde, reduzierte die Bereitschaft der Restgruppe zu gemeinsamem Handeln drastisch. Die mangelnde Kontrolle verringerte zusätzlich den normativen Druck zum vereinbarten Handeln innerhalb der Gruppe, denn zu hoher Einsatz konnte stets auf die zwei externen Spieler als Sündenböcke geschoben werden.

Sofern die Außenseiter allerdings nur begrenzte Möglichkeiten hatten, veränderte die kommunizierende restliche Gruppe ihr Ergebnis kaum im Vergleich zur ersten Spielvariante ohne Außenseiter.

## 4. Variante - externe Bestrafungsregel

Es gelten die Regeln der Basisversion. Zusätzlich werden jedoch Einzelergebnisse mitgeteilt, und es können nach vorgegebenen festen Regeln Strafen verhängt werden. Dazu muss ein Spieler die Strafe beantragen, was ihn selbst ein Viertel bis die Hälfte der Strafhöhe an „Verwaltungsgebühr“ kostet.

Ergebnis: Ohne Kommunikation werden – vor Abzug der Gebühren – 39 % des Maximums erzielt, mit Kommunikation 85 %. Dies ist geringfügig schlechter als beim Spiel ohne externes Strafsystem. Nach Abzug der Gebühren bleiben nur null (ohne Kommunikation) bzw. 69 % des Maximums (mit Kommunikation).

Fazit: Denunzianten unerwünscht! Die Möglichkeit der Bestrafung durch Spielpartner nach einem von außen vorgegebenen Schema trug nicht zu einer Verbesserung des Ergebnisses bei, im Gegenteil.

## 5. Variante – interne Bestrafungsregel

Im Unterschied zur Variante 4 entscheidet die Gruppe selbst vor dem Spiel über ihre Strategie und über ein Strafsystem, insbesondere was Kosten und Strafhöhe angeht. Es wird nur einmal – zu Beginn des Spiels – kommuniziert, um diese Zusatzregeln zu vereinbaren.

In diesem Fall legten vier von sechs Gruppen ein Strafsystem fest. Diese erzielten ein Ergebnis von 93 % (mit 4 % Vertragsbrüchen), wohingegen die anderen zwei Gruppen ein Ergebnis von nur 56 % erreichten, mit 42 % (unbestraften) Abweichungen.

Fazit: Selbstverwaltung kann helfen! Im Unterschied zu Variante 4 wirken sich durch die Gruppe selbst festgelegte Strafregeln also positiv auf das Ergebnis aus.

## 6. Variante – externe Kontrolle und Bestrafung

Es wird vorgeschrieben, nur den „optimalen" Ausbeutungsaufwand zu betreiben. In jeder Runde werden 6 % aller Spieler nach dem Zufallsprinzip kontrolliert und bei Überschreitung bestraft. Hier nahm die Zahl der Übertretungen zu, das Gruppenergebnis sank.

Fazit: Die Radarfalle mit Wackelkontakt hat keinen erzieherischen Effekt auf die Raser! Wie in Variante 4 können externe Kontrollen, die sich der Selbstorganisation der Gruppe entziehen, auf die Bildung sozialer Normen innerhalb der Gruppe einen negativen Einfluss haben.

## Zusammenfassung des Gefangenendilemma Spiels

Die verschiedenen Varianten des Spiels sollen helfen herauszufinden, unter welchen Bedingungen Menschen zu kooperativem Verhalten bereit sind, das auf lange Sicht der Gemeinschaft den größten Nutzen bringt, aber zunächst für den individuellen Vorteil nicht optimal erscheint. Parallelen zu realen Situationen wie Klima- oder Artenschutz sind leicht erkennbar.

Natürlich sind die Testsituationen nur ein Spiel, was bedeutet, dass die Spielsituation an sich und die willkürlichen Parametersetzungen das Ergebnis beeinflussen: Die Teilnehmer mögen sich deutlich anders verhalten als in realen Situationen.

Allerdings deuten sich gewisse Zusammenhänge an:

- Kommunikation innerhalb der Aneignergruppe scheint erfolgswesentlich.
- Zumindest in der Spielsituation hat bei ungleichen wirtschaftlichen Verhältnissen eine Gerechtigkeitsdiskussion stattgefunden.
- Externe Eingriffe (Strafsystem) können statt des beabsichtigten positiven sogar einen negativen Einfluss haben.
- Interne, das heißt von der Gruppe selbst festgelegte Kontroll- und Sanktionsmöglichkeiten führen zu einem guten Ergebnis.

Einige dieser Muster kann man in dem im Kapitel 5 „Allmende" geschilderten Fall der zwei Madagaskar-Gemeinden wiederfinden. Alle beobachteten Effekte können in der Bandbreite der Organisationsformen zwischen den beiden Extremen gesehen werden: völlige Selbstverwaltung oder komplette Unterordnung unter eine Obrigkeit, zum Beispiel den Staat (sofern es eine nationale Aufgabenstellung ist). Insbesondere das Zusammenspiel interner und externer Regeln und Sanktionen bedarf der besonderen Aufmerksamkeit.

Die oben beschriebenen Spiele wurden im Präsenzmodus durchgeführt. Vergleichsexperimente mit Hilfe elektronischer Kommunikation ergaben schlechtere Ergebnisse. Offenbar war ohne den persönlichen Kontakt nur ein geringerer Vertrauensaufbau möglich. Diese Ergebnisse sind allerdings über 15 Jahre alt. Bis heute und vor allem in der Corona-Pandemie ist die Erfahrung mit Videokonferenzen deutlich gestiegen. Es wird interessant sein zu beobachten, ob der Mensch umlernen kann, auch ausschließlich per Fernkontakt vertrauensbildende Beziehungen aufzubauen und zu pflegen …

Auch der Einfluss von Bildung und Kulturkreis auf die Ergebnisse des Spiels wurde hinterfragt. Ein Vergleich zwischen US-Studenten und Einwohnern eines ländlichen kolumbianischen Dorfes zeigte keine signifikanten Unterschiede. Jedoch schnitten kolumbianische Gruppen mit eigener Erfahrung in der Bewirtschaftung gemeinsamer Ressourcen besser ab, während Gruppen mit größeren sozialen Unterschieden zwischen den Gruppenmitgliedern schlechtere Ergebnisse erzielten (Ostrom 2005).

Wieso kann der Mensch mit solchen Situationen überhaupt umgehen? Er setzt das ein, was soziale Intelligenz genannt wird. Diese haben übrigens auch Tiere. So kommt etwa die gegenseitige Pflege im Tierreich häufig vor, zum Beispiel gibt es Vögel, die sich gegenseitig Zecken aus dem Kopfbereich entfernen, an Stellen, die sie selbst nicht erreichen. Soll ein Vogel einem anderen die Zecken entfernen? Das ist für ihn nur sinnvoll, wenn dieser andere das Verhalten erwidert. Der gepflegte Vogel kann jedoch die erwartete Gegenleistung verweigern – eine typische Gefangenendilemma-Situation.

Ein weiteres Beispiel ist der Putzerlippfisch. Er lebt von Parasiten, die er deutlich größeren Fischen, inklusive Raubfischen, entfernt, und schwimmt dazu auch in deren Maul. Der Fisch und sein Wirt haben das soziale Dilemma offenbar gelöst.

Wir wollen zum Menschen zurückkehren. Das Beispiel der Gefangenendilemma-Situationen hat gezeigt, dass zumindest in Spielsituationen das soziale Handeln statistisch weniger vom Individuum abhängt als von der Ausgestaltung der vorgegebenen Regeln. Haben wir als Individuum überhaupt effektive Freiheitsgrade oder sind wir Gefangene einer Vorprägung und unseres sozialen Umfeldes? Verhalten wir uns vielleicht wie Automaten oder, biologischer formuliert, wie Tiere ohne Bewusstsein?

Um einer Antwort auf diese Frage näher zu kommen, ist ein Blick auf die Entwicklung der menschlichen sozialen Intelligenz im Verlauf der Evolution hilfreich. Warum verhalten wir uns in Gruppen so, wie wir es tun?

**Zu Kapitel 1**
*oben*: Grey-Gletscher, Chile, 2000
Er gehört zum „Südlichen Patagonischen Eisfeld“, dem größten Gletschergebiet der Südhalbkugel (ohne Antarktis). Es existiert trotz eigentlich zu warmer Lage nur, weil im Winter bis zu 8000 mm Niederschlag als Schnee fallen, die im Sommer nicht abtauen können.
*unten*: Wüste, Ägypten, 2006

**Zu Kapitel 3**
*oben*: Korallenriff im Roten Meer, 2007
Wegen der Temperaturerhöhung und der dadurch bedingten Korallenbleiche gelten weltweit rund 80 % aller Korallenriffe als bedroht.
*unten*: Hirnkoralle, Bonaire, Kleine Antillen (Karibik), 2006
Von den Hirnkorallen (Familie Faviidae) sind in der Roten Liste etwa 130 Arten erfasst. Davon sind 24 gefährdet.

**Zu Kapitel 3**

Afrikanischer Elefant (Loxodonta africana) vor Giraffen und Gnu-Herde, Kenia, 2005

Vor 30 Jahren lebten noch etwa eine Million Elefanten. Durch Wilderei sank ihre Zahl in etwa einem Jahrzehnt auf die Hälfte, bevor Schutzmaßnahmen wie die stärkere Kontrolle der Abschussverbote, bessere Realisierung von Schutzgebieten und ein weltweites Handelsverbot für Elfenbein (1989) griffen. Heute wächst die Population in den wichtigsten Gebieten in Süd- und Ostafrika wieder. Dennoch gilt er noch heute als gefährdet.

**Zu Kapitel 3 und 5**
Meerechse (Amblyrhynchus cristatus), endemisch in Galapagos, 2022 Gefährdet. Sie ist die einzige Echse, die ihre – pflanzliche – Nahrung im Meer sucht.
Die Galapagosinseln sind wohl das bekannteste Beispiel für ein ökonomisches Geschaftsmodell, das auf Naturerhalt basiert (vor Corona über 2 Mrd. US-$ jährliche Einnahmen). Auf globaler Ebene ist diese Denkweise noch nicht verbreitet.

**Zu Kapitel 3**
*oben*: Tordalk (Alca torda), potenziell gefährdet
*unten*: Papageientaucher (Fratercula arctica), gefährdet
Scomer Island, Wales, Großbritannien, 2019
Beide Vögel sind im Nordatlantik beheimatet und durch die Meereserwärmung bedroht, da die reichhaltigen Schwärme von Beutefischen wie Hering oder Sandaal nicht mehr gleichzeitig mit der Brutzeit auftreten. Eine weitere wesentliche Gefahr ist die Überfischung. Zudem ist zu bedenken, dass sich der Tordalk in Treibnetzen verfängt und in Island noch legal gejagt wird (Rote Liste 2020).

**Zu Kapitel 3 und 5**
*oben*: Baobabs (Gattung Adansonia), Madagaskar, 2014
Von weltweit acht Baobab-Arten gibt es eine nur in Afrika, eine in Afrika und Madagaskar und sechs nur in Madagaskar. Drei von ihnen gelten als gefährdet.
*unten*: Pantherchamäleon (Furcifer pardalis), Madagaskar, 2014

**Zu Kapitel 3 und 5**

*oben*: Küstenurwald des Masoala-Nationalparks, Madagaskar, 2014
*unten*: Urwald im Marojejy-Nationalpark, Madagaskar, 2014
Beide Parks sind Weltnaturerbe der UNESCO und beide sind durch illegale Rodungen (Wanderfeldbau und Entnahme von Edelholz für den internationalen Schmuggel) bedroht.

**Zu Kapitel 3 und 5**
*oben*: Seidensifaka (Propithecus candidus), Marojejy (Madagaskar), 2014
Der Seidensifaka ist vom Aussterben bedroht; laut Roter Liste gibt es noch 249 erwachsene Individuen (Stand 2019).
*unten*: Wieselmaki (Lepilemur milanoii), Daraina (Madagaskar), 2014
Der Wieselmaki ist stark gefährdet (Rote Liste Stand 2018).
Beide Tiere sind Lemuren, die ausschließlich in Madagaskar vorkommen. Es gibt rund 95 Lemurenarten, und sie sind wahrscheinlich aus einem einzigen trächtigen Weibchen hervorgegangen, das vor 40–70 Mio. Jahren die Überfahrt von Afrika geschafft hatte.

**Zu Kapitel 3**
Brandrodung
*oben*: Brasilien (Bundesstaat São Paulo), 2000
*unten*: Madagaskar (westliche Küstenebene), 2014

**Zu Kapitel 3**
Sandbiene (Gattung Andrena), Deutschland, 2013
Global gibt es über 20 000 Wildbienenarten. In Europa sind es knapp 2000, wovon 10 % vom Aussterben bedroht sind. In Deutschland kommen rund 550 Arten vor; davon ist die Hälfte gefährdet.

**Zu Kapitel 4**
*oben*: São Paulo (Brasilien), 2000
*unten*: Shanghai (China), 2010
Der Anteil der Stadtbevölkerung stieg zwischen 1950 und 2019 in Brasilien von 36 % auf 87 % und in China von 13 % auf 60 %. Global verdoppelte er sich nahezu von 29 auf 55 %.

**Zu Kapitel 4**
New York (USA), 1984
Der Anteil der Stadtbevölkerung stieg in den USA zwischen 1950 und 2019 von 64 % auf 82 %.

**Zu Kapitel 5**
*oben*: Heiliger Baum mit religiösen Regeln (rechts), Vohemar (Madagaskar), 2014
*unten*: Werbetafel für den Naturschutz, Mindo (Ecuador), 2022
Im Bergnebelwald bei Mindo kann der überragende Vogelartenreichtum Ecuadors gut beobachtet werden, es ist deshalb ein Standardbesuchspunkt für Naturreisen. Biodiversität ist dort nicht nur ein einträgliches lokales Geschäftsmodell (wie auch auf den bekannteren Galapagosinseln, die zu Ecuador gehören), sondern es wird überregional an die Besucher – Akteure der globalen Allmende – appelliert.

**Zu Kapitel 6**
Riesenmuräne (Gymnothorax javanicus) mit gewöhnlichem Putzerlippfisch (Labroides dimidiatus), Rotes Meer, 2007
Ein Beispiel für Kooperation im Tierreich

**Zu Kapitel 7**
Wandmalerei, Serra da Capivara, Brasilien, 2006
Alter um 6000–10 000 Jahre v. h.
*oben*: Koitus und Geburtsszene (?)
*unten*: Jagdszene

**Zu Kapitel 7**
*oben*: Wandmalerei, Serra da Capivara, Brasilien, 2006
Szene einer Anbetung oder eines Tanzes? Alter um 6000–10 000 Jahre v. h.
*unten*: tropischer Trockenwald („Serra branca“ – „Weißer Wald“) der Serra da Capivara, Brasilien, 2006
Der Trockenwald treibt nur in der Regenzeit und wirft danach seine Blätter ab – je nach Grundwasserlage vollständig (oben und links im Bild) oder teilweise.

**Zu Kapitel 8 und 10**
Die Titanic sank 1912 auf ihrer Jungfernfahrt zweieinhalb Stunden nach der Kollision mit einem Eisberg. Obwohl 1178 Rettungsboot-Plätze vorhanden waren, wurden von 2224 Mitfahrern nur 606 gerettet; von der ersten Klasse 62 %, von allen anderen 27 %.
Es wurde spekuliert, ob der Kapitän die hohe Reisegeschwindigkeit trotz mehrerer Eiswarnungen beibehalten hatte, da er von der Unsinkbarkeit der Titanic überzeugt war. Dies wäre ein Beispiel für falsche Szenarienbildung.

# 7 Horden erobern die Erde

Homo sapiens gehorcht sozialen Verhaltensmustern, sei es als Individuum oder im Rudel – das man heute anders nennt, etwa Familie, Verein, Lobbygruppe, Partei, Staat oder globale Organisation. Für ein Verständnis dieser Verhaltensmuster kann ein Blick auf die genetische und soziale Programmierung, die uns die Evolution im Lauf von Millionen Jahren gegeben hat, sicherlich beitragen.

Soziales Verhalten ist uralt und weitverbreitet. Es wurde nicht einmal von unseren Wirbeltiervorfahren, also etwa Vögeln, Fischen oder Säugetieren, „erfunden", sondern im Insektenreich. Die ersten Insekten entstanden im Paläozoikum vor ca. 400 Mio. Jahren. Aus ihnen entwickelten sich später unter anderem die Termiten (220 Mio. Jahre), die Ameisen (150 Mio. Jahre) und die Bienen (100 Mio. Jahre), von denen einige Arten die sogenannte Eusozialität hervorbrachten (Wilson 2012). Mit diesem Begriff ist gemeint:

1. die Bildung permanenter Gruppen von mehr als einer Generation (Staatenbildung),
2. kollektive Brutpflege und sonstige Arbeitsteilung,
3. Trennung in fruchtbare und unfruchtbare Individuen.

Bei Wirbeltieren beschritt die Evolution einen völlig anderen Weg zur Herausbildung des Lebens in Gruppen – eine Trennung zwischen fruchtbaren und unfruchtbaren Individuen gibt es hier nicht.

Im Folgenden möchte ich Sie mit einem kurzen Gang durch die biologische Evolution des Menschen führen, um dann der jüngsten Spezies, Homo sapiens, auf ihrer „Eroberung" aller Kontinente zu folgen. Während dieser rund 100 000 Jahre entwickelte sich Homo sapiens weiter, und zwar vor allem in seinen geistigen Fähigkeiten. Dabei interessieren im Zusammenhang mit dem

Thema dieses Buches besonders diejenigen Eigenschaften seiner sozialen Evolution, die sein heutiges Verhalten erklären helfen.

## Der Stammbaum

Die ersten Säugetiere entstanden im Mesozoikum, vor circa 150 Mio. Jahren. Zu Beginn des Känozoikums, vor etwa 55 Mio. Jahren, trennte sich davon die Ordnung der Primaten (Affen, Menschenaffen, Homo und deren Vorfahren, siehe Abbildung 23). Diese hatten, als Baumbewohner, bereits Greifhände mit ausgeprägter taktiler Sensibilität der Fingerkuppen und flachen Nägeln (statt Klauen), gute Augen und einen relativ schwach ausgeprägten Geruchssinn.

Vor 25 Mio. Jahren trennte sich die Familie der Menschenaffen ab, und aus diesen entwickelte sich vor 8 Mio. Jahren die Unterfamilie der Hominini, der Vorläufer des Menschen, neben den Gattungen der Schimpansen und Bonobos, unseren nächsten Verwandten (Wikipedia 2023).

Vor 4 Mio. Jahren ist in Afrika die Gattung Australopithecus nachweisbar, ein Frühmensch mit etwa 450 $cm^3$ Schädelvolumen. Er war den heutigen Menschenaffen ähnlich und schlief vermutlich wie diese auf Bäumen. Seinem Gebiss und seiner Eingeweidegröße nach zu schließen war er Pflanzenfresser.

Vor rund 2,5 Mio. Jahren entstand Homo habilis mit etwas größerem Schädel. Geringfügige Veränderungen am Gebiss lassen auf einen kleinen Fleischanteil in der Ernährung schließen (Balter 2012). Die ersten Feuersteinabschläge (schmale Bruchstücke mit scharfen Kanten aus dem Mineral Flint, auch Feuerstein[83] genannt) sowie Schab- und Schnittmarken an fossilen Tierknochen deuten darauf hin, dass Fleischteile von Aas gegessen wurden (Wrangham 2009).

83 Flint (Feuerstein) ist fast reines mikrokristallines Siliciumdioxid ($SiO_2$).

Jahre vor heute

| | | | |
|---|---|---|---|
| 55 Mio. | ↓ | → restliche Säugetiere | |
| | Primaten | | |
| 25 Mio. | ↓ | → restliche Affen | |
| | Menschenaffen (Hominidae) | | |
| | ↓ | → Orang Utan, Gorilla | |
| 8 Mio. | | → Schimpanse, Bonobo | |
| | Menschen (Hominini) | | Schädel-volumen |
| 4 Mio. | Australopithecus | Afrika Baumbewohner | 450 $cm^3$ |
| 2,5 Mio. | Homo habilis | Afrika | 600 $cm^3$ |
| 1,9 Mio. | Homo erectus | Afrika aufrechtgehend Feuer? | 900 $cm^3$ |
| 500-40 000 | Diverse | Südostasien, Europa Waffen | 1200 $cm^3$ |
| 100-10 000 | Homo sapiens | Welt | 1400 $cm^3$ |

Abb. 23: Stammbaum des Homo sapiens
Die Abstammungszusammenhänge zwischen den einzelnen Menschenarten sind umstritten

Vor 1,9 Mio. Jahren hatte sich Homo erectus entwickelt, bereits aufrecht gehend und mit einem Schädelvolumen von 900 $cm^3$. Verringerte Gebissstärke und Zahnfläche sowie ein deutlich kleinerer Verdauungstrakt lassen auf gemischte Kost schließen. Er kann weder ein reiner Pflanzenfresser noch ein reiner (Roh-)Fleischfresser gewesen sein. Wissenschaftler sehen als einfache und bisher einzig mögliche Erklärung für die Gesamtheit dieser Veränderungen die Beherrschung des Feuers und des Kochens. Die älteste nachgewiesene Feuerstelle in Israel, in der man verbrannte Samen, Holz und Flintstein fand, ist allerdings 1,1 Mio. Jahre jünger und datiert von 790 000 v. h.

Da die Frage, ab wann der Mensch das Feuer beherrschte, sehr spannend, aber durch direkte Nachweise nicht klärbar ist, erhielt die entsprechende Behauptung einen eigenen Namen: die Koch-Hypothese.

Diese besagt, dass die aus der Anatomie von Homo erectus zu schließende erforderliche Aufwertung der Nahrung eben nur durch Kochen (sowie zusätzlichem Zerkleinern) der Nahrung möglich war. Quellung und Verkleisterung[84] von Stärke in pflanzlicher Nahrung sowie Gelatinierung von Kollagen und Denaturierung von Eiweiß in Fleisch, beides chemische Prozesse, die etwa oberhalb von 70 °C ablaufen, erhöhen die kalorische Ausbeute im Dünndarm durchschnittlich um 20–30 %. Zugleich verringert sich die pro Tag mit Kauen verbrachte Zeit – heute zu vergleichen etwa mit 6 h beim Schimpansen und 1–2 h beim Menschen. Erst dadurch waren mehrstündige Intervalle frei, die zum Beispiel für die Jagd genutzt werden konnten (Wrangham 2009).

Die regelmäßige tägliche Kochpraxis legt die Existenz permanenter Feuerstellen nahe. Damit lässt sich auch ein Schlafplatz am Boden erklären, der aufgrund anatomischer Betrachtungen notwendig scheint. Säbelzahntiger konnten in der Nähe des Feuers auch nachts gut gesehen werden und waren mit glühenden Holzscheiten einfach fernzuhalten. Leichter Schlaf oder ein Wachposten waren vielleicht empfehlenswert!

Feuer entsteht auf natürlichem Weg immer wieder durch Blitzeinschläge. Aber musste Homo erectus vor dem Abendessen jedes Mal auf einen Blitzschlag warten oder ist es denkbar, dass er Feuer entfachen konnte? Auch hier ist man auf Spekulationen angewiesen.

---

84 Auflösen der Stärkemoleküle in einer vielfachen Wassermenge unter Bildung eines Klebstoffs (Kleister). Der Effekt wird beim Kochen zum Eindicken von Soßen verwendet.

In der späten Steinzeit ist ein Feuerzeug nachgewiesen: Es besteht aus Flint und Pyrit. Flint (Feuerstein) wurde wegen seiner Härte und Bearbeitbarkeit auch zur Herstellung von Werkzeugen genutzt. Pyrit ist ein Mineral, das auffällig silbrig glänzende würfelförmige Kristalle bildet. Beide Mineralien sind häufig. Schlägt man sie aufeinander, lösen sich kleine Partikel vom Pyrit ab und verbrennen unter Flammenbildung in einer exothermen Reaktion.[85] Damit kann Zunderschwamm, zum Beispiel aus dem gleichnamigen Totholz-Pilz, angezündet werden. Zunderschwamm wurde beispielsweise bei „Ötzi" gefunden, der 5000 Jahre alten Gletschermumie aus den Ötztaler Alpen in Österreich.

Auch „Feuerbohren" ist möglich, das schnelle Drehen eines geeigneten Holzstabes in einem Bohrbrett, wodurch bei genü gender Reibungshitze der Flammpunkt des Holzmehls überschritten wird und dieses sich entzündet.

Wann diese Techniken erfunden wurden, ist allerdings unbekannt.

Weitere Mutationen, darunter Homo heidelbergensis und Homo neanderthalensis, entstanden innerhalb der letzten rund 0,5 Mio. Jahre. Ihrem wiederum größeren Gehirn von 1200 $cm^3$ Volumen entspricht eine verbesserte Waffentechnik. Auf dem wahrscheinlich zweitältesten Feuerstellenfund (400 000 Jahre v. h., Homo heidelbergensis) in Schöningen/Deutschland wurden neben Pferde-, Bison-, Esel- und Hirschknochen auch Holzspeere gefunden. Ab ca. 60 000 Jahren v. h. sind zahlreiche Feuerstellen von Homo neanderthalensis belegt.

Die Spezies Homo sapiens, mit einem Schädelvolumen von 1400 $cm^3$, also mit derselben Gehirngröße wie wir heutigen Menschen, entstand vor ca. 200 000 Jahren, wiederum in Afrika.

85 Pyrit ist Eisensulfid ($FeS_2$) und verbrennt mit Luftsauerstoff unter Wärmeentwicklung (exotherm) zu $Fe_2O_3$ und $SO_2$.

## Aufbruch aus Afrika

Homo erectus war die erste Menschenart, die sich aus Afrika heraus verbreitete. Er ist in Asien und Indonesien seit circa 1,6 Mio. Jahren, in Europa (Spanien) seit 1,4 Mio. Jahren nachweisbar. Die Beherrschung des Feuers könnte seine Ausbreitung von den tropischen in die gemäßigten Klimazonen erklären helfen. Andere Arten folgten, wie oben beschrieben, nach Europa und Asien.

Homo sapiens fühlte sich rund 100 000 Jahre lang in Afrika wohl – er war eine in Afrika endemische Spezies, würde man heute sagen. Dann aber packte unsere Vorfahren die Wanderlust. Vielleicht waren es klimatische Faktoren, die diese ausgelöst haben. Das Ende der vergangenen Warmzeit vor circa 110 000 Jahren führte in Afrika zu einem trockenen Klima, das möglicherweise die Population von Homo sapiens auf einige zehntausend oder noch weniger Exemplare reduziert haben könnte. Zur gleichen Zeit breitete er sich nach Norden über die Sinaihalbinsel nach Eurasien aus.

Vor 100 000 Jahren hatte er den schon erwähnten „Fruchtbaren Halbmond" erreicht, eine damals klimatisch begünstigte Region in Vorderasien, die sich vom heutigen Libanon und Syrien über das Zweistromland (Nordirak) bis in den Nordiran erstreckt. Dies war vom Niltal aus gerechnet eine relativ kurze Strecke von rund 1000 km. Bis 40 000 v. h. hatte Homo sapiens über das Donautal Europa besiedelt, das war schon eine Reisedistanz von etwa 3000 km. Wenn man berücksichtigt, dass er dafür um die 3000 Generationen[86] brauchte, war die Wanderungsgeschwindigkeit – ein Kilometer pro Generation – allerdings überschaubar.

86 Gerechnet mit 60 000 Jahren Zeitdifferenz und 20 Jahren pro Generation

Die Homo-sapiens-Horden, die sich für die Ostroute entschieden hatten, waren allerdings weitaus schneller. Sie kamen im selben Zeitraum oder sogar noch etwas früher über Zentralasien bis nach Australien. Das waren über 10 000 km, Luftlinie wohlgemerkt. Dabei stellt sich die Frage, warum sich Gruppen von Homo sapiens jahrzehntausendelang statistisch gesehen etwa drei bis fünf Kilometer pro Generation immer in derselben Richtung fortbewegt haben. Sie wird weiter unten aufgegriffen werden.

Zeitgleich starben Schwesterarten wie Homo neanderthalensis (Europa), Homo denisovensis (Altaigebirge/Sibirien) und Homo floresiensis, eine in Indonesien nachgewiesene, nur einen Meter hohe Zwergform, aus. Möglicherweise fand eine direkte Verdrängung statt – heute würde man von Völkermord sprechen –, aber Nachweise hierzu sind schwierig zu führen. Es soll an dieser Stelle keine planende Absicht unterstellt werden, aber dass Homo sapiens auch nah verwandte Arten oder selbst andere Ethnien seiner eigenen Art geringschätzt bis zur moralischen Rechtfertigung ihrer Tötung, ist ja gängige Praxis bis in die nahe Vergangenheit und Gegenwart – denken wir nur an die Versklavung von Afrikanern, an die gewaltsame Vertreibung der Indianer in den USA, an die Judenverfolgung in Deutschland im letzten Jahrhundert oder an den Umgang der Han-Chinesen mit den uigurischen Muslimen heute.

Das Erreichen des amerikanischen Kontinents gestaltete sich schwieriger, da die Beringstraße zwischen Asien und Amerika zu überwinden war. Wegen der starken Vergletscherung vor etwa 30 000 bis 15 000 Jahren lag der Meeresspiegel damals jedoch mehr als 100 m tiefer als heute, weshalb sich eine Landbrücke gebildet hatte. In ebendieser Zeit wurde Alaska erreicht. Nach Abschmelzen des kanadischen Eisschildes wurde ein Durchgang nach Süden frei, der ab circa 12 000 v. h. möglicherweise innerhalb der kurzen Zeitspanne nur eines Jahrtausends die Besiedelung beider amerikanischen Subkontinente ermöglichte. Darauf weisen Funde der sogenannten Clovis-Kultur in

Nordamerika bis Mexiko um 11 000 v. h. hin. Die Wanderungsgeschwindigkeit könnte bei über 10 km/Jahr gelegen haben oder über 200 km pro Generation.

War Homo sapiens vielleicht seinen Schwesterarten waffentechnisch überlegen und konnte sie deshalb „verdrängen"? Wir wissen auf jeden Fall, dass eine ständige Weiterentwicklung der Waffen stattgefunden hat. Zu den Faustkeilen steigender Qualität (Homo habilis, Homo erectus) und den Äxten, Stein-Speerspitzen und Holzspeeren (Homo heidelbergensis, Homo neanderthalensis) kamen vor ca. 70 000 Jahren mit Homo sapiens Waffen in Verbundbauweise hinzu, zum Beispiel Speere, bei denen die Steinspitze mit einer Mischung aus Baumharz und Bienenwachs eingeklebt war (Wilson 2012). Deren Komplexität – unterschiedliche Materialien mussten einer Temperaturbehandlung unterzogen werden – setzte auch eine höhere kognitive Leistung voraus; darauf werden wir noch eingehen.

Die Clovis-Kultur ist charakterisiert durch fein gearbeitete Projektilspitzen aus Feuerstein mit doppelseitigen Schneiden. Diesen Speerspitzen standen in Nordamerika 34 Gattungen von Säugetieren mit einem Gewicht über 50 kg und in Südamerika 51 Gattungen (11 davon gemeinsam auf beiden Halbkontinenten) gegenüber, die das folgende Jahrtausend nicht überlebten. Auch vorher, in Europa, in Asien und in Australien, eigentlich überall, wo er hinkam (mit Ausnahme seiner Startregion Afrika), hinterließ Homo sapiens eine Spur der Auslöschung von Großtieren. Er hat sie mit immer besseren Waffen immer erfolgreicher gejagt und deshalb vermutlich Nahrung im Überfluss gehabt, solange noch Jagdwild vorhanden war. Da aber auch Klimawechsel eine Rolle gespielt haben könnte, sind, wie schon im Kapitel 3 „Ökologischer Fußabdruck und Artensterben" dargestellt wurde, seine Eingriffe als Ursache des letztlich weltweiten Massensterbens von Großsäugern und Großvögeln umstritten (MacPhee 1999).

Wie ist die hohe Wanderungsgeschwindigkeit, die bereits angesprochen wurde, zu erklären? Offenbar führte die nachweislich ständig weiterentwickelte Waffentechnik zu verbesserten Fähigkeiten bei der Großwildjagd, was wiederum in einem großzügigen Nahrungsangebot resultierte. Man kann annehmen, dass dies einen erhöhten Bevölkerungsdruck hervorgerufen hat. Kalkuliert man mit einer Vermehrungsrate von 1,3 % pro Jahr (heutige Werte in Zentralafrika liegen bei über 3 %), würde eine Population von 100 Erstbesiedlern in Alaska in 1000 Jahren auf 40 Millionen angewachsen sein und jeden Quadratkilometer beider Amerikas rechnerisch mit je einem Individuum belegt haben. Wahrscheinlich gab es damals keinerlei den Menschen ernsthaft bedrohende Raubtiere mehr, sodass ausschließlich das Nahrungsangebot die Vermehrungsrate und die Wanderungsgeschwindigkeit bestimmte.

Die vorgenannten Zahlen zur Besiedelung Amerikas durch die Clovis-Menschen sind möglicherweise überholt. Fundstellen in Texas und Florida (Halligan 2016) (USA) wurden auf 14 000 v. h., in Chile auf 14 700 v. h. und in der Serra da Capivara (Brasilien) gar auf rund 30 000 v. h. datiert. Frühe Einwanderer hätten durch Küstenschifffahrt entlang der Bering-Landbrücke und des vereisten kanadischen Schildes kommen können. Ein Landweg war zu jener Zeit wegen der Eiszeit nahezu ausgeschlossen.

Wie schon in Kapitel 2 „Die Besiedelung der pazifischen Inseln“ beschrieben, wurden als letzte bewohnbare Landflächen, etwa ab 1500 v. u. Z., die polynesischen Inseln, Neuseeland und Madagaskar kolonisiert (Wilson 2012).

## Die Bildung der Horde

Der heutige Mensch ist ein territoriales Wesen, das in Gruppen lebt und soziale Beziehungen zu seinem Wohlbefinden braucht. Er hat, mit wenigen Ausnahmen, sein Zimmer, seine Wohnung, seine Partei, seinen Verein und seine Nation. Die „Anderen“ haben sich herauszuhalten oder gelten als Gegner im weitesten Sinn. Das war schon immer so.

Wir wissen dies, weil alle Menschenaffen Gruppentiere sind und weil im Gegensatz zu Gorillas und Orang-Utans unsere nächsten Verwandten, die Bonobos und Schimpansen, ein ausgeprägtes Territorialverhalten haben. Letztere mit Homo sapiens geteilte Eigenschaft lässt vermuten, dass sie auf den gemeinsamen Vorfahren zurückgeht, das heißt mindestens 8 Mio. Jahre alt ist.

Bei der Ehe sind wir uns nicht so sicher: Die oben genannten Menschenaffen leben alle polygam, nur die ferner verwandten Kleinen Menschenaffen, die Gibbons, haben eine feste Partnerbindung. Anders als das Territorial- und Gruppenverhalten lässt sich die Tendenz zur Monogamie beim Menschen also nicht aus seiner Evolutionsgeschichte ableiten.

Die Funktionalität der Gruppe dürfte sich, wie bereits geschildert, mit den Meilensteinen „Schlafplatz um Feuerstelle" (Homo erectus) und „gemeinsame Jagd" intensiviert haben. Eine Theorie besagt, dass sich die Paarbildung (soziale Monogamie[87]) im Verlauf des Meilensteins „Kochen" entwickelt haben könnte, analog etwa der Kultur heutiger Ureinwohner, bei denen teilweise die Männer tagsüber jagen und die Frauen Früchte und Knollen sammeln, um am Nachmittag für den heimkehrenden Partner zu kochen. Die feste Paarbildung unterstützte also die Arbeitsteilung und erhöhte die Effizienz der Nahrungsbeschaffung.

Spätestens zeitgleich mit der Erfindung von Ackerbau und Viehzucht ab circa 7000 v. u. Z. bildeten sich aus den Gruppen mit persönlich erworbenen Rangordnungen Stammestümer mit mindestens zwei erblich oder durch Rituale festgelegten Hierarchiebesetzungen (vergleiche die Besiedelung von Hawaii). Staaten entstanden, unabhängig voneinander, zum Beispiel

87 Soziale Monogamie: durch kulturelle Ausprägung, nicht durch genetische Fixierung hervorgebracht.

etwa 3400 v. u. Z. in Ägypten, 2900 v. u. Z. in Indien und 1800 v. u. Z. in China, um nur einige zu nennen.

Die politisch organisierten Machtgebilde wurden immer größer und mächtiger, zum Beispiel die Chinesischen Reiche 1000 v. u. Z.[88] bis ins 19. Jh., das (West-)Römische Reich 1000 v. u. Z. bis 500 u. Z., das Mongolische Reiterhordenreich 1200–1400, das koloniale Spanische Reich 1500–1600, das Britische Empire 1700–1900, die USA und die Sowjetunion im Kalten Krieg im 20. Jh., die Weltmächte USA und China im 21. Jh. Transnationale Interessenverbände kamen hinzu, wie die Vereinten Nationen 1945, Militärpakte, Wirtschafts- und Handelszonen, Finanzlobby, Klima- und Naturschutzlobby.

Der Treiber war stets der Anspruch auf Ressourcen, fast gleichzusetzen mit dem Anspruch auf Macht. Die Entwicklung lief von reinen Territorialreichen zu politischen, wirtschaftlichen und ideologischen Einflusszonen und hat in einigen Fällen eine globale Dimension erreicht. Als erstes plakatives Beispiel hierfür kann die vertragliche Aufteilung der Erde zwischen Spanien und Portugal durch den Vertrag von Saragossa im Jahr 1529 gelten.

Alles, was wir aus der Geschichte kennen, das heißt aus der Zeitphase, in der bereits schriftliche Zeugnisse existieren, ist also nur ein Wimpernschlag im Entwicklungsgang von Homo sapiens. Die Bildung immer größerer Imperien, die einhergeht mit der Zunahme an Fähigkeiten zur Machtausübung, ist nur die Fortsetzung von 100 000 Jahren Gewohnheit mit anderen Mitteln.

Dies alles begann mit einer Horde Frühmenschen auf dem Weg aus Afrika. Wir waren als Hordenwesen erfolgreich gegen Raubtiere, bei der Großwildjagd, gegenüber dem Neandertaler und gegenüber widrigen Umwelteinflüssen. Heute sind wir so „erfolgreich“ im Kampf um Ressourcen, dass wir

88 Folgende Jahreszahlen grob gerundet.

deren Verschlechterung und Zerstörung auslösen – genau wie unsere Vorfahren aller Wahrscheinlichkeit nach auf dem Weg durch die Kontinente die Auslöschung der meisten Großtiere ausgelöst haben.

## Die soziale Intelligenz

Sozial lebende Rudeltiere gibt es viele, aber nur der Mensch hat das British Empire oder den chinesischen Staat geschaffen. Liegt es nur am opponierbaren[89] Daumen, dem Erbe der Kletteraffenzeit, der das Halten von Gegenständen mit den Händen erlaubte? Dieser ist sicher Voraussetzung, aber alle anderen Schwesterspezies hatten ihn auch. Nein, was „uns" auszeichnet, ist eine hohe soziale Intelligenz, die kulturelle Entwicklungen erlaubte.

Eine „Kultur" – im Sinne eines unterschiedlichen Verhaltens voneinander getrennt lebender Gruppen derselben Spezies durch Lernen innerhalb dieser Gruppe – haben zum Beispiel auch Schimpansen: Manche Populationen können Steine werfen, mit Stöcken Termiten aus ihren Bauten „angeln" oder kleine Tiere jagen, andere Populationen tun dies nicht. Dazu werden kognitive Fähigkeiten benötigt, wie Langzeitgedächtnis, Imitationsfähigkeit, Abstraktionsvermögen und zukunftsgerichtete Szenarienbildung („wenn ich den Stock in den Termitenhaufen stecke, werden sich die Termiten daran festbeißen, sodass ich sie herausziehen und essen kann").

Für ein „soziales", gemeint ist hier ein in Gruppen lebendes, Tier liegt es im „persönlichen" Interesse, die Intentionen anderer Gruppenmitglieder zu erkennen und geeignet danach zu handeln, um Vorteile etwa bezüglich Futter, Hierarchie oder Sexualpartner zu erlangen. Demgegenüber steht das Gruppeninteresse,

89 Lateinisch „gegenüberstellbar". Der Daumen und die anderen Finger können sich mit der Innenseite der Fingerspitzen berühren.

zum Beispiel gemeinsam zu jagen oder den Schlafplatz zu verteidigen. Sofern die Evolution die Gruppe als überlebensfähig gezeigt hat (andernfalls wäre das Einzeldasein vorteilhafter), bedeutet dies für das Individuum automatisch und systemimmanent einen dauerhaften Interessenkonflikt zwischen „Egoismus" und gruppenbezogenem „Altruismus".

Um überhaupt die Option auf ein gruppenoptimiertes Verhalten zu haben, muss eine Spezies gewisse ererbte Voraussetzungen mitbringen, etwa bezüglich Größe, Verschaltung und Funktionsweise des Gehirns.

Die „Social Brain Hypothesis" (Hypothese des sozialen Gehirns) vermutet daher, dass die Großhirnentwicklung von Primaten weniger durch die Verarbeitung externer Eindrücke, sondern mehr durch die Optimierung sozialer Verhaltensweisen in Gruppen (zunehmender Größe) evolutionär beeinflusst wurde (Dunbar 1998): soziale Intelligenz als Treiber der Evolution.

So wird insbesondere auch für Homo sapiens eine Mutation oder Mutationsserie vermutet, die nicht nur das Großhirnvolumen, sondern auch dessen Funktionalität veränderte, vereinfacht gesagt in Richtung besserer Verschaltung der Gehirnareale.

Als starker Hinweis hierauf gilt die erfolgreichere Ausbreitung von Homo sapiens auf Kosten seiner Vorläufer (Wilson 2012). Nach dieser Theorie wäre Homo neanderthalensis also aufgrund mangelnder sozialer Intelligenz verdrängt worden. Das heißt konkret, dass er bei der Gruppenjagd schlechter oder beim Hordenkampf unterlegen war.

Die – durch ihre evolutionäre Selektionsrelevanz definierte – soziale Intelligenz kann folgendermaßen formuliert werden:

- Was tut der andere?
  Geteilte Wahrnehmung – das Individuum achtet auf das Verhalten anderer Gruppenmitglieder.
- Was will der andere?
  Erkennen der Intentionen der Gruppenmitglieder.

- Was will ich?
  Szenarienbildung unter Einschluss der eigenen Person, das heißt mentale Abbildungen vergangener und künftiger eigener und fremder Handlungsalternativen und deren Bewertung für den eigenen Erfolg.

Der letzte Punkt kann als Formulierung für den Begriff „Bewusstsein“ verstanden werden. Man sollte damit aber vorsichtig sein, denn die oben definierte soziale Intelligenz haben in unterschiedlichem Grad alle in Gruppen lebenden Tiere, etwa Schwarmfische, Wölfe und die bereits genannten Schimpansen. Ab welcher Intelligenz man einem Tier Bewusstsein zuschreibt, ist wissenschaftlich nicht eindeutig.

Informationstechnologisch formuliert war bei den Hominini, den Frühmenschen, vor 8 Mio. Jahren bereits „Hardware“ (Gehirnstruktur) und „Software“ (Gehirnfunktion) für soziales Verhalten vorhanden. In den folgenden Millionen Jahren entwickelte sich die Hardware in mehreren genetischen Mutationsschüben weiter. Das erlaubte eine Verbesserung der „Programme“, die betrieben werden konnten: unter anderem soziale Intelligenz, die Eigenschaftskombination Egoismus/Gruppenaltruismus, Szenarienbildung oder Bewusstsein. Letzteres, auf das wir so stolz sind, wäre also nur eine indirekte Folge der überlebensrelevanten Weiterentwicklung unserer sozialen Intelligenz.

Um keine Missverständnisse aufkommen zu lassen: Sich das Hordenwesen-„Programm“ als ausschließlich bewusstseinsgesteuert vorzustellen, wäre grob falsch. Damit wird sich ein späteres Kapitel noch beschäftigen (Kapitel 10 „Somatische Marker“).

## Die dunkle Seite

Schon der Mensch der Frühsteinzeit nutzte seine wachsenden geistigen Fähigkeiten nicht nur, um Jagdtechnik und Jagdwaffen zu verbessern, sondern er richtete Letztere auch gegen Artgenossen, natürlich „nur“ zum Schutz seiner eigenen Horde.

Woher wissen wir das? Auch hierbei nutzt man den Vergleich mit unseren nächsten Verwandten. Schimpansen führen territoriale Eroberungskriege, indem männliche Banden sich in fremdes Territorium schleichen, um einzelne gegnerische Individuen zu suchen. Männliche erwachsene Gegner sowie Junge werden üblicherweise getötet, Weibchen in Ruhe gelassen. Zieht die unterlegene Gruppe irgendwann ab, ist deren Territorium gewonnen (Mitani 2010).

Paläontologische Untersuchungen über Knochenschädigungen durch Waffeneinwirkung, aus Fundstellen ab 12 000 v. u. Z. in mehreren Kontinenten, ergeben historische Sterberaten durch Kriegsführung zwischen 0 und 46 %, mit einem Mittelwert um 15 %. Vergleichszahlen bei heutigen Ureinwohnern in Südamerika, Australien und den Philippinen liefern Prozentsätze zwischen 5 und 30 % (Bowles 2009).

Daraus kann abgeleitet werden, dass territoriale Kriegsführung mit Tötung des Gegners von der Entstehung des Homo sapiens an genetisch und sozial angelegt war. Möglicherweise galt dies auch schon für die Hominini, also seit 8 Mio. Jahren.

In der Phase der abstrakten Bewusstwerdung und Sprachbildung mögen sich daraus seit 100 000 Jahren gedankliche Konzepte gebildet haben, die wir heute „Ehre“, „Feigheit“, „Treue“ oder „Verrat“ nennen. Krieg ist eine Ausprägung des Hordeninstinktes von Homo sapiens im Konkurrenzkampf der Horden untereinander.

Bowles (Bowles 2009) geht sogar noch weiter und stellt die Frage, ob die permanente Kriegsführung der Horden während mindestens vieler zehntausend Jahre nicht sogar einen Evolutionsdruck in Richtung Intra-Gruppen-Altruismus ausgeübt haben könnte. Eine Horde von „Altruisten", die sich für den Hordensieg zu opfern bereit sind, würde eine Horde von „Egoisten" bei Waffengleichheit durch bessere Taktik besiegen können, und damit würden sich die „altruistischen Horden" erfolgreicher ausbreiten. Ob die Intra-Gruppen-Altruismusfähigkeit genetisch oder sozial weitergegeben wird, spielt in diesem Zusammenhang keine wesentliche Rolle, Letzteres ist jedoch wahrscheinlicher.

Die „Erfolgsgeschichte" der Besiedelung fast der gesamten Erde durch Homo sapiens in wenigen Jahrzehntausenden war einerseits durch erfolgreiche Abwehr gefährlicher Raubtiere und Anpassung an diverse klimatische Habitate möglich, andererseits durch überaus erfolgreiche Nahrungsbeschaffung im Hordenkollektiv in verteidigten oder neuen Territorien: Unter Bevölkerungsdruck stand eine Horde vor der Wahl, Krieg zu führen oder in die noch unbesetzte Nachbarschaft auszuwandern.

## Die Ambivalenz der Kultur

Wir staunen vor jahrzehntausendealten Zeugnissen der Kunst:

Vor ca. 80000 Jahren entstanden die ersten bei Ausgrabungen gefundenen Schmuckstücke in Form durchbohrter Schneckenschalen sowie eine abstrakte, aus Strichen und Punkten bestehende Zeichnung aus Ocker. Zahlreiche Höhlenmalereien von Homo sapiens ab etwa 40000 Jahren v. h. wurden in Europa, schwerpunktmäßig im Südwesten, gefunden: bei Chauvet (Frankreich) ab 37000 Jahren v. h., bei Altamira (Spanien) ab 22000 Jahren v. h. und bei Lascaux (Frankreich) ab 17000 Jahren v. h. Auch anderswo wurde die Felsmalerei erfunden, zum Beispiel in der Serra da Capivara (Brasilien) ab 10000 Jahren v. h.

Die ältesten bekannten Gräber mit Hinweisen auf Rituale sind etwa 95000 Jahre alt (Israel), wie an Grabbeigaben abgelesen werden kann. Eine tempelartige Gebäudestruktur mit Tier- und Fabelwesenreliefs in der Türkei wurde auf etwa 9000 Jahre

v. u. Z. datiert. Ihr Bau fiel möglicherweise mit den Anfängen des Ackerbaus im Fruchtbaren Halbmond zusammen.

Ab einer gewissen Bewusstseinsstufe – die Datenlage deutet erst auf Homo sapiens – wird sich der Mensch gefragt haben, wo er herkommt, wer er ist und wo er nach dem Tode hingeht. Träume und drogeninduzierte Zustände, wie bei heutigen Ureinwohnern und in der jüngeren Geschichte zahlreich belegt, boten Bilder und subjektive Erfahrungen, die als Visionen einer äußeren Wirklichkeit gedeutet werden konnten.

Evolutionär wird Stammesriten und -dogmen, darunter Schöpfungsmythen, Identifikationsankern (Gottheiten, heilige Stätten), gemeinsamen Tabus und Heilsversprechungen, eine gruppenstärkende und sogar gruppenbildende Funktion zugesprochen. Auch um diese „spirituelle Ressource" fanden Kämpfe zwischen den Gruppen statt. So verdrängten in geschichtlicher Zeit die monotheistischen Religionen häufig konkurrierende Gottheiten, wie das Judentum ab ca. 1000 v. u. Z.[90] und das Christentum im Römischen Reich[91] ab 300. Religionen lösten Kriege aus und waren Anlass zur Erweiterung von politischer und wirtschaftlicher Macht. Beispielhaft genannt seien kriegerische Auseinandersetzungen ausgehend vom Islam ab 600 oder vom Christentum 1000–1300 in Form der Kreuzzüge. Buddhisten in China 600–900 und jesuitische Christen in Japan 1600–1700 versuchten aggressiv ihren Einfluss zu erweitern.

Religion gibt auch Anlass zu extremistischem Handeln, wie der heutige Islamismus zeigt.

Nichtreligiöse Dogmensysteme kamen hinzu, wie die Sklaverei in der westlichen Welt im 16. bis 19. Jh. oder im 20. Jh. der Nationalsozialismus, der stalinistische Kommunismus und der Maoismus.

---

90 Folgende Jahreszahlen grob gerundet

91 Der Glaube an altgriechische, altrömische oder germanische Götter ist heute erloschen.

Religionen oder andere Wertesysteme bieten dem sozialen Instinkt des Hordenmitglieds Geborgenheit, Empathie, Normen und Kontrollmechanismen, fördern den Zusammenhalt der Gruppe und können hohe innere Energien freisetzen. Sie fördern aber auch den Kampf gegen den „Gegner", altsteinzeitlich formuliert gegen die fremde Horde.

Gängige Religionen und Ideologien enthalten tabuartige Grundregeln, die von Mitgliedern nicht hinterfragt werden dürfen, sowie – evolutionskonform – eine Abgrenzung zwischen Gruppenmitgliedern und -nichtmitgliedern. In strikten Fällen ist die Aufnahme eines Fremden als Mitglied nur nach dessen Anerkennung der Glaubensgrundregeln zulässig, erkennbar zum Beispiel an interreligiösen Heiratsverboten. Und das ist kein auf Religionen beschränktes Phänomen: In den USA haben sich die (säkularen!) Parteien der Demokraten und der Republikaner über die vergangenen Jahrzehnte so sehr „verfeindet", dass Eltern für ihre Kinder keine Ehepartner der anderen Partei mehr wünschen. Bei einer entsprechenden Umfrage war dieser Wunsch 1960 nur bei unter 5 % der Eltern vorhanden, 2010 waren es bereits 33/49 % bei Demokraten/Republikanern (Levitsky 2018). Die Presse hat für dieses Verfeindungsphänomen, das unter dem 2017–2021 regierenden Präsidenten Trump nochmals deutlich zunahm, den Begriff des „Tribalismus" verwendet – man könnte es passend zum Kontext dieses Buches auch Hordenverhalten nennen.

Christliche Hexenverbrennungen im Mittelalter und in der frühen Neuzeit, Hassmorde aus religiösen Beweggründen und Morde aus politischen oder rassistischen Motiven zeigen, wie weit Ideologiebindungen Institutionen und Menschen treiben können.

An dieser Stelle ein Zitat eines weiter oben schon genannten Autors (Wilson 2012):

*„Wir sind allein auf diesem Planeten, mit aller Vernunft und allem Verständnis, das wir aufbringen können, und daher alleinverantwortlich für unsere Aktionen als Spezies."*

Um auf die Wanderungsbewegung des Homo sapiens zurückzukommen: Wieso konnte die Verbreitung der Spezies in der kurzen Zeit von einigen 10 000 Jahren über den ganzen Erdball gelingen? Hat ein Hordenführer in Nordostafrika das GPS herausgenommen und gesagt: „Wir wollen nach Australien reisen – diese Richtung Marsch!"? Sicherlich nicht. Die Wanderung war stets eine Auswanderung – weg aus dem übervölkerten „Hier", in dem auch schon die großen Beutetiere knapp wurden, hin zu unbewohnten intakten Jagdgebieten. Über 5000 Generationen lang prosperierte die Horde, die die Kombination „Krieg oder Auswandern" besser beherrschte.

In der US-amerikanischen Geschichte der Landnahme des Halbkontinentes hieß es „Go west": In rund vier Generationen der geschichtlichen Neuzeit, vom Ende des US-amerikanischen Unabhängigkeitskrieges 1783 bis etwa 1890, schossen sich europäische Einwanderer durch Bisonherden und Indianervölker[92] quer durch Nordamerika bis an den Pazifik. In 5000 Generationen der Altsteinzeit hatten sich prähistorische afrikanische Einwanderer über alle Kontinente hinweg durch über 100 Arten von Großtieren und möglicherweise durch die Neandertaler-Horden geschossen und stehen unter starkem Verdacht, beide ausgerottet zu haben. Heute fallen wir nahrungs- und gewinnsuchend oder als Massentouristen über die letzten naturbelassenen Flecken dieser Erde her.

---

92 Die Indianerzahl sank seit Kolumbus von 5–10 Mio. auf rund 240 000, durch importierte Krankheiten, Gewalt auf privater und staatlicher Ebene und Entzug der Lebensgrundlagen (Vertreibung) (Mattioli 2017). Die Bisonpopulation von über 60 Mio. Tieren wurde auf rund 500 Tiere reduziert und entging damit nur knapp der Ausrottung.

Ein Verhalten, das sich über 100 000 Jahre lang als überlebensrelevant und für die eigene Horde vorteilhaft gezeigt hat, können wir offenbar nicht so einfach von heute auf morgen ablegen. Dazu wieder Wilson (Wilson 2012):

> *„Wir sind eine evolutionäre Chimäre, intelligente Wesen, deren Intelligenz von tierischem Instinkt gesteuert wird. Dies ist die Ursache, warum wir gedankenlos die Biosphäre zerstören, und mit ihr die Perspektiven unserer eigenen Existenz."*

Dieses Kapitel machte deutlich, wie die Vorgeschichte die Verhaltensweisen von uns heutigen Menschen geformt hat. Wie aber hängen diese Informationen mit dem Allmendethema zusammen?

Der Mensch ist evolutionsbiologisch geprägt, zwischen „Mein" und „Unser" zu unterscheiden – ein Selektionsfaktor während seiner globalen Wanderungsgeschichte. Die Gruppenorganisation einer kollektiv wahrgenommenen Umgebung, wie Feuerstelle, Schlafplatz, Revier und Jagdgebiete, ist für ihn also eigentlich eine altbekannte Übung und damit auch die Aufgabe, mit dem „Gefangenendilemma" umzugehen: besser kooperieren oder besser verweigern? Altruistisch der Horde bei der Jagd helfen oder lieber egoistisch noch ein Nickerchen machen?

Die sozialen Strukturen, die sich von der Familie über die altsteinzeitliche Horde bis zu heutigen Staaten zur Lösung des Sozialen-Dilemma-Problems gebildet haben, nennt Ostrom „Institutionen", die sie wissenschaftlich definiert. Damit wird sich das nächste Kapitel beschäftigen.

# 8 Institutionen und Werte (Ostrom 2005)

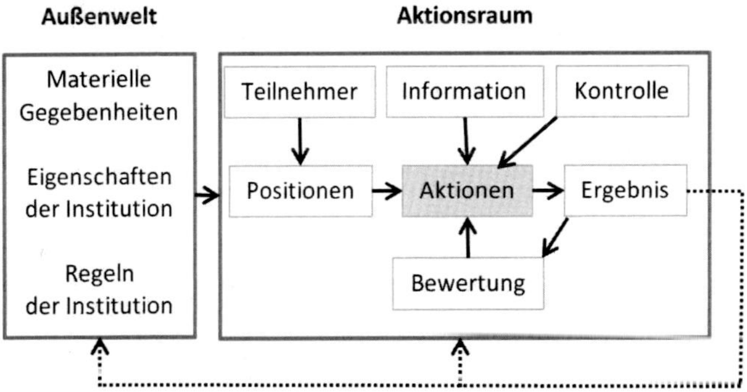


Abb. 24: Aktionsraum der Institution (nach Ostrom 2005)

Stellen wir uns als Beispiel für eine Institution einen Breitensport-Fußballverein vor. Das Diagramm (Abb. 24) zeigt ihre abstrakte verallgemeinerte Struktur. Im Rahmen der Außenwelt, dargestellt auf der linken Seite des Diagramms, benötigt der Verein materielle Gegebenheiten wie ein Spielfeld und Trainingsräume, weist spezifische Eigenschaften auf (man spielt Fußball und nicht Schach) und hat Regeln wie die Vereinsregeln und die Spielregeln (mehr zur Definition von Regeln weiter unten).

Dazu kommen sogenannte Aktionsräume, dargestellt auf der rechten Seite des Diagramms. Nur die Mitglieder des Vereins sind Teilnehmer dieser Institution, dürfen trainieren und spielen. Sie haben verschiedene Positionen – im Verein etwa Vorstand oder Mitglied, auf dem Spielfeld zum Beispiel Stürmer oder Verteidiger. Im Aktionsraum „Spiel" entscheidet der Spieler auf dem Feld über Aktionen und führt sie durch (zum Beispiel Ballpassagen). Er nutzt hierfür die Information über die Stellung der gegnerischen und eigenen Spieler. Er hat eine teilweise Kontrolle über seine Aktionen, so ist etwa die Genauigkeit seines Zuspiels entsprechend seinem Spielkönnen begrenzt.

Das Ergebnis ist der Ausgang jedes Spiels, der als Bewertung in eine Ligatabelle eingeht.

Die gestrichelten Pfeile deuten die mögliche Aufarbeitung eines Spielablaufes an; Taktik, Training oder Besetzung der Positionen auf dem Feld werden optimiert (Aktionsraum), oder es werden zusätzliche Trainingsgeräte gekauft (Außenwelt).

Welches sind die mentalen Bausteine, die zu Aktionsentscheidungen führen?

Elinor Ostrom unterscheidet zwischen Strategien, Normen und Regeln. Sie weist darauf hin, dass alle drei auf Sprache beruhen und den damit einhergehenden Kommunikationsproblemen unterliegen: Fehler bei der Übertragung zwischen Sender und Empfänger, inhaltliches Missverständnis und Bedeutungsveränderungen im Lauf der Zeit. Sie sind wie alle Sprachinhalte Träger der kulturellen Evolution. Als sprachliche Objekte lassen sie sich grammatikalisch definieren:

<u>Strategie</u>

Die Strategie besteht aus den logischen Elementen:
[Wer] [tut etwas] [wenn].

Beispiele: [Der Schachspieler mit den weißen Figuren] [zieht den weißen Bauern auf F5] [wenn er am Zug ist und damit den schwarzen König mattsetzt] oder [Der sicherste Elfmeterschütze Meier] [wird für den Elfmeter eingesetzt] [wenn ein solcher gepfiffen wird].

Eine Strategie ist ein kompletter Satz von Handlungsanweisungen für alle situationsmöglichen Fälle. Die Verfolgung oder Nichtverfolgung einer Strategie ist von der strengen Logik her wertfrei – wobei im praktischen Leben das Strategieziel üblicherweise einen Wert beinhaltet, nämlich das Schach oder Fußballspiel gewinnen zu wollen.

Norm

Die Norm hat zusätzlich einen Anweisungsbestandteil:
[Wer] [muss/soll/darf/darf nicht] [etwas tun] [wenn].

Beispiel: [Du] [sollst nicht] [lügen] [wenn du anderen etwas mitteilst].

Das Befolgen oder Brechen von Normen ist mit Wertungen versehen – das unterscheidet sie von der Strategie.

Regel

Die Regel beinhaltet weiterhin eine Sanktion:
[Wer] [muss/soll/darf/darf nicht] [etwas tun] [wenn] [sonst passiert].

Beispiel: [Jeder Autofahrer] [darf nicht] [schneller als 50 km/h fahren] [wenn er innerorts fährt] [sonst riskiert er einen Strafzettel].

Teil der Regel ist eine festgelegte Konsequenz, also eine Strafe oder Belohnung. Ob und wie häufig diese Konsequenz tatsächlich erfolgt, ist Bestandteil der detaillierten Analyse einer Institution.

Elinor Ostrom untersuchte im Lauf ihres wissenschaftlichen Lebens in Detail- und Metaanalysen Hunderte von Fallbeispielen funktionierender und gescheiterter Institutionen, mit einem deutlichen Schwerpunkt auf dem Allmendebereich. Sie katalogisierte und systematisierte die zahlreichen Fälle anhand der jeweils vorhandenen Regeln, die sie nach übergeordneten Kriterien identifizierte und bewertete. Diese Kriterien entsprechen den Elementen des Aktionsraumes, wie in Abb. 25 dargestellt.

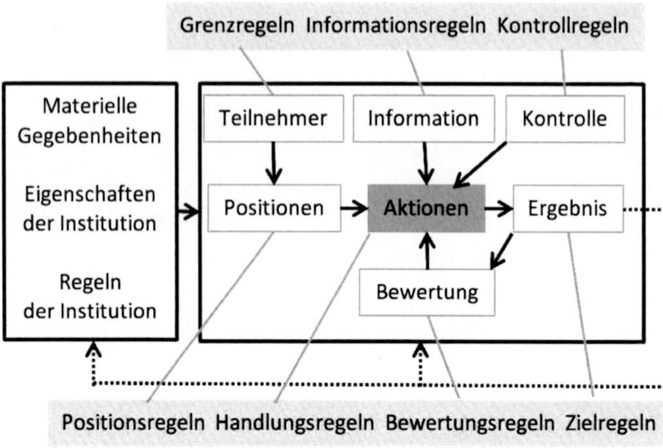


Abb. 25: Regeln in der Institution (nach Ostrom 2005)

Betrachten wir wieder den Fußballverein als Beispiel:

Grenzregeln legen die Mitglieder fest: Wer darf in den Fußballclub aufgenommen werden (Altersgrenze, Mitgliedsbeitrag; gegebenenfalls ist die Zustimmung des Vorstandes erforderlich).

Positionsregeln legen fest, wie viele Vorstände, Trainer, Spieler usw. es gibt und wie diese ausgewählt werden.

Informationsregeln legen etwa fest, dass jedes Mitglied eine Satzung erhält und Trainingszeiten am Schwarzen Brett hängen.

Kontrollregeln können sich auf die Einzelperson, aber auch auf eine Aggregation von Personen beziehen. So mag beispielsweise festgelegt sein, dass alle Trainer im Team gemeinsam die Trainingszeiten bestimmen. Im Spiel wird die Kontrolle durch den Schiedsrichter ausgeübt.

Eine Handlungsregel ist beispielsweise, dass ein Teilnehmer in der Position des Spielers nur die Füße oder den Kopf, nicht aber die Hände nutzen darf.

Eine Zielregel wäre die Festlegung, dass Spieler entsprechend ihrer Trainingsleistung eingesetzt werden (interne Zielregel, um möglichst erfolgreich zu sein), eine andere, dass als Spielergebnis die Tore zählen, nicht aber die längere Zeit des Ballbesitzes (Zielregel des Fußballverbandes).

Die Extremsituation einer Institution ist der Nullzustand – keine Regel existiert.

Dann kann jeder (Grenzregel) alles (Positionsregel) tun (Handlungsregel), ohne äußere Kontrolle (Kontrollregel), kann Information beliebig suchen und kommunizieren (Informationsregel), wobei er jedes materiell mögliche Ergebnis (Zielregel) beliebig bewerten kann (Bewertungsregel).

Dies ist eine Art Naturzustand für Lebewesen ohne jede soziale Komponente – genaugenommen kann das nur für eingeschlechtliche Lebewesen gelten, da es sonst mehr als eine Position gibt, nämlich weiblich und männlich.

Am Beispiel des Fußballvereins fiel bereits auf, dass mehr als eine Ebene existiert: die des Fußballspiels selbst mit seinen Regeln, die des Vereins mit den Vereinsregeln und darüber hinaus die der nationalen Verbände und des internationalen Verbandes FIFA, der die Spielregeln definiert. Ostrom unterscheidet drei wesentliche Ebenen:

- Die Einzelebene, die den Aktionsraum des Individuums festlegt. Im Beispiel ist dies das Spielfeld oder der Vereinsalltag, auf bzw. in dem jeder seine persönlichen Entscheidungen fällt und agiert.
- Die Gemeinschaftsebene, auf der die Einzelregeln festgelegt werden. Im Fall des Vereins wären dies Mitgliederversammlungen oder Vorstandstreffen.
- Die Verfassungsebene, auf der die Gemeinschaftsregeln festgelegt werden. Für den Verein wäre dies die Gründungssitzung oder eine Änderung der Vereinssatzung (Ostrom 2005).

Wie konnte sich die FIFA oder der Fußballverein überhaupt gründen? Allgemeiner formuliert, wie kann eine funktionierende Selbstorganisation und Selbstverwaltung überhaupt zustande kommen, wenn im regellosen Naturzustand Einzelinteressen vorhanden sind, aber noch kein Konzept für eine möglicherweise wünschenswerte oder bessere Lösung zum Zusammenführen dieser Interessen existiert?

Das Problem ist besonders groß, wenn eine Soziale-Dilemma-Situation vorliegt, das heißt sich die kurzfristigen Einzelinteressen und das Gesamtinteresse unterscheiden.

Ostrom sieht drei Hürden, die überwunden werden müssen (Ostrom 1990):

- Das Dilemma der Institution
  Wie schaffen es die Akteure, eine Institution ins Leben zu rufen und den äußeren Einflüssen anzupassen, das heißt ständig zu optimieren, wenn sie doch widerstreitende Interessen haben?
- Das Dilemma des Engagements
  Was veranlasst die Akteure, die selbstverfassten Regeln dauerhaft einzuhalten, auch wenn diese ihren persönlichen kurzfristigen Interessen widersprechen?
- Das Dilemma der Kontrolle
  Wie schaffen es die Akteure, sich gegenseitig zu kontrollieren, wenn doch der Akt der Kontrolle häufig negativ auf den Kontrolleur zurückfällt, der Nutzen der Kontrolle aber allen zugutekommt?

Um diese Dilemmata gar nicht erst auftreten zu lassen, gibt es – bei öffentlichen Ressourcen – prinzipiell zwei Alternativen zur Selbstverwaltung: die der Privatisierung und die der übergeordneten Kontrolle. Beides kommt in der Realität vor und wird auch von der Wissenschaft auf seine Vor- und Nachteile hin untersucht. Auch Ostrom hat sich mit diesen Alternativen und ihren Mischformen beschäftigt.

So gehört beispielsweise zur Einrichtung eines Naturparks die staatliche Kontrolle über das darin erlaubte Verhalten. Das funktioniert aber manchmal schlechter als die Selbstverwaltung, wie wir am Beispiel der madagassischen Wanderfeldbau-Gemeinden gesehen haben.

Flächen wie etwa Wald können auch privatisiert sein, mit damit verbundenen Auflagen, wie er gepflegt werden soll. In Deutschland ist dies für nahezu die Hälfte der Waldfläche der Fall (BMEL 2012). Privatisierung kann jedoch Nachteile haben, zum Beispiel die Vernachlässigung der Ressource oder die mögliche Bereicherung des Eigentümers auf deren Kosten. Manchmal ist sie mangels eindeutigen Eigentümers auch gar nicht möglich, wie etwa bei der Verwaltung der offenen See (Fischerei, Rohstoffgewinnung)[93] oder der Atmosphäre.

Die Überwindung der oben genannten Hürden und später das Verhalten in einem Aktionsraum setzen Entscheidungen des Individuums voraus. Wie kommen diese zustande?

Gemäß der neoklassischen Markttheorie haben Teilnehmer komplette Information, werten diese rational und vollständig aus und entscheiden sich für die Aktion mit dem höchsten monetären persönlichen Nutzen („rationaler Egoist").

Die Realität ist komplizierter. Weder Märkte noch gesellschaftliche Situationen bieten vollständige und allen zugängliche Informationen; weder bewerten Menschen ausschließlich rational im oben genannten Sinn, noch sind alle individuellen Aktionen durch Maximierung des monetären Profits getrieben.

Um das Handeln des Teilnehmers eines Aktionsraums in einer Sozialen-Dilemma-Institution (nach Ostrom) zu verstehen, kann man also fragen:

- Wie sucht der Akteur **Information** und wie verarbeitet er sie?
- Wie werden Aktionen und Ergebnisse **bewertet**?
- Nach welchen Kriterien **entscheidet** der Akteur?

Für die psychologische Betrachtung gibt die Evolution Hinweise. Die Prägung als Hordenwesen haben wir bereits kennengelernt. Die altsteinzeitlichen Gruppenmitglieder waren für

93 Kurz vor Drucklegung, im März 2023, haben die Vereinten Nationen ein Abkommen zum Schutz der Hohen See beschlossen, das allerdings noch ratifiziert werden muss (SMC 2023).

Nahrungserbeutung und gegenseitigen Schutz voneinander abhängig. Gesichtserkennung, die Fähigkeit, Betrug zu erkennen, das Sich-Merken verlässlicher und unzuverlässiger Gruppenmitglieder, die Ausprägung reziproken[94] Verhaltens und das Lernen aus sozialen Interaktionen waren vorteilhaft für das Überleben und bildeten sich daher heraus.

Die Sammlung und Bewertung von Informationen sowie die Wahrnehmung von Aktionsräumen erfolgen also häufig in einem sozialen Kontext.

Information:

Das Sammeln von Information geschieht durch Zuwenden von Aufmerksamkeit. Die mentale Kapazität hierfür ist begrenzt. Die Priorisierung der Zuwendung erfolgt einerseits nach „Wichtigkeit" (Welche Inhalte erachtet das Individuum für überlebens- oder anderweitig erfolgswichtig?) und andererseits nach der „Einprägsamkeit" der Information. Letzteres erklärt das Vorhandensein und die Wirkung von Werbung, die unwichtige Objekte durch hohe Einprägsamkeit in den Vordergrund der Aufmerksamkeit schieben will (mehr dazu im Kapitel 11 „Meme").

Im Kapitel 6 „Gefangenendilemma" wurde geschildert, dass bei Mehrrunden-Spielen Kommunikation prinzipiell die Ergebnisse verbesserte, wobei persönlicher Kontakt weitere Vorteile zeigte. Letzteres spricht für eine höhere Einprägsamkeit der direkten Begegnung.

Wiederholte Erfahrungen ähnlicher Art erhöhen die Einprägsamkeit und unterstützen damit die Informationssammlung (Lernprozess).

---

94 Reziprokes Handeln: Die Akteure halten sich gegenseitig für gleichwertig. Das Prinzip gleicher Rechte und Pflichten für alle wird anerkannt.

In Institutionen wird die Information durch Kommunikation erreicht, um gemeinsame mentale Modelle, das heißt gemeinsame Strategien, Normen und Regeln, zu entwickeln.

Bewertung:

Im sozialen Aktionsraum folgt die Bewertung sozialen Normen, die aus Gefühlen wie Freude, Scham, Bedauern, Schuld, Neid, Wut oder Rache abgeleitete Eigenschaften wie Herrschsucht, Gier, Egoismus, Altruismus und wechselseitige Fairness beinhalten können. Der schon bekannte „rationale Egoist" ist damit nur ein Sonderfall aus dem vorhandenen Spektrum.

Normen und Werte sind in Gesellschaften räumlich und zeitlich nicht konstant: Sie unterliegen einem evolutionären Prozess, der sozialen Evolution.

Bei einer Sozialen-Dilemma-Situation kann eine innere Motivation durch externe Intervention gebremst werden, wenn diese Intervention als „fremde" Kontrolle empfunden wird. Dies war bereits bei den geschilderten Spielsituationen und auch beim Madagaskar-Beispiel sichtbar. Dort wurde in Feldstudien mehrfach und regelmäßig gefunden, dass in ehemals lokal verwalteten Urwaldgebieten die Abholzrate stieg und nicht fiel, nachdem die Verwaltung unter staatliche Aufsicht gestellt worden war. Die Motivation, den „eigenen" Urwald zu schützen, war weggefallen. Die staatliche Kontrolle war in diesen Fällen offenbar ineffektiv, und damit überwogen die negativen Effekte.

Eine externe Intervention kann jedoch auch verstarkend wirken, wenn sie die Intentionen der lokalen Allmende-Selbstverwaltung fördert und deshalb als Unterstützung der Selbstbestimmung verstanden wird. So werden etwa regional oder national festgelegte Fischfangquoten häufig zusätzlich durch internationale Agenten kontrolliert, um illegales Fischen in Fremdgewässern oder Überfischung wirksam zu reduzieren.

Entscheidung:

Die Auswahl zwischen mehreren Alternativen erfolgt selten rein wissenschaftlich oder mathematisch, sondern, häufig vor dem Hintergrund unvollständiger Information und begrenzter Entscheidungszeit, „nach Erfahrung“ oder „nach Gefühl“ auf der Grundlage mehr oder weniger einfacher Modelle. So wird beispielsweise eine Aktion wiederholt oder verstärkt, wenn sie das letzte Mal Erfolg brachte.

Im Kontext der Sozialen-Dilemma-Situation kann der Mensch beschrieben werden als teilrationales, irrtumbehaftetes Wesen, das vielfältige Ziele für sich und andere verfolgt und durch Lernen und Erfahrung situationsbezogene Normen entwickelt.

Als Teil des kulturellen Hintergrundes bilden die Institutionen und ihre Teilnehmer einen Regelkreis, in dem auf Bewertungsmaßstäben beruhende Normen gebildet und laufend verändert werden.

Ostrom formuliert es so:

> *„Institutionen sind das Mittel, das Menschen zur Überwindung des sozialen Dilemmas evolutionär entwickelt haben und benutzen.“*

Die individuelle Bewertung von Entscheidungsprozessen (wir nennen diese Bewertung „E“), von eigenen Aktionen und den Aktionen Dritter kann durch Zerlegung in drei Summanden weiter analysiert werden:

- das physische oder **monetäre** Ergebnis $E_m$: Geld- oder Sachvorteil oder -nachteil,
- die **innere** Bewertung $E_i$: nach Gefühlen wie Freude, Stolz oder Scham. Dies sind persönliche Normen. Traditionell wird die innere Bewertung ethischer Fragestellungen auch Gewissen genannt.
- die **äußere** Bewertung $E_a$: durch kommunikative Rückkopplung anderer Institutionsteilnehmer wie Lob oder Tadel, sowohl privat als auch öffentlich.

Gesamtergebnis $E = E_m + E_i + E_a$

Diese etwas trockene Formel soll mit einem einfachen Beispiel veranschaulicht werden. Ein Autofahrer, der wissentlich mit deutlich überhöhter Geschwindigkeit fährt, stellt (sofern er nicht betrunken ist) meist unbewusst folgende Überlegungen an: Wie hoch ist die Wahrscheinlichkeit, in einer Radarfalle erwischt zu werden, was wird das kosten und stören mich die Kosten und ein etwaiger Führerscheinentzug ($E_m$)? Wie hoch ist das Zusatzrisiko eines Unfalls (ebenfalls $E_m$)? Fühle ich mich stark, mächtig und überlegen, wenn ich andere unerlaubt überhole ($E_i$)? Habe ich es „eilig", das heißt, gibt es andere Bewertungen, die mein $E_i$ beeinflussen? Aufgrund meiner sozialen Intelligenz weiß ich, dass die meisten anderen Verkehrsteilnehmer mein Rasen nicht billigen (vielleicht wird mir das auch per Lichthupe signalisiert). Stört mich das oder macht es mich im Gegenteil stolz, mich nicht an die Regeln zu halten ($E_a$)? Bei einem illegalen Wettrennen oder auch nur bei einem „sportlich-kompetitiven" Ampelstart ernte ich vielleicht die Anerkennung meines Kontrahenten (ebenfalls $E_a$).

All diese Komponenten addiert das persönliche Entscheidungszentrum, wie gesagt meist unbewusst, und verhält sich entsprechend.

Folgende Aspekte spielen typischerweise in Sozialen-Dilemma-Situationen für die innere und äußere Bewertung gleichermaßen eine Rolle:

- Gerechtigkeit: Sind Aufwand und Nutzen für den Einzelnen fair zugeordnet?
- Stabilität: Wird die Institution als widerstandsfähig und dauerhaft stabil angesehen? Lohnt es sich überhaupt, sich daran zu beteiligen?
- Verantwortung: Hat der Einzelne das Gefühl, beteiligt zu sein und mitentscheiden zu können? Müssen sich andere Teilnehmer für ihre Aktionen verantworten, wenn sie die Regeln nicht einhalten?

- Sanktionen: Werden Regelbrecher („Schwarzfahrer") bestraft und Systemförderer belohnt?

Die obige Addition von Geldwerten und Nicht-Geldwerten ist eine Methode, die durchaus kontrovers diskutiert wird. Sie wird in der wissenschaftlichen Diskussion jedoch in anderen Zusammenhängen, zum Beispiel bei der Bewertung von Ökosystemdienstleistungen (siehe Kapitel 3 „Ökologischer Fußabdruck und Artensterben"), schon seit langem genutzt. Wesentlich ist nicht, ob diese Addition mathematisch „korrekt" ist, sondern dass der Mensch tatsächlich so entscheidet.

Dazu wieder ein alltägliches Beispiel: Die Entscheidung für den Kauf eines energetisch sparsamen oder verschwenderischen Autos, mit Verbrennungs- oder Elektromotor, hängt nur teilweise vom monetären Ergebnis $E_m$, also vom Kaufpreis, ab. Ist mir der Treibstoffverbrauch, die Bequemlichkeit der Sitze, das Schiebedach, das Gepäckvolumen, die Beschleunigung, das „Infotainment" oder das Image des Autos wichtig? Welchen Anteil daran hat, ob ich stolz bin, etwas für den Klimaschutz zu tun oder zu zeigen, dass ich, da reich und mächtig, mir mehr leisten kann als meine Nachbarn? Das ist die innere Bewertung $E_i$. Finden meine Nachbarn und Arbeitskollegen das gut oder schlecht? Wie ist die Bewertung der alternativen Automodelle in der Presse oder generell in der Öffentlichkeit? Das ist die äußere Bewertung $E_a$.

Die Funktionsweise von Bewertungen kann auch in Spielsituationen dargestellt werden.

In Abb. 26 ist das sogenannte Wegnehm-Spiel (englisch „Snatch Game") dargestellt, ein asymmetrisches Soziales-Dilemma-Spiel.

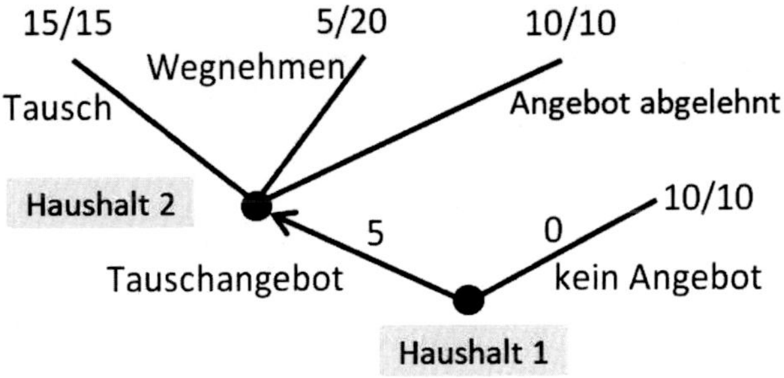


Abb. 26: „Wegnehm-Spiel"
Ergebnisse für Haushalt 1 vor, für Haushalt 2 hinter dem Schrägstrich
Erläuterungen im Text (nach Ostrom 2005)

In der Basisversion gibt es zwei Teilnehmer und zwei Positionen. Haushalt 1 züchtet Geflügel, Haushalt 2 baut Kartoffeln an. Die jährliche Ernte beträgt 10 Punkte. Ein Tausch von Gütern führt beim Empfänger zu einer Verdoppelung des Wertes (das Huhn ist als Ergänzung zur Kartoffeldiät hochwillkommen und umgekehrt). Haushalt 1 kann einen beliebigen Wert (in der Abbildung 5 Einheiten) zum Tausch anbieten. Haushalt 2 kann den Tausch ablehnen bzw. durchführen oder die Ware ohne Tausch wegnehmen.

Der Tausch laut Abbildung führt zum Ergebnis 15/15 für die beiden Haushalte; das ist die maximale, durch Kooperation erreichbare Summe; das Wegnehmen führt zu 5/20 (Haushalt 1 verliert seine Ware, Haushalt 2 gewinnt den verdoppelten Warenwert, also 10 Punkte, ohne Gegenleistung dazu), keine Transaktion bedeutet 10/10 (unveränderte Lage). Der „rationale Egoist" würde als Haushalt 1 keinen Tausch anbieten bzw. als Haushalt 2 immer wegnehmen.

Unter Berücksichtigung von Normen wäre das Ergebnis für den Fall „Angebot mit Wegnehmen":

für Haushalt 1: $E = 5 + E_{i1} + E_{a1}$
und für Haushalt 2: $E = 20 + E_{i2} + E_{a2}$.

Die Zahl ist das jeweilige monetäre Ergebnis $E_m$.

Die inneren und äußeren Werte kann man wie folgt in Worte fassen:

$E_{i1}$: Ärgert sich Spieler 1 zusätzlich zum Wertverlust?
$E_{a1}$: Wird Spieler 1 von Spieler 2 zusätzlich verhöhnt oder entschuldigt sich dieser?
$E_{i2}$: Ist Spieler 2 stolz auf seine erfolgreiche Wegnehmaktion oder hat er ein schlechtes Gewissen?
$E_{a2}$: Fühlt sich Spieler 2 durch eine von Spieler 1 geäußerte moralische Kritik getroffen?

Wenn mehrere Runden gespielt werden, kann – aber muss nicht – eine gemeinsame Strategie entwickelt werden (für den regelmäßigen Tausch). Dabei taucht die Frage auf, ob die Strategie im Verlauf des Spiels durch interne und externe Normen genügend gedeckt ist. Dies entscheidet zum Beispiel, ob Spieler 2 in der letzten Runde doch betrügt, da er ja keine Reaktion mehr zu befürchten hat, und ob Spieler 1 in der letzten Runde sicherheitshalber kein Angebot mehr macht, weil er das unkooperative Verhalten von Spieler 2 vorhersieht.

Ein Beispiel aus der Praxis für das Wegnehmspiel, mit der zusätzlichen Eigenschaft der externen Kontrolle und Sanktionierung, ist die Nutzung öffentlicher Verkehrsmittel. Akteur 1, etwa der Bahnbetreiber, bietet den Handel an: „Zahle den Fahrpreis und du darfst mitfahren." Akteur 2 kann „wegnehmen", indem er die Ware, das heißt die Bahnfahrt, annimmt, aber nicht bezahlt.

In den meisten Gesellschaften bedarf es einer Kontrolle (die den Schwarzfahrer mit einer Geldbuße belegt), um zu verhindern, dass überhaupt niemand bezahlt.

Der Passagier kann nun entscheiden, ob er schwarzfährt, mit $E = E_m + E_i + E_a$.

Wie hoch ist das Kostenrisiko (Wahrscheinlichkeit des Erwischtwerdens mal Strafhöhe) ($E_m$)? Was sagt mein Gewissen dazu ($E_i$)? Wie peinlich wäre es mir im Fall der Kontrolle, wenn alle anderen Passagiere, von denen einige mich vielleicht sogar kennen, mich abschätzig betrachten ($E_a$)?

An diesem Praxisbeispiel kann man einfach erkennen, dass umso mehr Kontrollen erforderlich sind, je schwächer die inneren und äußeren Werte der teilnehmenden Individuen für eine Kooperation ausgeprägt sind. Zusätzlich zur Kontrolle an sich ist die Höhe der Sanktionierung wesentlich, da sie den Summanden $E_m$ bestimmt.

Auch dazu wieder ein Beispiel aus dem alltäglichen Leben: Geschwindigkeitsüberschreitung gilt für viele als Kavaliersdelikt ($E_i$ und $E_a$ gering ausgeprägt). Wenn der Staat wirksam eingreifen will, muss er die Strafe genügend hoch ansetzen. Beispielsweise hat die Schweiz engere Geschwindigkeitsgrenzen und höhere Strafen als Deutschland, was typischerweise dazu führt, dass Fahrer bei Überschreiten der Grenze ihren Fahrstil entsprechend ändern.

Menschen verhalten sich in gegebenen Situationen unterschiedlich. Zwischen gesetzestreu, Kavaliersdelikt und Verbrechen, zwischen verantwortungsvoll und verantwortungslos, zwischen Passivität und Engagement liegt eine weite Spanne, die man stets um sich herum beobachten kann. Organisierte Allmendesituationen – also Soziale-Dilemma-Institutionen im oben definierten Sinn – können dann stabil sein, wenn der Prozentsatz der „Schwarzfahrer" (Verweigerer der Zusammenarbeit) unter einem kritischen Level gehalten wird.

Nach diesem etwas theorielastigen Kapitel sei nun gefragt, ob diese gedanklichen Strukturen auf die Realität übertragbar sind, möglichst auch für kompliziertere Situationen als die des Schwarzfahrers in der Bahn. Dafür soll eine historische Soziale-Dilemma-Situation globalen Ausmaßes betrachtet werden, die bereits gelöst wurde. Die gibt es tatsächlich schon – hätten Sie's gewusst?

# 9 Das Ozonloch[95]

In den achtziger Jahren des letzten Jahrhunderts stellten Wissenschaftler eine Verdünnung der stratosphärischen Ozonschicht fest, besonders ausgeprägt um den Südpol. Da Ozon durch seine Absorptionseigenschaften mit Abstand der wichtigste Schutz vor hautkrebserzeugender Ultraviolettstrahlung ist, war die Weltöffentlichkeit rasch alarmiert. Das „Ozonloch" um den Südpol wurde zum Begriff einer globalen Gesundheitsbedrohung. Rasch war zweifelsfrei klar, dass der Mensch durch Emittieren bestimmter gasförmiger Chemikalien der Verursacher war. Damit war eine typische Soziale-Dilemma-Situation entstanden: Kurzfristiger Profit zu Lasten der öffentlichen Ressource „stratosphärische Ozonschicht" würde zu einem langfristigen und höheren Schaden für alle führen.

Im Rahmen der Fragestellung, wie die damaligen globalen Akteure mit dieser Sozialen-Dilemma-Situation umgegangen sind, möchte ich nach einer kurzen chemischen Einführung die Geschichte der Entdeckung des Ozonlochs, vor allem aber der politischen Aktionen, die zu seiner Eindämmung führten, nachzeichnen.

Rund 90 % des atmosphärischen Ozons befindet sich in der Stratosphäre in etwa 15–25 km Höhe. Die intakte Ozonschicht absorbiert circa 97–99 % des mittleren Frequenzbereiches der ultravioletten Strahlung, der sogenannten UV-B-Strahlung (280–315 nm Wellenlänge).

Diese Strahlung schädigt Zellen, hat jedoch in biologischem Gewebe nur eine geringe Eindringtiefe. Betroffen sind daher Einzeller, aquatische Systeme, landgebundene Pflanzen mit ihrer großen Blattoberfläche sowie Spezies mit ungeschützter

95 Zum gesamten Kapitel finden sich Quellenangaben bei (Mair 2010).

Haut, darunter der Mensch. Bei zu starkem Einwirken können Sonnenbrand und Hautkrebs die Folgen sein.

Der atmosphärische Ozongehalt nahm von 1970 bis etwa 1995 um 5 % ab, wobei die Abnahme stark breitengrad- und jahreszeitenabhängig war. Um die Pole herum, insbesondere um den Südpol, hatte sich in dieser Zeit das sogenannte Ozonloch gebildet. Dies führte zu einer Erhöhung der UV-B-Strahlung in Regionen auf 60 Grad nördlicher Breite um rund 8 % und auf 60 Grad südlicher Breite um rund 10 %.

Nach einer Prognose von 2006 sollte bei unveränderten Randbedingungen 2040 jeder zweitausendste Mensch zusätzlich an Hautkrebs erkranken (WMO 2006). Diese Vorhersage beinhaltete die zum damaligen Zeitpunkt bereits getroffenen Gegenmaßnahmen allerdings nicht.

Welche Gegenmaßnahmen waren das? Für ein tieferes Verständnis ist ein kleiner Ausflug in die Chemie notwendig.

Ozon ist das relativ instabile Sauerstoffmolekül $O_3$. Es bildet sich bei der Spaltung des „normalen" Sauerstoffmoleküls $O_2$ durch kurzwelliges UV-Licht (UV-C unter 242 nm Wellenlänge)[96] in zwei O-Atome. Diese sind als sogenannte Radikale sehr reaktionsfreudig und verbinden sich mit weiterem $O_2$ zu $O_3$.

Das gebildete Ozon wird durch andere Radikale auch wieder zerstört, beispielsweise durch das Chloratom Cl:

| | | | |
|---|---|---|---|
| | $Cl + O_3$ | → | $ClO + O_2$ |
| | $ClO + O$ | → | $Cl + O_2$ |
| Netto: | $O_3 + O$ | → | $2\,O_2$ |

96 UV-C (100–280 nm Wellenlänge) wird vollständig durch den atmosphärischen Sauerstoff absorbiert und erreicht deshalb nicht die Erdoberfläche. Gegen UV-C ist der Ozonschutzschild also nicht erforderlich.

Die Bildung von Ozon (durch UV-C-Licht) und der Abbau von Ozon (durch Radikale) stehen in einem Gleichgewicht, das in Richtung Abbau verschoben wird, wenn der Anteil an Radikalen in der Stratosphäre zunimmt, wodurch der Ozongehalt sinkt. Eine solche Zunahme der Radikalkonzentration hat der Mensch mittels chlorierter Kohlenwasserstoffe verursacht. Einige davon sind flüchtig, das heißt unter Umgebungsbedingungen gasförmig, und zugleich sehr stabil. So können sie bis in die Stratosphäre gelangen und werden erst dort durch UV-Strahlung unter Bildung der zum Ozonabbau beitragenden Chlorradikale gespalten. Da die Chlorradikale bei der Nettoreaktion nicht verbraucht werden, sind sie sehr lange wirksam, bevor sie durch weitere chemische Prozesse wieder gebunden werden. Besonders kritisch sind von den menschengemachten Substanzen die vollständig halogenierten Fluorchlorkohlenwasserstoffe (FCKW).

Das Ozonloch in den Polregionen ist im jeweiligen Frühjahr am ausgeprägtesten. Der Grund dafür ist, dass chlorhaltige Verbindungen, die im Winter in stratosphärischen Eiswolken inaktiv gebunden waren, zum Abbau von Ozon bereits wieder beitragen, während die Ozonbildung erst im Sommer wegen der stärkeren Sonneneinstrahlung ihr Maximum erreicht (WMO 2006).

Betrachten wir nun die Geschichte des Ozonlochs – seine Verursachung, seine Entdeckung und die Gegenmaßnahmen:

1873 beginnt alles mit dem Kühlschrank: Carl von Linde baut die erste Kälteanlage auf Ammoniak($NH_3$)-Basis. Ammoniak ist ein leicht zu verflüssigendes, jedoch giftiges Gas.[97]

1882 entwickelt er die erste Kältemaschine mit $CO_2$, welches höhere Drücke erfordert, aber weniger giftig als $NH_3$ ist.

97 Für Kompressor-Kühlschränke benötigt man als „Kältemittel" ein Gas, das im gewählten Arbeitsdruckbereich verflüssigt werden kann. Seine Verdampfung liefert die gewünschte Kälte. Der Prozess wird im Kreis geführt.

1913 entdeckt Charles Fabry die Stratosphären-Ozonschicht mit Hilfe eines Messballons.

1927 werden in den USA FCKW als technisch interessante Stoffgruppe entdeckt, und es wird deren großtechnische Herstellung entwickelt. Sie verdrängen rasch die bis dahin bekannten Kühlgase $CO_2$, $NH_3$ und $SO_2$ (Schwefeldioxid), da die Eigenschaftskombination

„ungiftig – unbrennbar – geeignete Dampfdrücke"

ideal erscheint.

Es setzt ein Boom bei Kühlschränken und Klimaanlagen ein. Später werden sie auch als Treibgas in Spraydosen, als Dämmstoff-Treibmittel und als Füllung für Feuerlöscher verwendet. Der Einsatz in Spraydosen macht in den siebziger Jahren 50 % des Verbrauchs aller FCKW aus.

Um 1972 beginnt anlässlich der Entwicklung des Überschallflugzeugs Concorde eine öffentliche Diskussion über die möglichen Schädigungen der Stratosphäre durch menschliche Einflüsse; im Fokus stehen unter anderem die Stickoxide.

1974 veröffentlichen Mario Molina und F. Sherwood Rowland eine aufsehenerregende Berechnung, laut derer die sehr stabilen FCKW-Gase sich in der Stratosphäre anreichern, sich dort unter dem Einfluss von UV-Strahlung zersetzen und durch das freigesetzte Chlor-Radikal katalytisch $O_3$ in das gewöhnliche Sauerstoffmolekül $O_2$ umwandeln würden. Sie prognostizierten eine Abnahme der Ozonschicht innerhalb mehrerer Jahrzehnte um einige Prozent – diese Berechnung wurde schon zehn Jahre später von der Wirklichkeit übertroffen.

Ebenfalls 1974 legt Dupont, ein großes amerikanisches Chemieunternehmen und damals führender FCKW-Hersteller, ein Programm zur Entwicklung von Ersatzstoffen auf (nicht vollständig halogenierte Fluorchlorkohlenwasserstoffe (HFCKW), die sich schneller zersetzen und deshalb ein zwanzigfach niedrigeres Ozon-Abbau-Potenzial haben).

1985 erfolgt der Paukenschlag, als Forscher der British Antarctic Survey Station das Ergebnis von Messungen des Ozongehaltes in der Antarktis vorstellen, die seit 1957 durchgeführt worden wurden. Die Ozonwerte im antarktischen Frühling hatten sich innerhalb von 20 Jahren etwa halbiert.

Nachträglich stellte sich heraus, dass US-amerikanische Wettersatelliten bereits mehrere Jahre lang die Ausdünnung der Ozonschicht erfasst hatten, diese aber als vermeintlicher Messfehler ignoriert worden war.

Als Reaktion auf die Veröffentlichung wird noch im selben Jahr ein internationales Treffen zum Thema Ozonschädigung in Wien durchgeführt, das Verfahrensfragen für das weitere politische Vorgehen festlegt (Wiener Konvention).

Nur zwei Jahre später, 1987, findet eine internationale Konferenz statt, die zum „Montreal-Protokoll" führt. Dies legt ein zeitliches, für Industrie- und Schwellenländer gestaffeltes Ausstiegsszenario für FCKW fest. Industrieländer sollen zum Beispiel die Produktion von FCKW innerhalb von 10 Jahren halbieren. Nach einem Jahr sind bereits 29 Staaten beigetreten, darunter die USA, Kanada, Großbritannien, Japan, Russland und die meisten Staaten der heutigen EU. Australien unterschreibt 1989, Brasilien 1990, China 1991, Indien 1992. Im Jahr 2010 hatten 196 Staaten ratifiziert.

1988 ist der Höhepunkt der weltweiten FCKW-Produktion mit rund 1 Mio. Jahrestonnen[98].

1990, 1992, 1995, 1997, 1999 und 2007 finden Folgekonferenzen statt, auf denen die Stoffliste auf bromhaltige Substanzen und auf HFCKW erweitert wird und die Zeitfenster gestrafft werden.

1991 führt Dupont Fluorkohlenwasserstoffe (HFKW), also chlorfreie Chemikalien, als Ersatzstoffe ein.

1992 wird in der „Kopenhagen-Ergänzung" das Verbot für FCKW auf 1996 (Industrieländer) bzw. 2010 (Entwicklungsländer) vorgezogen und das Verbot für HFCKW auf 2030 (Industrieländer) bzw. 2040 (Entwicklungsländer).

98 Nach Wirksamkeit gewichtet

1995 erhalten Rowland, Molina und Crutzen[99] für ihre Pionierleistungen bei der Ozonlochforschung den Nobelpreis. FCKW werden in Europa – ein Jahr früher als vereinbart – komplett verboten. Die Weltproduktion ozonschädigender Substanzen beträgt 350 000 Jahrestonnen, das heißt ein Drittel des Maximums von 1988.

Um 1996 erreicht der Stratosphärengehalt an Chlor-Äquivalenten[100] sein Maximum von ca. 3300 ppt[101]. Global hat der Ozongehalt in der Stratosphäre um 5 % abgenommen, auf 60 Grad nördlicher Breite um etwa 6 %, auf 60 Grad südlicher Breite um etwa 12 %. Die Oberflächen-UV-B-Strahlung in den gemäßigten Breiten (60 Grad) ist um 8 % bis 10 % erhöht.

1999 wird in der „Peking-Ergänzung" unter anderem der Stoff Bromchlormethan miteinbezogen. Diese Vertragserweiterung ist im Jahr 2010 von 162 Staaten unterzeichnet.

2005 beträgt die Weltproduktion ozonschädigender Substanzen noch 100 000 Jahrestonnen, das heißt 10 % des Maximums von 1988, Tendenz weiter fallend.

2010 sind flüchtige Fluorverbindungen ohne Chlor und Brom, also ohne ozonschädigendes Potenzial, am Markt oder in der Markteinführung. Der Stratosphärengehalt an Chlor-Äquivalenten ist seit seinem Maximum 1996 auf 2800 ppt (um 15 %) gefallen. Mit den laufenden Maßnahmen wird ein weiteres Abnehmen des Chlor-Gehaltes in der Stratosphäre auf das Doppelte des natürlichen Wertes etwa 2060 erwartet. Dieser betrug hundert Jahre früher, also vor einer nennenswerten Wirkung der FCKW, um die 900 ppt.

2020: Illegal werden FCKW in der Größenordnung einiger 10 000 Jahrestonnen weiterproduziert, zum Beispiel in China (EIA 2020).[102]

---

99 P. Crutzen hatte die chemischen Reaktionen an den Oberflächen der stratosphärischen Eiswolken erforscht.

100 Nach Wirksamkeit gewichtet

101 ppt: Billionstel (parts per trillion), $10^{-12}$

102 Nachgewiesen wurde CFC-11, chemische Formel $CCl_3F$, das zum Schäumen von Kunststoffen und als Kältemittel dient.

Der Mensch, genauer die Industriegesellschaft, überlastete – zu Beginn unwissentlich – eine öffentliche Ressource, nämlich die Ozonschicht in der Stratosphäre. Zwischen der wissenschaftlichen Problemerkenntnis (1974) und der ersten konzertierten politischen Aktion (Montreal 1987) vergingen nur 13 Jahre, bis zum Wendepunkt des negativen Effektes, dem maximalen Chlor-Gehalt in der Stratosphäre 1996, nur weitere 9 Jahre.

Dies war das erste Mal in der Geschichte der Menschheit, dass ein globales Ressourcenproblem gemeinsam gelöst wurde, und das in erstaunlich kurzer Zeit.

Die Weltorganisation für Meteorologie drückte es damals so aus (WMO 2006):

> *„Dies ist eine Geschichte bemerkenswerter Ergebnisse: Entdeckung, Verständnis, Entscheidungen, Aktionen und Kontrolle. Es ist eine Geschichte, die von vielen geschrieben wurde: von Wissenschaftlern, Technologen, Betriebswirtschaftlern, Juristen und Politikern. Und – der Dialog war stets ein Schlüsselelement."*

Im Folgenden soll diese „Geschichte, die von vielen geschrieben wurde", mit Hilfe der Ostromschen Begriffe analysiert werden.

Liegt eine Soziale-Dilemma-Situation vor? Dafür ist natürlich Voraussetzung, dass die Akteure Kenntnis über die Zusammenhänge hatten, was spätestens mit dem wissenschaftlichen Messnachweis 1985 für die Experten oder ab 1987 mit dem Montreal-Protokoll für die Weltöffentlichkeit der Fall war. Ab diesem Jahr ist die Antwort also ein eindeutiges Ja. Es gab eine überlastete öffentliche Ressource, nämlich die Ozonschicht der Stratosphäre. Die Firmen, die FCKW herstellten, und ihre Kunden, die damit betriebene Kühlschränke, Spraydosen, Dämmplatten und Klimaanlagen produzierten bzw. kauften, waren die Nutzer dieser Ressource, indem sie sie als Abfalldeponie für die ozonzerstörenden Chemikalien verwendeten und damit eine Überlastung herbeiführten. Nutzer waren – und sind – allerdings auch alle anderen Menschen von der damaligen Zeit bis in die ferne Zukunft, die sich im Freien aufhalten und auf den gesundheitlichen UV-B-Schutz der Ozonschicht vertrauen.

Wer waren die Handelnden in dieser Allmendesituation? Dies waren auf der oberen Ebene die Staaten, die wegen eines globalen Problems miteinander verhandelten. Staatenführer agieren jedoch nicht aus dem Nichts, sondern vor dem Hintergrund ihrer politischen Legitimierung (in Demokratien) oder ihrer Machtinteressen (in Diktaturen) und haben die öffentliche Meinung und den etwaigen Druck wirtschaftlicher Lobbygruppen, in diesem Fall etwa der Chemie- und der Konsumgüterbranche, zu berücksichtigen. Weitere Akteure waren also neben den (wenigen) Herstellerfirmen vor allem die (vielen) nationalen Öffentlichkeiten. Gemeint sind hier die Presse, die vor allem US-amerikanischen Wissenschaftler, Umweltverbände und die Bevölkerung – genauer deren Teil, der sich über wissenschaftliche, technische und politische Vorgänge informierte und sich dazu äußerte. Die Bevölkerung trat auch als Marktmacht auf. In den USA änderten die Kunden infolge der Diskussion um die Schädlichkeit der FCKW ihr Kaufverhalten, sodass der Verbrauch von Spraydosen zwischen 1975 und 1977, also noch vor den Verboten, bereits um 20 % zurückging (Grundmann 1999).

Gemäß der Ostromschen Nomenklatur bildeten sich also Institutionen zur Lösung dieser Sozialen-Dilemma-Situation auf zwei Ebenen. Die obere Ebene bildete die Gruppe derjenigen Staaten, die sich zusammensetzten und Konferenzen vereinbarten, auf denen verhandelt werden konnte. Die untere Ebene bestand aus den Akteuren innerhalb der Einzelstaaten, wie der FCKW-produzierenden Industrie, der Wissenschaft, dem Gesundheitswesen, der öffentlichen Meinung und den Marktteilnehmern. Diese tauschten ihre Meinungen (Bewertungen E) aus, was zu einer Mehrheitsmeinung führte. Diese war nicht bindend, das heißt, sie war, nach Ostrom, eine Norm.

Erinnern wir uns an das Kapitel 8 „Institutionen und Werte", in dem Strategien, Normen und Werte formal grammatikalisch definiert wurden. Eine Norm hat die Form:

„[Wer] [muss/soll/darf/darf nicht][etwas tun] [wenn]."

Die Norm der unteren Ebene könnte also gelautet haben: [Alle] [sollen] [die FCKW-Nutzung möglichst bald auf null reduzieren] [wenn sie FCKW nutzen]. Die obere Institutionenebene (die Staaten) setzte diese Norm dann in bindende Regeln um.

Die Strategie zur Rettung der Ozonschicht für den Einzelnen war einfach: [Jeder, der an seiner Gesundheit und der seiner Nachkommen interessiert ist] [fordert ein FCKW-Verbot] [solange FCKW noch produziert und verwendet werden].

Für die staatlichen Akteure konnte gelten: [Jeder nicht-FCKW-produzierende Staat] [fordert ein sofortiges Verbot] [solange noch FCKW hergestellt werden], oder aber in der Gegenposition: [Jeder FCKW-produzierende Staat] [verzögert ein Verbot] [wenn es möglich ist].

Den Ist-Zustand staatlicher Industrien ohne Rücksicht auf Konsequenzen zu schützen ist ein verbreitetes Phänomen. Aktuelle Beispiele hierfür sind die Automobilindustrie in Deutschland und die Kohleindustrie in Polen. Auch der Schutz der intensiven Landwirtschaft durch die EU fällt in diese Kategorie. Im Fall der Ozon-Problematik geschah das nicht oder nur sehr wenige Jahre lang – das internationale Verhandlungsergebnis wurde im Gegenteil mehrfach und zügig in Bezug auf Verbotstermine und weitere Chemikalien nachgebessert.

Warum war das so? Möglicherweise kommt man einer Begründung näher, wenn man die Parameter der Bewertungsformel

$E = E_m + E_i + E_a$

(Ergebnis = monetärer Wert + innere Bewertung + äußere Bewertung)

analysiert:

Die Bedrohung durch Hautkrebs, der die eigene Generation und die meisten Menschen direkt gefährden würde, war ein unkompliziertes und einprägsames Horrorszenario und für jedermann leicht nachvollziehbar. Sowohl die persönliche Ansicht und das „Gewissen“ (innerer Wert $E_i$) als auch die öffentliche Meinung (äußerer Wert $E_a$) konnten daher monetäre Überlegungen ($E_m$) leichter überkompensieren.

Zwischen der wissenschaftlichen Problemerkenntnis und der ersten internationalen Konferenz vergingen nur 13 Jahre, oder sogar nur 2 Jahre ab der ersten realen Messung. Wieso wurde das „Dilemma der Institution“ so schnell gelöst? Das ist eine schwierige Frage, über deren Antwort man auch unter Verwendung der Ostromschen Denkweise nur spekulieren kann:

Der Beginn der „Ozonloch-Story“ liegt in den siebziger und achtziger Jahren des vergangenen Jahrhunderts. Es gab mit den USA und der Sowjetunion nur zwei Weltmächte, die sich im Kalten Krieg befanden. 1979 wurde das SALT-Abkommen zur Begrenzung der strategischen Rüstung beschlossen, später die Reduzierung der Atomsprengköpfe um 50 %. Gegen Ende dieser zwei Jahrzehnte reformierte Gorbatschow die Sowjetunion und der Kalte Krieg näherte sich seinem Ende.

Der herrschende Fortschrittsglaube drückte sich in aufwändigen Weltraumprogrammen aus. So unternahmen beide Weltmächte regelmäßig bemannte Raumflüge, Raketen wurden zu Venus und Neptun geschickt, es gelang die erste weiche Landung auf dem Mars. Das Space Shuttle wurde entwickelt. Mit der Erfindung von Taschenrechner und PC begann die Informationstechnologie ihren rasanten Aufstieg. Die Gentechnologie befand sich in den Kinderschuhen, die ersten Mäuse wurden geklont.

Gleichzeitig wurden Probleme des Fortschritts und der Zivilisation wahrgenommen. In Seveso setzte 1976 eine Explosion für den Menschen hochgiftige Dioxine frei, die auch die Umgebung nachhaltig verseuchten. Im Atomreaktor in Harrisburg fand 1979 eine Teilreaktorschmelze statt. AIDS wurde als Seuche identifiziert. Die Europäische Union führte den Automobilkatalysator zur Verringerung von Kohlenmonoxid und Stickoxiden im Abgas ein. Letztere und schwefelsaure Abgase der Kraftwerke verursachten durch den „sauren Regen“ ein Waldsterben. Die Kernschmelze in Tschernobyl 1986 führte zum Austritt von Radioaktivität, der sich bis in weite Teile Westeuropas auswirkte. Im selben Jahr gelangten nach einem Großbrand bei Sandoz große Mengen Pflanzenschutzmittel in den Rhein und lösten ein Fischsterben aus. Der Öltanker Exxon Valdez lief 1989 vor Alaska auf Grund und verseuchte mit über 40 000 Tonnen Öl ca. 1100 km Küste.

Die Öffentlichkeit – zumindest in den Industriestaaten – war also bereits vorsensibilisiert auf durch Technik verursachte Katastrophen. Dass zeitgleich anlässlich der Entwicklung der Concorde die mögliche Schädigung der Stratosphäre durch den Menschen kontrovers diskutiert wurde, kam zufällig hinzu.

Ein weiteres hilfreiches Detail war, dass damals die Produktion von FCKW im Wesentlichen in der Hand weniger Firmen in den USA, Europa und Japan lag.

Eine relativ kleine Gruppe wirtschaftlich profitierender und wohlhabender Staaten traf also auf eine große Anzahl nationaler Öffentlichkeiten, die den negativen Folgen des Fortschritts und vor allem der ungezügelten chemischen Entwicklung kritisch gegenüberstanden. Dies galt auch für die öffentliche Meinung der produzierenden Staaten selbst. Das erleichterte und beschleunigte die gemeinsame Entscheidungsfindung bei einem von allen Akteuren als gesundheitsbedrohend angesehenen Problem.

Die damals niedrige Zahl der wichtigen Produzentenländer hat auch das „Dilemma der Kontrolle“ verringert, da diese Staaten die kleine Anzahl ihrer eigenen Produktionsfirmen einfach kontrollieren konnten und dies von den internationalen Vertragspartnern positiv – nicht negativ – honoriert wurde. Offenbar gab es kaum „Schwarzfahrer“-Staaten, die stattdessen die FCKW-Produktion aufnahmen. Vielleicht war der Öffentlichkeitsdruck der Kunden ($E_a$) zu hoch, um solche Ware in größerem Maßstab verkaufen zu können. Eine Kontrolle von illegaler Exportware war durch chemische Überprüfung ja einfach möglich.

Das „Dilemma des Engagements“ aus Sicht der Staaten war kaum vorhanden, da alle am Erfolg interessiert waren. Aus Sicht der Firmen war dies anders, zumindest in der Phase des Aufbaus der „Institution“, also zwischen wissenschaftlicher Erkenntnis 1974 und internationalem Vertrag 1987. Die FCKW-Produzenten entschieden sich allerdings schon vor gesetzlichen Maßnahmen nach kurzer Widerstandsphase dafür, politisch nicht zu blockieren, sondern durch die Entwicklung von Ersatzstoffen das Geschäft im eigenen Haus zu behalten. Möglicherweise schätzten sie auch den Imageschaden einer „Verweigerung“ höher ein als den wirtschaftlichen Schaden durch den temporären Umsatzverlust – schließlich hatte die Chemiebranche damals einen schlechten Ruf als Umweltschädiger.

Die Produzentensicht ist wieder ein Beispiel für die Entscheidungsbewertung:
$E = E_m + E_i + E_a$

Das monetäre Ergebnis (Gewinn aus dem Verkaufserlös der FCKW) ($E_m$) wird abgewogen gegenüber dem äußeren Ergebnis (Imageschaden für die Firma) ($E_a$). Es spielt für die Entscheidung des Unternehmens dabei nicht unbedingt eine wesentliche Rolle, ob der Vorstand auf sein „Gewissen“ hört ($E_i = 0$).

Ganz so einfach ist es allerdings nicht. Stellen wir uns die damalige Situation aus Sicht des Vorstandes einer FCKW produzierenden Firma vor. Man hat gut verdient, und plötzlich taucht die Aussage auf, das Produkt sei schädlich. Der Vorstand wird das durch seine Wissenschaftler nachprüfen lassen – und vielleicht erst einmal nichts weiter tun. Ein Zeitsprung über mehrere Jahre: Das Produkt ist verboten. Aber was geschieht in der Zwischenzeit? Der Vorstand kann in seiner Abwägung schneller oder langsamer reagieren, etwa durch die Entwicklung von Ersatzstoffen oder schlicht durch Herunterfahren oder

Schließung der Produktion. Möglicherweise berücksichtigt er in seiner Meinungsbildung ausschließlich den Imageschaden ($E_a$ der Öffentlichkeit und der Kunden und folglich $E_m$ der Firma), den er als künftigen Profitverlust zu kalkulieren versucht. Er kann aber auch eine persönliche Meinung, ein „Gewissen" ($E_i$), haben[103] und in die Entscheidung einfließen lassen. Der Vorstand leistet also sehr wohl einen eigenverantwortlichen Beitrag, genauso wie die Käufer der Spraydosen, die öffentliche Meinung und der Staat oder Staatenverbund.

Wenn wir verstanden haben, dass wir nicht ausschließlich rational entsprechend der einfachen Theorie des „Homo oeconomicus" handeln, und wenn wir das Modell der inneren, äußeren und monetären Werte zugrunde legen, wie handeln wir dann? Konkreter, wie kommen die persönlichen inneren Werte $E_i$ und die kommunizierten sozialen Werte der Gesellschaft $E_a$ zustande? Wie treffen wir Entscheidungen?

Im folgenden Kapitel soll gezeigt werden, dass es nicht das Großhirn allein ist, das diese Entscheidungen trifft. Denken wir mit dem Bauch?

---

103 Er kann zum Beispiel die „externen Kosten" (siehe Kapitel 3 „Ökologischer Fußabdruck und Artensterben") mit berücksichtigen, die seine Firma nicht bezahlen muss, etwa künftige Gesundheitsschäden durch Hautkrebs.

# 10 Somatische Marker

Das Bewusstsein ist kein Computerprogramm, das wie auf einer Festplatte auf einigen Hirnarealen unabhängig vom Rest des Gehirns und des Körpers abläuft. Es ist eher mit der „Spitze des Eisbergs“ zu vergleichen. Der größere Teil „unter Wasser“ ist das Unbewusste. Mit der Zusammenarbeit zwischen Körper und Geist, zwischen Unbewusstem und Bewusstem, wird sich dieses Kapitel beschäftigen.

Das folgende Glücksspiel-Experiment[104] wurde vor über 25 Jahren von dem Psychologen und Hirnforscher Antoine Bechara entworfen (Bechara 1994).

Es gibt vier verdeckte Kartenstapel, von denen jeweils zwei Stapel hohe bzw. niedrige Gewinne (zum Beispiel je 100 € und je 50 €) ausweisen. Ziel des Spieles ist es, durch Aufdecken der „optimalen“ Karten möglichst viel Geld zu verdienen. Die Spieldauer ist dem Einzelspieler vorher nicht bekannt und liegt beispielsweise bei 100 Zügen. Der Haken an der Sache: Die Stapel enthalten unregelmäßig verteilte Strafkarten (zum Beispiel minus 1000 € oder minus 100 €). Dabei ist die Mischung so gestaltet, dass die Stapel mit den hohen Gewinnkarten (100 €) im Schnitt einen Verlust erbringen, die mit den niedrigen Gewinnkarten (50 €) einen Gewinn.

Spieler nehmen Karten von den vier Stapeln und merken üblicherweise nach ca. 30–40 Karten, welche Stapel gewinnbringend sind, und ziehen nur noch von diesen Karten.

Die Reaktion der Probanden verfolgte Bechara anhand der elektrischen Leitfähigkeit ihrer Haut. Die Anregung der Schweißdrüsen gilt als Zeichen für emotionale Erregung, ein Phänomen,

104 Iowa Gambling Task (Iowa-Glücksspiel-Aufgabe)

das zum Beispiel beim sogenannten Lügendetektor genutzt wird. Die Ergebnisse aus dem Glücksspiel ergaben Folgendes:

a) Die elektrische Leitfähigkeit der Haut zeigt nach dem Ziehen von Strafkarten einen Peak. Nach rund 20 Zügen beginnt sich bereits **vor** dem Aufdecken von Karten aus den „schlechten" Stapeln ein Peak zu bilden, dessen Intensität im Spielverlauf steigt. Das Spannende ist, dass der Proband zu diesem Zeitpunkt noch nicht bewusst entschieden hat, welche er für die „guten" und welche er für die „schlechten" Stapel hält.
b) Probanden mit Schäden in einem gewissen Gehirnbereich, dem ventromedialen Sektor des präfrontalen Cortex (VM-PC), entwickeln überhaupt keine Leitfähigkeitspeaks und wählen – in aktiver Entscheidung – weiterhin die falschen Stapel, obwohl sie nach dem Spiel in der Lage sind, zu erklären, welches die „besseren" Stapel waren.

Schon damals war bekannt, dass sich Patienten mit VM-PC-Schäden häufig bezüglich Aufmerksamkeit, Gedächtnis, Sprachverhalten und Intelligenztests völlig normal verhalten, das heißt im rein rationalen Denkbereich. Sie zeigen allerdings einen Mangel an Emotionen: Sie haben vor nichts Angst, regen sich über nichts auf, freuen sich nicht und ihre Fähigkeit zu sozialem Verhalten ist zutiefst gestört. Deshalb ist ihnen ein normaler Umgang mit anderen Menschen nicht möglich.

Das Spielbeispiel zeigt, dass körperliche Emotionen (hier: Schweißausbruch) und bewusste Entscheidungen (hier: Kartenauswahl) irgendwie zusammenhängen.

Der Neurowissenschaftler António Damásio, bekannt für seine Arbeiten zur Bewusstseinsforschung, formulierte 1994 die Hypothese der somatischen Marker[105]:

---

105 Von griechisch „Soma" „Körper", also etwa „Körpersignale"

*„Bewusste Entscheidungen, zumindest im persönlichen/sozialen Bereich, werden stets und automatisch durch Erzeugung von Körperzuständen und deren Rückmeldung – teils unbewusst und teils bewusst – gewichtend beeinflusst."*

Evolutionäre Neuentwicklungen mussten stets auf dem Vorhandenen aufbauen. Zum Verständnis der Gehirnfunktionen und ihres Zusammenspiels mit dem restlichen Körper trägt daher bei, sich das Alter der betreffenden Strukturen zu vergegenwärtigen.

Im Kapitel 7 „Horden erobern die Erde" wurde bereits beschrieben, in welchen Zeiträumen sich die menschliche Gehirngröße entwickelt hat. Dabei waren die ältesten Teile der Hirnstamm und das Kleinhirn, die es schon vor 500 Mio. Jahren bei Fischen und Reptilien gab. Das Zwischenhirn, heute beim Menschen etwa im Mittelpunkt der Hirnschale, begann sich vor rund 250 Mio. Jahren zu entwickeln. Teilweise im Bereich des Zwischenhirns befindet sich das sogenannte limbische System, das aus mehreren Organen besteht, wie etwa dem Hippocampus, der wichtig für die Gedächtniskonsolidierung ist, oder der Amygdala, die eine Rolle bei der emotionalen Bewertung spielt.[106] Es entstand vermutlich im Zusammenhang mit der Zunahme des Brutpflege- und Sozialverhaltens vor allem bei den Säugetieren. Diesem also schon sehr alten System wird eine wesentliche Funktion bei der Erzeugung und Steuerung von Trieben und Emotionen zugeschrieben.

Es folgte das Großhirn mit seinem neuesten Bestandteil Neocortex, dem äußeren Teil der Großhirnrinde. Dessen Faltung und Strukturaufbau erfolgten vor etwa 100 Mio. Jahren. Im Rahmen der Frühmenschenentwicklung ab circa 8 Mio. Jahren nahm sein Volumen deutlich zu. Im Großhirn befinden sich unter anderem das Seh- und Hörzentrum, der somatosensorische Bereich, der Körpersignale wie etwa Hautreize, die Position

106 Im Folgenden werden „Amygdala" und „limbisches System" vereinfachend im Text gleichwertig verwendet.

der Gelenke oder die Spannung von Muskeln registriert, das Geschmackszentrum, ein Bereich für das Sprachverstehen und ein motorischer Bereich, der die Muskeln steuert.

Für die weitere Darstellung[107] benötigen wir noch den präfrontalen Cortex, den in der Stirngegend liegenden Bereich der Hirnrinde, genauer: zwei Abschnitte davon. Dies sind der oben schon genannte ventromediale präfrontale Cortex (VM-PC, in der Stirngegend eher unten mittig gelegen) und der dorsolaterale präfrontale Cortex (DL-PC, eher oben außen rechts und links hinter den Schläfen gelegen).[108]

Dem präfrontalen Cortex werden wesentliche Funktionen des bewussten Denkens zugeordnet. Er ist bei der Gattung Homo in den letzten 2 Mio. Jahren nochmals deutlich gewachsen. Bei Primaten nimmt er 17 % des Großhirns ein, bei Homo sapiens 30 %.

Im Gegensatz zum limbischen System ist das Großhirn also relativ jung, und der neueste Teil der Hirnrinde, der Neocortex, dessen Weiterentwicklung die Evolution der Menschenarten geprägt hat, hat sich quasi erst gestern gebildet.

Abb. 27 zeigt Damásios Modell (Damásio 1994) in grafischer Form. Sie ist stark vereinfacht. Es fehlen Teile, und die dargestellten Gehirnareale sind nicht ausschließlich für die beschriebenen Funktionen zuständig.

---

107 Stark vereinfachte Darstellung (nach Damásio 1994)

108 Die Lage im Gehirn ist für die folgende Darstellung unwesentlich, sie wurde nur der Vollständigkeit halber erwähnt.

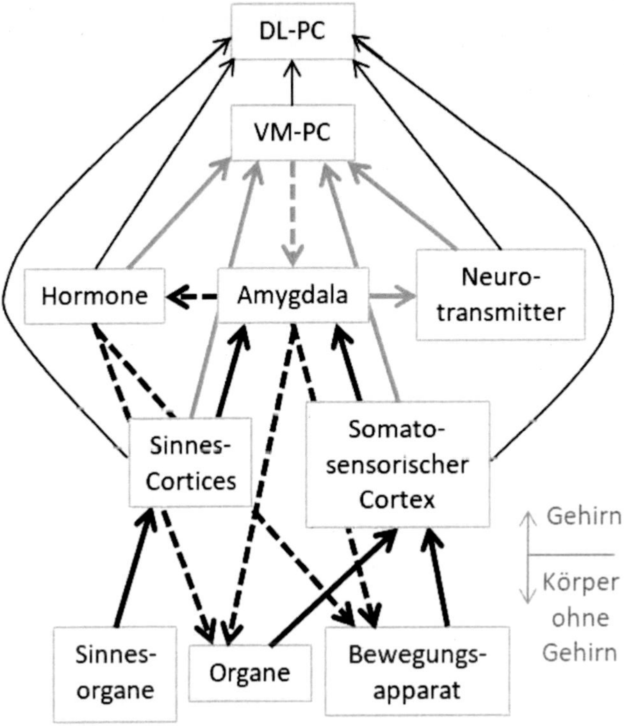


Abb. 27: Primäre/sekundäre Emotionen und Gefühle

DL-PC: Analyse, Problemlösung, Szenarienbildung,
Vorausplanung, Priorisierung, Motivation, Bewusstsein
VM-PC: Vorbereitung sekundärer Emotionen
Amygdala stellv. für limbisches System: Erzeugung von
Emotionen (Hunger, Temperatur, Furcht, Aggression)
Sinnes-/somatosensorische Cortices: Signalverarbeitung
Erläuterungen im Text
(stark vereinfacht nach Damásio 1994)

Damásios Kenntnisstand mag heute schon überholt oder verfeinert sein, aber die Prinzipien sind weitgehend dieselben. Grundsätzlich gilt, dass Gehirnfunktionen nicht mit derselben Genauigkeit beschrieben werden können wie ein Computerprogramm.

Worauf es hier ankommt, ist das allgemeine Prinzip.

## Primäre Emotion

Damásio nutzt den evolutionsbiologischen Ansatz, dass Entwicklungen meist in kleinen Schritten aufeinander aufbauen, und definiert daher als ältesten Baustein eine „primäre Emotion". Diese umfasst die Rückmeldung direkter Körperzustände wie heiß/kalt, Puls, angespannte Muskeln, Durchblutungszustände der Eingeweide sowie „überlebensrelevanter" Sinneseindrücke, wie etwa ein Angriff oder ein bedrohliches Geräusch, über den somatosensorischen Cortex bzw. die Sinnes-Cortices an das limbische System. In der Grafik (Abb. 27) sind die Körpermeldungen mit dicken schwarzen Pfeilen gekennzeichnet. Man beachte, dass das Bewusstsein noch nicht involviert ist. Die Amygdala verarbeitet diese Eindrücke zur „Emotion", was bedeutet, dass sie entsprechende Signale sendet. Neben Nervensignalen zu anderen Hirnarealen kann sie die Ausschüttung von Neurotransmittern, zum Beispiel des aggressionshemmenden Serotonins, auslösen und Hormondrüsen aktivieren, beispielsweise zur Erhöhung des Adrenalinspiegels. Neurotransmitter und Hormone sind chemische Botenstoffe, die die neuronale Übertragung beeinflussen oder Stoffwechselvorgänge steuern. Empfänger dieser Signale sind Organe oder Muskelgruppen. So können der Puls oder die Atemfrequenz beeinflusst werden oder Muskeln erschlaffen oder sich anspannen. Die Grafik zeigt die „emotionalen" Rückmeldungen des limbischen Systems an den Körper dick schwarz gestrichelt.

Der Körper meldet seinen Zustand in einer Rückkopplungsschleife zurück (wiederum dick schwarz durchgehend).

Die primären Emotionen, teilweise als Instinkte bezeichnet, sind genetisch bereits bei der Geburt „vorinstalliert"[109] und ihr Sitz ist das limbische System. Sie sind unbewusst.

109 Randbemerkung: Evolutionsgeschichtlich noch ältere Reflexe, die direkt im Zentralnervensystem und im Hirnstamm bearbeitet werden, sind hier nicht berücksichtigt.

Zur Kommunikation zwischen dem Gehirn und den anderen Körperorganen kann zusammenfassend gesagt werden, dass sie auf dreierlei Arten stattfindet – durch Nervenimpulse, durch Neurotransmitter und durch Hormone.

## Sekundäre Emotion

Diese „sekundäre Emotion" beruht auf Sinneseindrücken, die ein persönliches soziales Lernen voraussetzen, zum Beispiel durch Betrachten eines Fotos einer Gewaltszene oder bei der akustischen Nachricht einer Katastrophe. Hierfür ist Voraussetzung, dass ein Foto mit der Wirklichkeit assoziiert wird, dass Sprache beherrscht wird und dass Inhalte nach moralischen, ethischen oder sozialen Normen bewertet werden. Diese Verarbeitung geschieht im VM-PC (in der Grafik graue Pfeile). Der VM-PC meldet das Ergebnis an die Amygdala (in der Grafik grau gestrichelt), die wie bei der primären Emotion einen passenden Körperzustand auslöst, der wiederum rückgemeldet wird.

Auch hierbei ist noch kein bewusstes Denken eingebunden. Diese Ebene entspricht der erhöhten Schweißproduktion im Glücksspiel-Experiment – die Emotion wittert Gefahr, aber dies ist noch nicht zur obersten Entscheidungsinstanz, dem Bewusstsein, vorgedrungen. Zusammenfassend gesagt, ist der Sitz der ebenfalls unbewussten, aber angelernten sekundären Emotion eine bestimmte Hirnrindenregion, nämlich der VM-PC.

## Gefühl

Erst das „Gefühl" ist die Meldung dieser Bewertungen und Körperzustände an den DL-PC. Dieser ist das Zentrum für Prozesse wie Analyse, Problemlösung, bewusste Entscheidung, Szenarienbildung, Planung und Priorisierung (in der Grafik dünne schwarze Pfeile), hier stellvertretend für das bewusste Denken. Die mit dem Bewusstsein assoziierten Gehirnareale erhalten also innerhalb einer kurzen Zeitspanne die Auslösersignale der Sinneswahrnehmung (zum Beispiel eine akustische Katastrophennachricht), die Signale des zugehörigen „emotionalen" Körperzustandes, hormonelle und Neurotransmitter-Signale sowie die Bewertung des VM-PC.

Das Gefühl ist also die bewusste Auswertung der unbewussten Emotionen.

Und hier einige Beispiele, um für den Unterschied zwischen unbewusster Emotion und bewusstem Gefühl zu erläutern: Die Furcht vor dem Dunkel ist dem tagaktiven Homo sapiens vermutlich angeboren und damit eine primäre Emotion. Der unbewusste Ekel vor Weinbergschnecken oder Heuschrecken als Nahrung ist in manchen Kulturen vorhanden, in anderen nicht und damit eine sekundäre Emotion. Das bewusste Nachdenken darüber stellt dann ein Gefühl dar. Dieses kann durch (bewusste) Entscheidungen geändert werden, etwa durch „unvoreingenommenes" Probieren. „Unvoreingenommen" heißt in diesem Zusammenhang, dass aktiv gegen die eigenen Emotionen gehandelt wird.

Damásio folgerte nun, dass insbesondere im „überlebensrelevanten" persönlichen und sozialen Bereich das Denken als Erstes auf diejenigen Signale als Entscheidungskriterium zurückgreift, die am schnellsten vorhanden sind, nämlich die Basissignale der Körperzustände, die primären Emotionen. Unter „Denken" wird hier der zeitliche neuronale Ablauf des Erkennens und Bewertens von Situationen, der Entwicklung von Szenarien, des Abwägens von Konsequenzen, der Handlungsplanung und gegebenenfalls der Entscheidung verstanden, der nur in der Spitze bewusst verläuft.

Den unbewusst bewerteten Signalen, den Emotionen, schreibt Damásio auch eine wesentliche Rolle bei der Priorisierung von Gedanken zu: Welches Thema von mehreren möglichen soll ins Bewusstsein gehoben werden? Die Ausrichtung der Aufmerksamkeit ist also auch durch Emotionen gesteuert.

Die Tatsache, dass angeborene oder angelernte Emotionen und Gefühle unsere Entscheidungen beeinflussen, erklärt einige typisch menschliche Wertungsmuster. So sprechen die meisten Menschen normalerweise „emotionaler“ auf Bilder von kleinen Kindern an als auf die von älteren Leuten, junge Hunde gelten als niedlicher als Schlangen oder Ameisen. Diese Reihenfolge ist sicherlich vorgegeben durch den genetisch bedingten Brutpflegereflex und durch die Hordenprägung. Der Wunsch, am Strand etwas Abstand zum Nachbarn zu haben, dürfte auf den Territorialtrieb zurückgehen. Auch die Neigung des Menschen zu eher kurzfristigem Denken kann so erklärt werden. Das „Hier und Jetzt“ war zum Überleben wichtiger, als sich über das Wetter im nächsten Jahr Gedanken zu machen. Zur Lösung langfristiger Dilemma-Probleme bringt der Mensch mit seiner evolutionär bedingten emotionalen Grundausstattung also nicht die optimalen Voraussetzungen mit.

Die Ergebnisse des Glücksspiel-Experiments zeigen, dass diese unbewussten Basissignale nicht nur eine zusätzliche, jedoch verzichtbare Hilfe beim Entscheiden sind, sondern dass ihr Fehlen auch eine „rationale“ Entscheidung unmöglich macht: Das „Denken mit dem Bauch“[110] ist kein Luxus, sondern eine zwingende Voraussetzung für ein normales Leben.

Was bedeutet das für die Freiheit der Gedanken?

Unsere Erfahrungen vor allem aus Kindheit und Jugend, aber letztlich während des gesamten Lebens, bilden das mächtige Fundament des emotionalen Gedächtnisses. Besonders auch im sozialen Bereich prägt dieses unsere Vorlieben, Abneigungen und Verhaltensmuster.

110 Nach Damásio: Denken mit dem limbischen System bzw. unbewusst. Welche Rolle eventuell Nerven im restlichen Körper, darunter im Bauchraum, bei Entscheidungen spielen könnten, ist nicht Gegenstand dieser Darstellung.

Die Bewertung neuer „rationaler“ Argumente durch unser Bewusstsein geschieht also nicht unabhängig und nicht nach rein logischen Gesichtspunkten, sondern stets und unvermeidbar vor dem Hintergrund unserer persönlichen „emotionalen Datenbank“.

Wenn also jemand Mathematik oder Geschichte nicht mag, liegt das vielleicht nur daran, dass er einen ihm unsympathischen Lehrer hatte; wenn jemand Spinat nicht mag, liegt es vielleicht nur daran, dass er ihn als Kind ständig essen musste, weil er angeblich so viel gesundes Eisen enthalte[111].

Sind wir diesen eingeprägten Verschaltungen willenlos ausgeliefert, da wir die Erfahrungen unserer eigenen Vergangenheit ja nicht rückwirkend ändern können?

Dies ist natürlich nicht der Fall – Voraussetzung ist jedoch, dass wir unser Bewusstsein auf diese Aufgabe ansetzen. In dem Moment, in dem uns die Bedeutung unseres emotionalen Gedächtnisses für unsere Entscheidungen bewusst wird, können wir aktiv beschließen, über unsere Vorlieben, Abneigungen und Prioritäten neu nachzudenken und unser emotionales Gedächtnis umzuprägen. Die Kommunikation zwischen dem Bewusstsein und den Emotionen ist keine Einbahnstraße.

Damásio empfahl damals mit dem folgenden Argument, aus diesen Erkenntnissen zu lernen (Damásio 1994):

> *„Bereits seit einiger Zeit sind die Menschen in einer neuen, ‚gedankenvollen‘ Phase der Evolution, in der ihr Gehirn und ihr Bewusstsein sowohl Diener als auch Herr ihrer Körper und der damit gebildeten Gesellschaften sein kann. Natürlich ist es riskant, wenn aus der Natur entstandene bewusste Gehirne entscheiden, Zauberlehrling zu spielen und die Natur selbst zu beeinflussen. Aber es ist ebenso riskant, die Herausforderung nicht anzunehmen und nicht*

111 Diese Aussage beruht auf einem Messfehler. Spinat enthält nur 2,7 mg Eisen pro 100 g, weniger als Bohnen oder Haferflocken.

*zu versuchen, die Schäden zu minimieren. Genaugenommen ist es enorm riskant, überhaupt nichts zu tun. Genau das zu tun, was selbstverständlich scheint, kann nur denjenigen gefallen, die sich keine besseren Welten und keine besseren Wege vorstellen können, nur denjenigen, die glauben, bereits in der besten aller Welten zu sein."*

Tun oder nichts tun, denken oder nicht denken? Was dachten die Menschen auf der Osterinsel? Was dachten die Regierungen, die die Ozonkrise bearbeiteten, oder die damalige Öffentlichkeit? Soll ich diesen Baum noch fällen? Soll ich diese Spraydose mit FCKW noch kaufen? Kann es auf diesen einen Baum oder diese eine Spraydose ankommen? Kann es auf mich als Einzelnen ankommen?

Hier sind wir wieder beim sozialen Dilemma und den Entscheidungen im „Aneigner-Spiel". Die Entstehung der inneren Bewertung $E_i$ im Zusammenspiel zwischen Emotion und Bewusstsein kann mit Damásios Erkenntnissen besser verstanden werden.

Und nicht nur unser emotionales Gedächtnis hat einen mächtigen Einfluss auf das, was wir für unsere gedankliche Freiheit halten – wir werden auch ständig durch Außeneinflüsse manipuliert.

# 11 Meme

Das Wort „Mem" (englisch „meme") ist heute in den Zeiten der sozialen Medien wieder modern geworden als Begriff für einen kurzen gedanklichen Inhalt, der sich im Internet ausbreitet, etwa ein Witz oder ein Bild.

Es ist jedoch viel älter und wurde geprägt durch den Evolutionsbiologen Richard Dawkins, der durch sein Buch „Das egoistische Gen" vor über vierzig Jahren einer breiteren Öffentlichkeit bekannt wurde (Dawkins 1976). Als begeisterter Darwinist beschrieb er dort die Mechanismen der Evolution, und ihm fiel auf, dass geistige Inhalte, etwa die Sprache, ein ähnliches Verhalten zeigen. Diese wird üblicherweise von Mensch zu Mensch kopiert, aber im Lauf der Jahrhunderte verändert sie sich. Neue Begriffe entstehen, Schreibweisen wandeln sich, alte Begriffe sterben aus. „Spekulativ" (seine eigene Wortwahl) übertrug er diesen Befund auf alle kulturellen Inhalte und nannte die Replikatoren[112] „Meme". Er schrieb, wenn Replikatoren und ein Verbreitungsmechanismus vorhanden seien, dann würde immer ein Evolutionsprozess einsetzen.

Heute sprechen wir, ohne weiter darüber nachzudenken, von der „viralen" Verbreitung etwa eines Werbespots oder eines Schadprogramms und haben kein Problem damit, dies als statistischen, das heißt zufälligen Prozess zu betrachten, genau wie die Verbreitung eines echten Virus. Damals löste die „Spekulation" von Dawkins allerdings hochkontroverse Debatten aus, deren negative Bewertungen von „unwissenschaftlich" über „unnötig" bis zu „falsch" reichten. Der gedankliche Sprengstoff liegt darin verborgen, dass Evolution ungerichtet verläuft und mit der Mem-Hypothese scheinbar die freie Selbstbestimmung menschlicher Gesellschaften in Frage gestellt wird.

112 Informationseinheiten, die sich unter geeigneten Randbedingungen kopieren, das heißt vermehren können

In Bezug auf das Thema der Bedingtheit des menschlichen Denkens bietet sich hier ein weiterer Blickwinkel. Die Prägung durch die Körperlichkeit der somatischen Marker mit ihren unbewussten Emotionen und bewussten Gefühlen und durch 100 000 Jahre Hordenevolution haben wir bereits betrachtet. Nun stellt sich als Drittes die Frage nach der Abhängigkeit unseres Entscheidungsfreiraums von äußeren Einflüssen während unseres eigenen Lebens.

Die Gedankengänge Dawkins' sollen daher im Folgenden ausgeführt werden.

Betreffs der biologischen Evolution formulierte er, dass nicht die Lebewesen, sondern die Gene die Träger der Evolution seien, da diese durch Mutationen verändert würden. Die Lebewesen seien nur die Gen-Vermehrungsmaschinen, deren Erfolg wiederum fast ausschließlich von den Genen bestimmt werde.

Außerdem beschäftigte er sich mit der Entwicklung sozialer Verhaltensmuster, also etwa von Körpersprache, Mimik, Lauten und Sprache. So verändern sich Balzverhalten, Rangordnungskommunikation von Rudeltieren, Brutpflegeverhalten, die Gesänge der Vögel und die Sprache des Menschen ständig.

Wie funktioniert diese Entwicklung tierischer und menschlicher Verhaltensweisen?

Zunächst erläuterte Dawkins den Begriff „Evolution“. Diese läuft von Generation zu Generation ab in den Schritten:

Reproduktion → Mutation → Selektion → Reproduktion usw.

Die Mutation, das heißt die Veränderung des Erbgutes durch Kopierfehler oder durch molekülschädigende Strahlung, ist zufällig. Ihre Wirkung auf das Lebewesen oder seine Nachkommen kann tödlich sein, unwirksam sein oder die Überlebenschancen verbessern. Die Selektion erfolgt im natürlichen Überlebenskampf und der Erfolg einer Mutation bemisst sich daran, ob von dem mutierten Individuum mehr Nachkommen gezeugt werden als von seinen Artgenossen. Dabei folgt die Selektion den Wahrscheinlichkeitsgesetzen: Wenn Rangkämpfe vorkommen, wird ein stärkeres Individuum sich wahrscheinlich häufiger fortpflanzen als ein schwächeres; wenn ein Individuum besser an längere Trockenphasen angepasst ist, pflanzt es sich wahrscheinlich erfolgreicher fort, sobald das Klima trockener wird.

Die gesamte biologische Evolutionskette ist demnach ungerichtet. Mutation und Selektion unterliegen dem Zufall und den Gesetzen der Wahrscheinlichkeit (Dawkins 1976).

Diese Evolution galt für die organische Moleküle enthaltende „Ursuppe" vor Milliarden Jahren, in der sich Replikatoren entwickelten, und sie gilt für das, was wir heute Lebewesen nennen. Genaugenommen gilt sie für die Gene, die selbst keine Lebewesen sind. Dasselbe trifft auf Viren zu. Diese sind letztlich Gensammlungen ohne eigenen selbständigen Stoffwechsel und brauchen für ihre Vermehrung eine lebende Wirtszelle. „Leben" ist also keine erforderliche Bedingung für den Vorgang der Evolution, wie sie oben definiert wurde.

Es ist keine Ausnahme, dass Akteure der Evolution voneinander abhängig sind. Dies gilt beispielsweise für die nektarsuchenden Insekten und die Blütenpflanzen oder für die bakterielle Darmflora des Menschen und ihren Träger. Wenn beide Seiten Nutzen davon haben, nennt man diese Abhängigkeit Symbiose[113].

Nun zieht Dawkins die Analogie von der Biologie zur Kultur im weiteren Sinn, das heißt zur Änderung der angelernten Verhaltensmuster und der geistigen Inhalte bei Tieren und beim Menschen, und nennt jeden gedanklichen Inhalt, der den oben genannten Evolutionsschritten unterliegt, ein Mem.

113 Symbiose von griechisch „Zusammenleben"

Darunter fallen:

- Sprachen: Je nach Zählung gibt es heute rund 6000 Sprachen aus 20 Sprachfamilien. Die verbreitetste ist Mandarin-Chinesisch mit etwa 900 Mio. Nutzern, gefolgt von Englisch mit 300 Mio. Muttersprachlern und 500 Mio. Nutzern als Zweitsprache. Die kleinsten Sprachgruppen, zum Beispiel in Neuguinea und im pazifischen Raum, umfassen weniger als 1000 Menschen.
- Religionen wie Hinduismus, Buddhismus, Judentum, Christentum, Islam: Sie unterliegen ständigen Veränderungen, auch diejenigen Schriftreligionen, die sich um hohe Kopiertreue bemühen, und stehen im Wettbewerb untereinander und mit atheistischen Memen.
- Weltanschauungen: Während des Kalten Krieges zwischen den USA und der Sowjetunion rangen die Meme des Kommunismus und des Kapitalismus um die Deutungshoheit. Heute stehen sich das Mem der demokratisch-freiheitlichen Grundordnung und diverse diktatorische Meme gegenüber.
- In politischen Parteien wie auch in Religionen gibt es typischerweise Mutationen des Extremismus (links, rechts, religiös fanatisch).
- Konsumgüter wie Nahrung, Kleidung, Genussmittel, Autos, Waffen: Betrachtet man beispielsweise das Schokoladensortiment in einem größeren Supermarkt, stellt man ein sehr diverses Angebot fest. Im Sinn des Memkonzeptes bedeutet das: Die Schokolade ist ein kulturelles Virus und wie dieses leblos und mit eigener Herstellungsanleitung. Sie „will" sich ausbreiten und „veranlasst" ihre Symbiosepartner, das heißt die Schokoladenfabrik und deren Kunden, Varianten (Mutation) herzustellen und zu kaufen (Selektion). Die Gewinner werden häufiger reproduziert. Der Nutzen der Symbiosepartner besteht im monetären Gewinn bzw. im Genuss eines als wohlschmeckend empfundenen Lebensmittels, der Nutzen für die Schokoladenmarke in deren Überleben (Olsberg 2010). „Wollen" und „veranlassen" sind hier übertragen gemeint. So könnte man auch sagen, eine Blume „will" befruchtet

werden und „veranlasst" die Biene mit süßem Nektar, zu ihr zu kommen. In Wirklichkeit hat sich der Nektar der Pflanze zufällig entwickelt, aber einige Varianten waren eben erfolgreicher als andere und haben deshalb überlebt.
- Das Zigaretten-Mem „Rauch mich" kommt in der Werbung gern über das limbische System und den VM-PC, stellvertretend für die sekundäre Emotion (siehe das vorige Kapitel), in unser Bewusstsein. Worte und Bilder suggerieren Freiheit, Selbständigkeit, nette Freunde, geselliges Beisammensein, Individualität. Ausgedacht hat sich das wieder der Symbiosepartner, hier die Zigarettenfirma. Das Gegenmem „Rauchen ist gesundheitsschädlich" wird vom Symbiosepartner Staat verbreitet, mit der Motivation, menschliches Leiden zu verhindern (Werte $E_i$ und $E_a$) sowie die Kosten der Gesundheitsversorgung zu reduzieren (Wert $E_m$).

An dieser Stelle ein Hinweis: In der Genetik wird zwischen den DNS-Basenpaaren[114] als Träger der Erbinformation, den molekularen Informationssequenzen der einzelnen Gene und dem Genom, also dem gesamten Datensatz eines Lebewesens oder Virus, unterschieden. Bei dem hier vorgestellten Memkonzept wird diese Unterscheidung nicht gemacht. Die englische Sprache, ein englischer Witz und ein englisches Wort werden also alle einheitlich als Mem bezeichnet.

Die oben genannten Beispiele der Schokoladen- oder Zigarettensymbiose mögen als humorvolle Satire wirken, aber genau hier steckt der Sprengstoff. Dawkins behauptet, um es noch einmal zu wiederholen: Sobald in einem System Replikatoren vorhanden sind, in der frühen Evolution geeignete Moleküle in der „Ursuppe" der Ozeane oder heute gedankliche Inhalte in den Gehirnen der Menschen, vermehren und verändern

114 DNS: Desoxyribonucleinsäure. Doppelsträngiges Polymermolekül, in dem vier chemische Bestandteile, sogenannte Basen, in wechselnder Folge den Code der Information beinhalten

sich diese nach den Regeln der Evolution, also ungerichtet und nach den Gesetzen der Wahrscheinlichkeit. Wie bei der biologischen Evolution sind ausschließlich kurzfristige Vorteile selektionsrelevant.

Folgt man probeweise diesem Ansatz, könnte man etwa erklären,

- dass die deutsche Automobilindustrie in den vergangenen Jahren immer schwerere und stärkere und deshalb mehr Treibstoff verbrauchende Modelle entwickelt hat, weil der Symbiosepartner Kunde seinem evolutionär vorgegebenen kurzfristig wirkenden Statustrieb folgt – ohne zukünftige Folgen zum Beispiel für das Klima zu beachten,
- dass ein durchschnittlicher Drogeriemarkt Hunderte von Produkten für die Schönheitspflege führt und Mode-Influenzerinnen im Internet Millionen von Klicks bekommen, weil der Symbiosepartner Kunde evolutionär geprägt einen Vorteil in der – kurzfristig orientierten – Suche nach einem Sexualpartner erringen möchte,
- dass viele Menschen bei einem Nahrungsüberangebot zu viel essen, ohne längerfristige Folgen zum Beispiel für ihre eigene Gesundheit zu beachten, weil sie von ihrer evolutionären Entwicklung auf diesen Fall nicht vorbereitet worden waren,
- dass die frühsteinzeitlichen Horden typischerweise „dazu neigten“, das erreichbare Großwild bis zur Ausrottung zu bejagen, obwohl es eine ihrer Hauptnahrungsquellen war, weil sie so kurzfristig am einfachsten ihren Hunger stillen konnten (die Anführungszeichen sollen signalisieren, dass wie beim Blumen-Bienen-Beispiel keine planende Absicht unterstellt wird),
- dass die prähistorischen Osterinsel-Bewohner ihren Wald komplett vernichteten, weil die Stammesführer mit Hilfe von Steinfiguren (kurzfristig) ihren Status steigern wollten und die Bevölkerung entsprechend dem jeweiligen aktuellen Bedarf (kurzfristig) Bauholz für den Bootsbau und Brennmaterial zur Nahrungsbeschaffung verbrauchte.

Um es nochmals hervorzuheben, die genannten Beispiele lassen sich alle durch Inanspruchnahme kurzfristiger Vorteile erklären und erfüllen damit die Bedingung einer evolutionären, also ungerichteten Selektion.

Die letzten beiden Fälle weichen insoweit ab, dass die Konsequenzen des Handelns möglicherweise nicht bekannt waren. In den ersten drei Beispielen ist das anders. Sie stammen aus der Welt der modernen Konsumgüter, und die jeweiligen negativen Konsequenzen sind allen oder zumindest den meisten bewusst. Auf der Suche nach einem Verantwortlichen kann man intuitiv geneigt sein, auf die Marktwirtschaft zu deuten. Der Kunde kauft, was ihm gefällt, und die Industrie produziert, was dem Kunden noch besser gefallen könnte. Wenn niemand das geplant hat, ist dann auch niemand dafür verantwortlich? Damit sind wir wieder auf der wahrscheinlichkeitsgetriebenen Ebene der Symbiose von Blume-Biene.

Ist unsere Geschichte, die Entwicklung der Kulturen und Gesellschaften, also nur reiner Zufall? Der Zufall der größten Wahrscheinlichkeit?

Ist es die Folge von Zufall oder einer zielgerichteten bewussten Entscheidung, dass etwa:

- im schwäbischen Württemberg häufig eine Kehrwoche[115] üblich ist, im benachbarten Baden aber nicht?
- in Europa „die Franzosen“ und „die Deutschen“ sich gegenseitig als „fremd“ wahrnehmen, da die einen eine teure Esskultur haben und die anderen teure Autos fahren?
- in den USA sich viele Menschen eine Waffe kaufen, in Kanada aber nicht?

115 Kehrwoche: Formalisierter Wochenrhythmus der Reinigung gemeinschaftlich genutzter Flächen in Mehrfamilienhäusern durch die einzelnen Parteien in festgelegter und kontrollierter Reihenfolge.

- in Brasilien in mittelständischen Kreisen die importierte Coca Cola dem national produzierten und billigeren Orangensaft vorgezogen wird, weil dies dem durch die Werbung suggerierten Statusbewusstsein entspricht?
- in manchen Kulturen die Polygamie erlaubt ist, in anderen nicht?

Aber halt! Liegt hier nicht ein Denkfehler vor? Die Entwicklung eines Autos, einer Zigarettenmarke oder eines Schokoladenrezeptes ist doch eindeutig ein planender Prozess. Dies gilt auch für Kaufentscheidungen, soweit man zwischen Alternativen auswählt. Hier wird, nach Damásio, die Gabe der Szenarienbildung eingesetzt, ein Modell der Zukunft gebildet und bewusst geplant. Damit ist das Konzept der ungesteuerten kulturellen Evolution doch schlicht widerlegt?!

Man kann nun verstehen, warum Dawkins' „Spekulation" solche Kontroversen ausgelöst hat. Dawkins hat diesen Widerspruch übrigens selbst erkannt; dazu ein Zitat:

> *„Ein Merkmal des Menschen, das einzigartig ist, [...] ist seine Fähigkeit zu vorausschauendem Denken. Egoistische Gene, [...] auch Meme, besitzen keine Voraussicht. Sie sind blinde Replikatoren ohne Bewusstsein. [...] Von einem einfachen Replikator, ob Gen oder Mem, kann man nicht erwarten, dass er auf kurzfristig erreichbare egoistische Vorteile verzichtet, selbst wenn sich dies auf lange Sicht tatsächlich auszahlen würde."*

Wie kann man diesen Widerspruch auflösen?

Ich greife noch einmal das Beispiel der Autoproduktion auf. Die Firma hat Entwickler eingestellt, die eindeutig ihre Szenarienbildungs- und Entscheidungsfähigkeiten einsetzen, wenn sie neue Details erfinden. Sie haben allerdings einen engen Auftrag. Da die Firma festgestellt hat, dass sich SUV gut verkaufen, soll ein noch attraktiveres Modell entwickelt werden. Es muss zum Beispiel schnell beschleunigen (das signalisiert Stärke und appelliert an den männlichen Sexualtrieb), Sicherheit bieten (am besten mehr Sicherheit als Konkurrenzmodelle) sowie sportlich wirken, auffallen und Eigenschaften haben, die es von Konkurrenzmodellen abhebt (das appelliert an den Statustrieb). Was bei der Entwicklung herauskommt, ist ein schweres Auto mit starkem Motor, der deshalb viel Treibstoff verbraucht.

Was ist passiert? Die Firma und ihre Entwickler haben ihr „vorausschauendes Denken", ihre Fähigkeit der Szenarienbildung und der Entscheidung dafür eingesetzt, Emotionen und Gefühle (nach Damásio), also kurzfristig wirkende Vorprägungen ihrer Kunden, zu bedienen. Das tut die – nicht planende – Evolution auch! Man könnte also sagen, während die biologische Evolution blind probiert und deshalb Jahrmillionen für durchsetzungsfähige Veränderungen braucht, kürzt der Entwickler diesen Prozess ab, indem er mit seinen intellektuellen Fähigkeiten von vornherein nur die wahrscheinlichsten Erfolgsmodelle berücksichtigt. Deshalb geht Autoentwicklung schneller, aber das Ergebnis ist prinzipiell dasselbe.

Beschreibt dieses Modell die Wirklichkeit? Immer, nie, manchmal?

Ich möchte eine Parallele zur Theorie der somatischen Marker von Damásio ziehen (siehe voriges Kapitel). Dort wurde dargestellt, dass angeborene Triebe und angelernte Emotionen sich körperlich umsetzen in Gefühle, die unser Verhalten prägen. Wir müssen unseren Gefühlen nicht folgen, aber wir tun es meistens. Wir werden sozusagen durch unsere tierische Vergangenheit manipuliert. Dasselbe gilt für die evolutionär neue und einzigartige Fähigkeit zur Zukunftswahrnehmung und zur Szenarienbildung. Unser Körper einschließlich des Gehirns manipuliert uns, indem er uns veranlasst, diese Fähigkeiten ebenfalls entsprechend unseren Prägungen einzusetzen.

Wir folgen dem manipulierenden Einfluss meistens, genauso wie unsere Vorfahren, die sich in 5000 Generationen über die Kontinente ausgebreitet haben. Wir setzen diese Fähigkeiten ein, um Sexualpartner zu finden (zum Beispiel mit Hilfe der Auswahl des wirkungsvollsten äußeren Erscheinungsbildes), gemeinsam zu jagen (zum Beispiel als Angestellter eines Autoherstellers auf der Jagd nach einer Gehaltserhöhung und Gewinn) und um den Status in der Gruppe zu steigern (zum Beispiel durch Karriere, höheres Einkommen und demonstrierten Konsum).

Auch unsere neueste Eigenschaft, das Bewusstsein im weitesten Sinn, unterliegt der Prägung durch die evolutionäre Vorgeschichte von Homo sapiens, die gewisse Handlungsweisen am wahrscheinlichsten macht.

Ich möchte daher „spekulativ" (in Anlehnung an Dawkins) versuchsweise formulieren, dass die kulturelle Evolution teilweise so verläuft, als ob sie ungeplant wäre. Die Tür der freien Entscheidung ist offen, aber nur einen Spalt breit.

Man könnte beispielsweise postulieren,

- dass ein Teil, vielleicht ein großer Teil, der industriellen Entwicklung von Konsumgütern effektiv ungerichtet verläuft, da und sofern sie als einziges Ziel den maximalen Profit hat; dieser entspricht dem evolutionär vorgeprägten Trieb des kurzfristigen Machtstrebens,
- und dass die Veränderung der Sprache meistens ungerichtet verläuft, da dabei eher selten planende Prozesse auftreten.[116]

Wie sieht die Gegensichtweise aus?

Dafür Argumente zu finden, ist einfach. Man sucht nach Handlungsweisen, die gegen die oben genannten Vorprägungen getroffen werden, also unwahrscheinlicher sind.

---

116 Das Bemühen interessierter Lobbygruppen, in der deutschen Sprache das generische Maskulinum abzuschaffen, ist allerdings ein Gegenbeispiel, da es eine bewusste planende Aktion ist.

Zum einen sind wir geprägt als Hordenwesen, das heißt für die Identifikation mit eher kleinen Gruppen (Familie, Clan, Verein, sprachlich identifizierbare Landsmannschaft). Dennoch hat sich das Gedankengut verbreitet, dass es allgemeine Menschenrechte geben könnte und deshalb etwa die Sklaverei oder die gewaltsame Eroberung anderer Territorien abzulehnen seien. Das sind Meme, die dem Hordendenken widersprechen (außer man bezeichnet die Weltbevölkerung als Horde), und damit sind ihre Entstehung und Verbreitung unwahrscheinlich. Sie sind übrigens recht jung. Dasselbe gilt für die Naturschutzbewegung, die andere Lebewesen oder gar Landschaften wertschätzt, obwohl diese nicht Teil der eigenen Horde, ja nicht einmal Menschen sind. Man legt den Beginn des „Naturschutzmems" frühestens ins 18., eher ins 19. Jahrhundert.[117]

Zum anderen sind alle unsere vorgeprägten Emotionen und Gefühle auf kurzfristiges Überleben optimiert. Der Evolutionsprozess, auch für die kulturelle Entwicklung, kann keine anderen Ergebnisse liefern, denn er ist ja auf die kurzfristige Selektion und Reproduktion angewiesen. Langfristig orientierte Entscheidungen sind also ebenfalls eher unwahrscheinlich. Dennoch gibt es dafür Beispiele, und einige prominente sind in diesem Buch genannt. Der Umgang mit dem Ozonloch, mit dem Klimawandel und dem Artensterben zeigen, dass Homo sapiens zumindest in der Lage ist, Probleme mit einem Zeithorizont von Jahrzehnten oder Jahrhunderten im Sinne der Szenarienbildung gedanklich zu erfassen. Ein aktuelles Beispiel aus der Investitionsgüterindustrie ist die Entwicklung der Wasserstofftechnologie[118],

117 Als erste große naturgeschützte Gebiete gelten Yosemite Valley (1864) und Yellowstone (1872), beide in den USA. Wald- und Jagdschutz gab es schon Jahrhunderte früher, allerdings aus rein wirtschaftlichen Gründen.

118 Wasserstoff wird Kohle, Öl und Gas als wichtigster chemischer Energiespeicher ersetzen. Dazu muss er aus Strom erzeugt und teilweise in Strom zurückverwandelt werden.

die für die Umstellung der Energiewirtschaft von fossilen auf erneuerbare Quellen benötigt wird. Dieser Prozess ist zwar, wie die Entwicklung der SUV, auf Profitmaximierung ausgerichtet, aber der Profit wird erst in vielen Jahren bis Jahrzehnten anfallen. Als langfristige Entscheidung gehört diese also auch in die Kategorie der „unwahrscheinlichen“ Ereignisse, die dem kurzfristig selektionierenden Evolutionsschema widersprechen.

Zugleich mit der technischen Fähigkeit, langfristigen Schaden anzurichten, ist offenbar auch die geistige Fähigkeit des Menschen gewachsen, sich damit auseinanderzusetzen. Ob er diese Aufgabe lösen wird, ist eine offene Frage – im Zusammenhang dieses Buches kommt es vor allem darauf an zu zeigen, dass der Vorgang des nachhaltigen Planens und Handelns nicht dem aufgrund der menschlichen biologischen Vorprägung wahrscheinlichsten Verhalten entspricht, aber möglich ist und auch geschieht.

Das „spekulative“ Modell von Dawkins ist also vielleicht gar nicht so realitätsfern, insoweit er einen in weiten Teilen durch Wahrscheinlichkeiten bestimmten Gang der kulturellen Entwicklung beziehungsweise der menschlichen Geschichte postuliert, aber gleichzeitig den Ausweg durch die Fähigkeit zu vorausschauendem Denken nennt.

Ich weiß nicht, wie Sie das empfinden, aber mich beschleicht auf jeden Fall das Gefühl, manipuliert zu sein, wenn ich mich aus Gewohnheit und ohne nachzudenken ausschließlich an den gesellschaftlichen Normen (Memen) meiner räumlichen und zeitlichen Nahumgebung orientiere.

In der europäischen Geschichte gab es eine ganze Epoche, die sich natur- und geisteswissenschaftlich mit diesen Fragen auseinandergesetzt hat: das Zeitalter der „Aufklärung“ etwa von 1650–1800. Es erhob die Vernunft zur Urteilsinstanz, und Inhalte wie Naturrecht, Menschenrechte, Gemeinwohl, Staatsformen oder religiöse Toleranz wurden gleichzeitig mit raschen naturwissenschaftlichen Erkenntnisgewinnen diskutiert. Die Definition des zeitgenössischen Philosophen Kant lautete so:

> *„Aufklärung ist der Ausgang des Menschen aus seiner selbstverschuldeten Unmündigkeit. Unmündigkeit ist das Unvermögen, sich seines Verstandes ohne Leitung eines anderen zu bedienen. Selbstverschuldet ist diese Unmündigkeit, wenn die Ursache derselben nicht am Mangel des Verstandes, sondern der Entschließung und des Mutes liegt, sich seiner ohne Leitung eines anderen zu bedienen. Sapere aude![119] Habe Mut, dich deines eigenen Verstandes zu bedienen! ist also der Wahlspruch der Aufklärung." (Kant 1784)*

Diese Sätze sind fast 250 Jahre alt und klingen dennoch völlig aktuell. Wieso konnte Kant dies schreiben?

Er konnte es schreiben, weil der Mensch als einziges Lebewesen einen Verstand in dieser Bewusstseinsstufe hat, und er fordert zu dessen Benutzung auf.

Der Mensch hat die Gabe der Szenarienbildung und kann damit in die Zukunft sehen, genauer, sich ein Bild von der Zukunft machen, und entsprechend planen. Dies kann kein Gen und in dieser Qualität auch kein anderes Tier.

Warum war die Aufforderung Kants dann überhaupt nötig?

Der Haken ist: Wir sind vor allem Tiere. Wir haben angeborene Instinkte und (primäre) Emotionen, angelernte (sekundäre) Emotionen und bewusste Gefühle (siehe Kapitel 10 „Somatische Marker"). Den Teil und die Verschaltung der Hirnrinde, die das Bewusstsein ermöglichen, haben wir erst „vor kurzem" als kleinen Anhang dazubekommen. Und wie wir im letzten Kapitel gesehen haben, funktioniert dieser Anhang nicht wie eine unabhängige Rechenmaschine, sondern ist in seiner Funktionsweise abhängig von den älteren Komponenten.

Der oft tierhafte Charakter unseres Verhaltens passt zur Hypothese Damásios, dass wir auf unsere somatischen Marker,

119 Sapere aude: Lateinisch: „Wage es weise zu sein."

die Körpersignale, hören – nur unsere Szenarienbildungsfähigkeit erlaubt es, daraus auszubrechen. Aber auch diese widmet ihre Aufmerksamkeit gern den tierischen Vorlieben.

Beispiele für Aktionen „gegen die Wahrscheinlichkeit" findet man auch bei herausragenden Einzelpersonen. Nehmen wir Luther: Er schuf mit seinen 95 Thesen gegen den Ablass, die er 1517 in Umlauf brachte, ein sehr mächtiges Mem. Eine singuläre Einzelleistung! Dennoch gab es viele Zufälle, die dem Mem das Überleben sicherten. Ohne Gutenbergs Erfindung des Buchdrucks 60 Jahre vorher wären die Thesen nicht so gut verbreitbar gewesen. 100 Jahre vorher wäre Luther vielleicht von der Inquisition verbrannt worden, 100 Jahre später hätten andere seine Arbeit schon gemacht (es gab mehrere zeitlich nah beieinanderliegende Reformationsbewegungen in Europa). Er plante übrigens keine Reformation, sondern kritisierte nur den Ablasshandel. Erst als der Papst auf seine Forderungen nicht reagierte (wahrscheinlichster Zufall oder willentliche Einzelleistung des katholischen Oberhauptes?), sah er sich motiviert, die Allmacht des Papstes in Frage zu stellen und damit die Kirchenspaltung herbeizuführen.

Nach gängigem historischen Verständnis hat Luther persönlich und durch sein nichtkonformistisches Handeln ein Ergebnis erzielt. Dies war aber nur möglich durch die Mithilfe einiger Machtträger und Freunde, die ihn letztlich vor dem Tod bewahrten, und durch eine öffentliche Meinung, die ihn unterstützte. War Letzteres nun wieder Zufall oder eine kollektive selbstständige Entscheidung der damaligen gläubigen Öffentlichkeit oder vielleicht Schwarmintelligenz, wie man heute sagen würde?

Luther hat im Übrigen mehr als ein langlebiges Mem in die Welt gesetzt. Seine Bibelübersetzung aus dem Griechischen, die er 1522 in nur elf Wochen anfertigte, prägte die deutsche Sprache für Jahrhunderte. Die erste Auflage seiner Bibel von 3000 Stück war innerhalb von drei Monaten ausverkauft und die Übersetzung diente lange als Schulbuch.

Ein Luther, will sagen eine Persönlichkeit, die gegen die Wahrscheinlichkeit seiner kurzfristig orientierten tierischen Prägung handeln kann, steckt in jedem von uns. Zum einen über die Marktmacht: Die amerikanischen Konsumenten entschieden in den siebziger Jahren des vorigen Jahrhunderts, weniger FCKW-haltige Spraydosen zu kaufen, und wir entscheiden heute, ob wir unsere Ernährung mit gesünderen Bestandteilen anreichern, das Rauchen aufgeben oder mit welchem Verkehrsmittel wir fahren. Zum Zweiten über die Kommunikation, über die Verbreitung von Memen. Nichts hindert uns, auch „unwahrscheinliche" Meme zu verbreiten, etwa für den Schutz von wilden Tieren auf einem anderen Kontinent, oder für Menschenrechte in einem anderen Land. Auch die „Aufklärung" war nur möglich durch die damals schon weit verbreitete Möglichkeit des Drucks von Büchern und Zeitungen, durch die Beteiligung der Öffentlichkeit, durch Kommunikation.

Die Beispiele mögen trivial scheinen, aber genau darum geht es.

Zusammenfassend kann noch einmal Dawkins zitiert werden (Dawkins 1976):

> *„Wir sind als Genmaschinen gebaut und werden als Memmaschinen erzogen, aber wir haben die Macht, uns unseren Schöpfern entgegenzustellen. Als einzige Lebewesen auf der Erde können wir uns gegen die Tyrannei der egoistischen Replikatoren auflehnen."*

Wir „Mem-Maschinen" haben heute noch ein weiteres Problem, und zwar die erhöhte Mutationsrate und die erhöhte Virulenz oder – um im Bild zu bleiben – Reproduktionsrate der Meme.

Während Werbung für Konsumprodukte oder Weltanschauungen vor drei Generationen noch per Zeitung oder Litfaßsäule vermittelt wurde, vor zwei Generationen per Rundfunk und vor einer Generation per Fernsehen, ermöglicht das Internet heute eine globale rasche Informations- und Meinungsübermittlung (Reproduktion), und die sozialen Medien erlauben auf einfache Weise, neue Meme zu generieren (Mutation).

Das „Super-Mem“ der personalisierten Werbung, sowohl für kommerzielle Produkte als auch für Meinungen, schafft Selektionsvorteile für die so kommunizierten Meme. Der Überlebenskampf für Meme wird härter und schneller. Die Zunahme von „Fake News“, also Lügen oder völlig aus der Luft gegriffenen Behauptungen, und die Bildung „sozialer Blasen“ von kommunikativ abgeschotteten Gruppen, die an spezielle Meme glauben, ohne Gegen-Meme auch nur zur Kenntnis zu nehmen, sind dafür ein Zeichen.

So verbreiten sich heute wissenschaftliche Erkenntnisse, wie das Klimawandel-Mem, das Artensterben-Mem oder das Ökosystemdienstleistungs-Mem, schneller als noch vor 50 Jahren das Ozonloch-Mem. Entsprechend rascher erreichen aber auch Konsumwerbung, populistische Politikwerbung, extremistisches oder terroristisches Gedankengut, Verschwörungstheorien und Verleumdungen ihren potenziellen Wirt.

Während der Mensch vor der Industriellen Revolution sich mit den wenigen neu entstehenden Memen geruhsam mit Hilfe des limbischen Systems und des präfrontalen Cortex auseinandersetzen konnte, also die Tradition noch von Generation zu Generation weitergab, findet seit der Erfindung der elektronischen Datenverarbeitung der Wechsel wesentlicher kultureller Merkmale schon mehrfach innerhalb eines Lebens statt. Die Prägung unserer somatischen Marker, oder nach Elinor Ostrom der inneren Werte $E_i$, steht also unter Dauerfeuer. Das betrifft auch die äußeren Werte $E_a$, die damit eng zusammenhängen.

So ist also jede Institution, die in unserer heutigen Gesellschaft funktionieren soll, einem außerordentlich hohen Veränderungsdruck ausgesetzt. Ostrom sah „rasche externe Veränderungen“ als Bedrohungskriterium für die Verwaltung von Allmendesystemen an. Nach ihrer Ansicht ist also die rasante Entwicklung der Technik und mit ihr die Intensivierung der Mem-Übertragung ein Negativposten für die Fähigkeit, Soziale-Dilemma-Situationen zu lösen.

Das nächste Kapitel beschreibt einige wesentliche der von Ostrom als solche identifizierten Erfolgs- oder Misserfolgskriterien für den Umgang mit Sozialen-Dilemma-Situationen.

# 12 Bewertungskriterien für Allmendesituationen

Elinor Ostrom hatte durch eigene Feldforschung und Auswertung von Ergebnissen Dritter Informationen über Hunderte von Allmendesituationen gesammelt. Die Untersuchungen reichten von Bewässerungssystemen über Grundwasser- und Waldnutzung oder Weidebewirtschaftung bis zur Hochsee- und Küstenfischerei in mehreren Kontinenten.

Ostrom erstellte eine einheitliche funktionelle Analyse geeigneter Fälle und arbeitete die Relevanz des sozialen Dilemmas bei der Bewirtschaftung öffentlicher Ressourcen heraus. Sie führte den Begriff der Institution als Beschreibung der sozialen Mechanismen ein und definierte deren Bestandteile. Als nächsten Schritt katalogisierte sie die zahlreichen Fallbeispiele und erstellte kurze Listen einfacher Beurteilungskriterien. Diese sollten auf beliebige Beispiele der Nutzung öffentlicher Ressourcen anwendbar sein und erlauben, deren Erfolgswahrscheinlichkeit zu beurteilen und Probleme und Verbesserungspotenziale zu identifizieren.

Drei Listen (nach Ostrom 2005) werden im Folgenden in Kurzform vorgestellt und auf einige Beispiele angewendet. Die erste beschäftigt sich mit der Frage, wann überhaupt ein Allmendeproblem die Bildung einer Institution zu dessen Lösung hervorruft. Die zweite beurteilt die Erfolgschancen dieser Institution, und die dritte bezeichnet Risikofaktoren für ein Scheitern.

Gemäß dem „Dilemma der Institution" führt nicht jede Überlastungssituation öffentlicher Ressourcen zu einer eigenverantwortlichen Reaktion der Nutzer. Dieser Fall kam in Kapitel 6 „Gefangenendilemma" schon vor, als es um die Spielvariante mit „kapitalkräftigen" Außenseitern ging, bei der nur eine Minderheit der Gruppen gemeinsame Strategien entwickelte. Die folgende Aufstellung nennt die Faktoren, die die Wahrscheinlichkeit erhöhen, dass eine konstruktive Selbstorganisation stattfindet.

## Erste Liste: Voraussetzungen zur Bildung einer Allmende-Institution

Zur Ressource

1. Eine **Verbesserung** durch organisierte Nutzung ist zu erwarten.
2. Zuverlässige **Indikatoren** zum Zustand der Ressource sind vorhanden.
3. Eine **Vorhersehbarkeit** von Ertrag/Schaden ist gegeben.
4. Eine **Überschaubarkeit** der Ressource bezüglich ihrer Grenzen und ihrer Funktionalität existiert.

Zu den Nutzern

1. **Wichtigkeit** der Ressource für die Nutzer morgen genauso wie heute (Nachhaltigkeit)
2. **gemeinsames Verständnis** der Nutzer über die Ressource und ihre eigenen und gemeinsamen Handlungen
3. **reziprokes Handeln** der Nutzer und darauf aufbauendes Vertrauen; Solidarität der Nutzer untereinander
4. **Autonomie** der Nutzer – sie können ihre Aktionen selbst bestimmen
5. **Erfahrung** in Organisation, Führerschaft und Partnerschaft

Betrachten wir einige bereits beschriebene Allmendebeispiele mit Hinblick darauf, wie wahrscheinlich die Bildung einer Institution war oder ist.

<u>Die Osterinsel:</u>

Aus Mangel an Quellen kann man leider nur spekulieren. Vielleicht gab es damals nie eine Bewegung zum Erhalt des Waldes. Die Kriterien der Ressource, das heißt das Verständnis für deren Funktion und Endlichkeit (zweite Nutzerbedingung), sollten eigentlich klar gewesen sein, denn dass man ohne Bäume keine Statuen mehr transportieren und keine Boote mehr bauen konnte, war offensichtlich. Falls die letzten Bäume allerdings wegen Übervölkerung dem Feuerholzmachen zum Opfer fielen, rückte die

Nachhaltigkeit in den Hintergrund: Die Wichtigkeit der Ressource morgen (erste Nutzerbedingung) trat gegenüber der Nahrungsbereitung als Akt der Not heute zurück. In dieser Situation war wahrscheinlich auch keine Solidarität (dritte Nutzerbedingung) mehr vorhanden. In der früheren Phase der Statuenproduktion war die Bevölkerung als Nutzer vermutlich auch nicht selbstbestimmt, da hierarchisch höher gestellte Führer über den Statuenbau entschieden, die möglicherweise die Zukunft nicht im Blick hatten.

Ich persönlich kann mir vorstellen, dass das Oberschicht-Mem „Statuenbau", das die konditionierte Prägung zum Wunsch nach Statuserhöhung befriedigte, den Blick so lange manipulativ (siehe das vorige Kapitel) von der Zukunft ablenkte, bis es zu spät war. Als Hungersnöte begannen, war bei der Suche nach Brennholz sich selbst jeder der Nächste. Eine kollektive Entscheidung zur (friedlichen) Reduzierung der Bevölkerungszahl und zu einem Wiederaufforstungsprogramm, dessen Erfolg sich erst nach einigen Jahrzehnten gezeigt hätte, war nicht mehr möglich.

Klima- und Artenschutz:

Wie sieht es mit dem Klimawandel und dem Artenschutz aus?

In Bezug auf die Treibhausgase sind die Ressourcenbedingungen recht gut erfüllt: Die Überschaubarkeit ist gegeben und Indikatoren sind bekannt. Etwas schlechter sieht es allerdings mit der Vorhersehbarkeit von Schäden aus. Auch wenn heute schon Stürme, Trockenphasen, Starkregen und Waldbrände zunehmen und die Eismassen schmelzen, gibt es keine Prognosen, wann etwa wie viele Millionen oder Milliarden Menschen deshalb migrieren oder verhungern werden. Die Wissenschaft weiß es nicht genau, und wir verdrängen es. Damit ist die erste Nutzerbedingung, die Wichtigkeit der Nachhaltigkeit, eher unzureichend gegeben. Auch wenn ein gemeinsames Verständnis dank Internet global im Wesentlichen vorhanden sein dürfte, ist die dritte Bedingung, Vertrauen und reziprokes Handeln, nur in Ansätzen vorhanden. Trotz regelmäßiger internationaler Klimaschutzkonferenzen deuten die verschiedenen staatlichen

Akteure gern jeweils auf den anderen, und auch innerhalb der Staaten werden Maßnahmen nur zögerlich umgesetzt. Auf der Bürgerebene ist es ähnlich: Viele Menschen handeln egoistisch mit der Begründung, andere würden noch mehr Treibhausgase erzeugen. Ein anderes denkbares Motiv ist häufig, dass ihnen die Zukunft nicht wichtig ist und sie heute nicht betroffen sind, weil sie in einem wohlhabenden Staat in gemäßigten Breiten wohnen und sich eine Klimaanlage leisten können (erste Nutzerbedingung, Wichtigkeit der Ressource). An Erfahrung (fünfte Nutzerbedingung) fehlt es eigentlich nicht. Es gibt neben der Klimaschutzagentur IPCC und dem Ritual der Klimaschutzkonferenzen heute viele andere globale Institutionen, die sich mit Fachwissen äußern: etwa die Weltgesundheitsorganisation (WHO) und die Ernährungs- und Landwirtschaftsorganisation (FAO) unter dem Dach der Vereinten Nationen sowie Naturschutz- und Entwicklungshilfeorganisationen.

Die Wahrnehmung der Notwendigkeit des Artenschutzes hinkt demgegenüber deutlich hinterher. Die Ressourcenbedingungen sind einigermaßen unübersichtlich. Weder wissen wir genau, mit Ausnahme der Speziesauswahl der Roten Liste, wie gefährdet Arten sind, noch wann ein Aussterben droht. Wir können auch mögliche Konsequenzen nur ungenau abschätzen. Die Vorhersehbarkeit des Schadens (dritte Ressourcenbedingung) hängt zudem noch davon ab, ob die rein anthropozentrische Betrachtungsweise gewählt wird, die nur die Ökosystemdienstleistungen berücksichtigt, oder ob den Arten ein Wert an sich zugeordnet wird (siehe Kapitel 3 „Ökologischer Fußabdruck und Artensterben"). Damit stehen die Wichtigkeit der Ressource und ein gemeinsames Verständnis in Frage (erste und zweite Nutzerbedingung).

Soziale-Dilemma-Situationen liegen sowohl beim Klima- als auch beim Artenschutz vor. Wie weit sind wir mit der Bildung von Institutionen im Sinn von Ostrom in diesen beiden Fällen bisher gekommen? Betrachten wir den Klimaschutz nach formalen Kriterien.

Es fällt sofort auf, dass es mehrere institutionelle Ebenen gibt (wie im Beispiel des Fußballvereins). Diese reichen von den Vereinten Nationen über die Nationalstaaten und die Bundesländer bis – in Deutschland – zu den Landkreisen und Gemeinden, die eigene Klimawendepläne haben können. Die Pläne sind in vielen Fällen Normen, also Handlungsanweisungen mit Wertung, aber ohne Sanktionen (siehe Kapitel 8 „Institutionen und Werte"). Dies gilt für die Ebene der Vereinten Nationen, aber auch zumeist für die subnationale Ebene: Sie können appellieren, aber keine Strafen verhängen. Die Vereinten Nationen mit ihren Klimaschutzkonferenzen versuchen, die Werte $E_i$ und $E_a$ (innere und äußere Bewertung) zu beeinflussen, das heißt das Gewissen oder die Einsicht der Staatsführungen, der Menschen und der öffentlichen Meinung. Formal gesprochen sind das Bewertungsnormen und Zielnormen.

Einige Institutionen sind da jedoch weiter, so etwa die EU, die $CO_2$-Zertifikate realisiert hat, oder einzelne Länder wie Frankreich, Großbritannien, Schweden und seit 2021 auch Deutschland, die eine Steuer auf $CO_2$ erheben. Das sind keine Normen mehr, sondern strafbewehrte Regeln. Deren $E_m$ (monetäre Bewertung) soll, über den überzeugenden oder moralischen Appell hinaus, durch marktwirtschaftliche Mechanismen wirken. Es wurden Handlungsregeln aufgestellt.

Bezüglich der Positionsregeln ist in den diversen Institutionsebenen vieles noch nicht geklärt und teilweise kontrovers: Sind die Akteure in der Position des Wohnungsnutzers, der eine Heizung betreibt, und des Autofahrers, der regelmäßig tankt, von Regeln betroffen? Das EU-$CO_2$-Zertifikatesystem sagt nein[120], deutsche $CO_2$-Steuern sagen ja (CEW 2022). Sind Akteure in der

120 Der EU-$CO_2$-Emissionshandel umfasst Kraftwerke und Großchemie, insgesamt rund die Hälfte aller $CO_2$-Emittenten. Gebäude und Verkehr sollen in den kommenden Jahren mit eingeschlossen werden (Stand 2022).

Position des Landwirts (Lachgas über den Dünger und Methan über die Kühe) betroffen? Die Normen der UN sagen ja, aber Regeln existieren noch nicht. Ist der Akteur in der Position des Palmölimporteurs betroffen? Über einschränkende Regelungen und Zölle wird nachgedacht.

Betrachtet man die derzeitige Lage anhand der angeführten Kriterien in Bezug auf den Klimawandel, kann man zu dem Schluss kommen, dass die Bildung einer mehrere Ebenen umfassenden globalen Allmende-Institution in Arbeit ist. Sie ist innerhalb der vergangenen Jahre erkennbar intensiver betrieben worden, hat aber noch längst kein ressourcenerhaltendes Niveau erreicht.

Für das Thema Artenschutz gilt Ähnliches.

Nachdem das Dilemma der Institution einmal überwunden ist und eine solche gegründet wurde, stellt sich die Frage: Wie hoch ist die Wahrscheinlichkeit, dass die Institution erfolgreich arbeitet?

## Zweite Liste: Designprinzipien erfolgreicher Allmende-Institutionen

1. **Klare Grenzen** gegen zur Nutzung nicht berechtigte Außenstehende existieren.
2. **Regeln, Kontrolle** und **Sanktionen** sind vorhanden, möglichst mit Selbstverwaltung.
3. Innerhalb der Institution sind **einfache Konfliktlösungsmechanismen** vorhanden.
4. Sofern mehrere Ebenen vorhanden sind, ist die Verantwortung auf diese Ebenen gemäß dem **Subsidiaritätsprinzip**[121] ver-

121 Subsidiaritätsprinzip: Die Verwaltungskompetenz wird so tief wie möglich und so hoch wie nötig festgelegt.

teilt, das heißt, es gibt eine größtmögliche Selbstbestimmung und Eigenverantwortung.

Prüfen wir diese Liste wieder anhand von Beispielen.

Das Ozon-Loch:

Die Bildung einer Institution zur Verwaltung des Chlorgehaltes der Stratosphäre, um die Ozonschicht zu erhalten, gelang sehr rasch, da die Ressource klar und eindeutig bewertet werden konnte und den Nutzern wegen der erwarteten direkten Gesundheitsbedrohung beim Aufenthalt im Freien eine Lösung sehr wichtig war. Den Verträgen konnten Staaten freiwillig beitreten, was die Grenzen klar definierte (erstes Designprinzip). Ein günstiger Umstand war, dass es nur wenige große und federführende FCKW-Produzentenländer gab und die weiteren Beitrittsländer durch den Gesundheitsnutzen deutlich mehr profitierten, als sie durch Umsatzrückgang verloren. Die Regeln (zweites Designprinzip), in diesem Fall der Zeitplan für die Verbote der gefährlichen Stoffe abgestuft für Industrie- und Entwicklungsländer, waren einfach und eindeutig. Konflikte konnten im Rahmen der regelmäßigen Konferenzen gelöst werden (drittes Designprinzip), wobei interessanterweise regelmäßig neue Substanzen erfasst und die Verbote verschärft wurden. Das bedeutet, dass die in der Institution agierenden Staaten sich über etwaige Interessen ihrer Herstellerfirmen hinwegsetzten, um stattdessen die Gesundheitsinteressen ihrer Bürger zu vertreten; damit gab es überhaupt keine nennenswerten Konflikte. Diese Situation machte auch (nationale) Kontrollen einfach.

Das Subsidiaritätsprinzip (viertes Designprinzip) war nicht relevant, da alle Entscheidungen auf Länderebene getroffen wurden.

Wegen der direkten Bedrohung für die meisten Menschen und der Konzentration der Herstellerfirmen als etwaiger Interessengegner in sehr wenigen Staaten war die Ausgangslage für eine erfolgreiche Lösung des sozialen Dilemmas sehr gut, und die Geschichte der folgenden Jahre zeigte ja dann auch den raschen Erfolg.

Der Euro:

Als zweites Beispiel sei die Eurozone gewählt. Diese hat nichts mit Umwelt- oder Klimaschutz zu tun, sondern ist eine rein wirtschaftliche Institution. Sie eignet sich jedoch ebenfalls, die Designprinzipien einer Sozialen-Dilemma-Situation zu zeigen.

Die öffentliche Ressource „Gemeinsame Währung" war 1992 mit dem Vertrag von Maastricht vereinbart und 1999 von elf Ländern umgesetzt worden. In einem Gründungsvertrag wurden Regeln zur Nutzung dieser Ressource festgelegt, die sogenannten Konvergenzkriterien, darunter ein maximaler nationaler Schuldenstand von 60 % des Bruttoinlandsprodukts. Diese wurden allerdings rasch nicht eingehalten. Dennoch wurden keine Sanktionen verhängt, das heißt, die Regeln stellten sich als reine Normen[122] heraus.

Das Unvermögen, auf- oder abwerten zu können, wie es vorher mit nationalen Währungen möglich war, begünstigte die wirtschaftlich starken und benachteiligte die wirtschaftlich schwachen Länder. Anstelle der erhofften Konvergenz trat ein Auseinanderdriften der Wirtschaftsleistungen ein. Die globale Finanzkrise 2008 beförderte Griechenland vor diesem Hintergrund an den Rand des Staatsbankrotts, der mit großen Hilfszahlungen abgewendet wurde. Das von der Europäischen Zentralbank billig gehaltene Geld motivierte Staaten, sich stärker zu verschulden, statt ihre Produktivität zu steigern. In der Coronakrise 2020/2021 wurden wiederum gigantische Euro-Summen gedruckt und an die Mitglieder unter Auflagen verteilt, ohne dass deren Kontrolle zu erwarten wäre. So wurden

122 Im Gegensatz zur Regel ist die Norm im Sinn von Ostrom nicht strafbewehrt. Siehe Kapitel 8 „Institutionen und Werte".

Lasten, im Widerspruch zu den Gründungsregeln, zwischen den Ländern und auf künftige Steuerzahler verschoben.

Die Institution des Eurosystems verwaltet eine Soziale-Dilemma-Situation: Die einzelnen Mitgliedsstaaten sollen die knappe Ressource der gemeinsamen Währung verantwortlich und eigenständig verwalten. Sie können sich aber auf Kosten der anderen kurzfristig bereichern, was unter Umständen die Stabilität und den Nutzen des gesamten Systems in Frage stellt.

Wie lässt sich das Eurosystem in die Designprinzipienliste einordnen? Klare Grenzen (erstes Designprinzip) sind eindeutig vorhanden: Es gibt Euro- und Nicht-Euro-Länder in der EU. Sehr schlecht sieht es mit Kontrolle und Sanktionen (zweites Designprinzip) aus: Das Maastricht-Kriterium des maximalen Schuldenstands wurde ohne jedwede Sanktionen von vielen Ländern rasch überschritten, wobei während der Finanzkrise Griechenland, Italien und Portugal in dieser Reihenfolge mit dem Drei- bis Zweifachen des zulässigen Wertes die Spitze bildeten (Eurostat 2019). Auch die Konfliktlösungsmechanismen (drittes Designprinzip) sind schwach ausgeprägt, da häufig Einstimmigkeit erforderlich ist, was Veränderungen leicht blockiert. Der jüngste Ansatz, den EU-Verfassungsvertrag zu ändern, verpuffte 2004 mangels vollständiger Ratifizierung durch alle Mitgliedsländer. Auftretende Probleme wurden deshalb mehrfach notdürftig in „Krisensitzungen" der Regierungsvertreter in Brüssel behandelt und entschieden.

Auch ein Nutzerkriterium aus der ersten Liste, nämlich das gemeinsame Verständnis über die Ressource, ist nur bedingt vorhanden: Ein wirtschaftliches Nord-Süd-Gefälle erzeugt den Wunsch der schwächeren Staaten, von den stärkeren finanzielle Hilfen zu erhalten, obwohl doch ursprünglich festgelegt war, dass sich jedes Land selbst finanzieren müsse („keine Transferunion"). Dieser Punkt ist allerdings zu ergänzen durch ein zweites Nutzerkriterium: Volkswirtschaften mit einer vormals niedrigen Inflationsrate profitieren beim Export, während diejenigen mit einer vormals hohen Inflationsrate Nachteile durch die Stabilität der Eurowährung haben, da sie nicht mehr abwerten können. Beide Kriterien gleichen sich im monetären Effekt teilweise aus, verstärken jedoch die Unterschiedlichkeit der Interessenlagen.

Die Stabilitätsbewertung des Eurosystems fällt gemäß den Designprinzipien nach Ostrom also eher mäßig aus.

Man kann den gemeinsamen Nutzen der Institution „Euroraum" im Erreichen einer größeren wirtschaftlichen Stärke im Vergleich zur Situation mit nationalen Einzelwährungen sehen. Für die Zukunft darf man also gespannt sein, wie sich der Nutzen des wechselkursfreien Handels innerhalb der Eurozone und der Alternative zur Weltwährung US-Dollar mit dem Schaden nationaler Misswirtschaften aufgrund billigen Geldes die Waage hält.[123]

SARS-CoV-2:

Das dritte Beispiel stammt aus unserer direkten Gegenwart: die Corona-Pandemie. Ende 2019 war das neuartige Coronavirus SARS-CoV-2 möglicherweise auf einem Tiermarkt oder auch über Fledermäuse als Zwischenträger in China auf den Menschen übergesprungen und hatte sich rasch global verbreitet. Bereits ein Jahr später betrug die Zahl der nachgewiesenen Fälle 70 Millionen – bei einer unbekannten Dunkelziffer – mit 1,5 Millionen Toten.[124] Zwischenzeitlich waren in einigen Län-

123 Theorie und geschichtliche Erfahrung lassen bei zu viel „gedrucktem Geld" eine Inflation erwarten, die im Übermaß Volkswirtschaften schwächen kann. Interessanterweise war dies in der Eurozone erst ab 2021 zu beobachten, vom früheren Anstieg der Immobilienpreise abgesehen.

124 Weitere vier Monate später (April 2021), schon während des Beginns der weltweiten Impfkampagne, hatten sich diese Zahlen nochmals nahezu verdoppelt. Bis April 2022 wurden 500 Mio. Infektionen und über 6 Mio. Todesfälle gemeldet.

dern die Gesundheitssysteme überlastet, sodass nicht mehr alle Patienten optimal behandelt werden konnten. Um die Ansteckungsgefahr einzudämmen, wurden in vielen Ländern mehr oder weniger ausgeprägte Kontaktbeschränkungen erlassen. Wir betrachten die Phase vor Einführung der allgemeinen Impfung, also etwa das Jahr 2020.

In diesem Fall, also in der Situation der Gesundheitsgefährdung durch menschliche Kontakte, kann man die öffentliche Ressource als den sozialen öffentlichen und privaten Raum definieren und das knappe Gut, sozusagen die Grashalme auf der Schweizer Allmendewiese, als die Summe der persönlichen Kontakte pro Zeiteinheit. Wird die Kontaktfrequenz zu hoch (das Gras zu rasch abgeweidet), gehen die Infektionszahlen unkontrolliert nach oben[125], und es entsteht durch Überlastung der Gesundheitssysteme mit hohen Zahlen an Todesfällen und durch die Krankheitsfolgen ein kollektiver Schaden (Schafe verhungern).

Die Ressourcenbedingungen waren innerhalb weniger Monate allgemein bekannt: Trotz beschränkten medizinischen Wissens war rasch klar, dass Abstandhalten ein geeignetes Mittel ist.

Hier liegt der Fall einer Kombination von staatlicher Regelung und kollektiver Selbstverwaltung der Sozialen-Dilemma-Situation vor. Deren Vor- und Nachteile wurden im madagassischen Beispiel in Kapitel 5 „Allmende“ und in Kapitel 6 „Gefangenendilemma“ schon beschrieben.

Bei den Nutzerbedingungen fällt bei den Kriterien „Wichtigkeit der Ressource“ und „gemeinsames Verständnis“ auf, dass sich wegen der statistischen Altersabhängigkeit der Krankheitsschwere und Sterblichkeit rasch ein gewisses Gefälle in

125 Dies ist die Situation vor der flächendeckenden Einführung einer wirksamen Impfung.

Bezug auf die Bewertung der Gefährlichkeit zwischen Alt und Jung bildete.

Die Gefährdung war allerdings deutlich direkter, als sie beim Klimawandel oder Artensterben, aber auch beim Ozonloch wahrgenommen wird. Das half, rasch ein kollektives Bewusstsein zu schaffen, dass man sich in einer Gefangenendilemma-Situation befindet, und bei der Mehrzahl der Akteure selbstständige Verhaltensänderungen (vierte Nutzerregel: Akteure können autonom handeln) in Gang zu setzen.

Von den Designprinzipien sticht vor allem die Subsidiarität hervor (viertes Prinzip). Während es auf globaler Ebene keine nennenswerte Steuerung[126] gab, regelten im Wesentlichen die Staaten das jeweilige nationale Vorgehen. In den demokratischen Systemen wurde teilweise weiter delegiert, in Deutschland zum Beispiel an die Bundesländer und weiter an die Landkreise. Ständige kontroverse Diskussionen um Sinn, Notwendigkeit und Gerechtigkeit von Maßnahmen, inklusive gerichtlicher Auseinandersetzungen hierzu (drittes Designprinzip „einfache Konfliktlösungsmechanismen"), erhöhten deren Akzeptanz in der ersten Infektionswelle Anfang 2020.

Sanktionen waren in einigen Ländern strikt, in vielen europäischen Ländern war der Staat damit aber sehr zurückhaltend und appellierte an den Gemeinsinn. Das konnte nur funktionieren, wenn die persönlichen Entscheidungsbewertungen $E_i$ und $E_a$ stark genug ausgeprägt waren, um statistisch gesehen die „Schwarzfahrerquote" durch fahrlässige oder absichtliche öffentliche oder heimliche Nahkontakte unter einer zerstörerischen Höhe zu halten, das heißt, die Überlastung der Gesundheitssysteme zu vermeiden.

---

126 Die Weltgesundheitsorganisation gab Empfehlungen, die als solche aber keinen direkten Einfluss auf das Verhalten der Menschen hatten.

Die Epidemie breitete sich aber in vielen Ländern in mehreren Wellen aus, sodass sich der Appell an das „Gewissen" ($E_i$) der Allmendegemeinschaft und die obrigkeitliche Verhängung von Einschränkungen oder Androhung von Sanktionen ($E_m$) regelmäßig abwechselten. Eine deutsche Tageszeitung formulierte es so (FAZ 2020):

> *„Je weniger Lockdown, desto mehr Vernunft braucht es, um sich im Sinne des Gemeinwohls zu disziplinieren. Diese staatsbürgerliche Vernunft gibt es so weit verbreitet, wie zu wünschen wäre, aber nur in Traktaten."*

Der Schreiber kam also durch Beobachtung des Epidemieverhaltens zum selben Schluss wie Elinor Ostrom, dass nämlich ein gewisses Maß an Kontrolle und Sanktion hilfreich ist (zweites Designprinzip).

In Deutschland ließ sich die zweite Infektionswelle zum Jahreswechsel 2020/2021 trotz ähnlicher staatlicher Maßnahmen, wie Schließung von Schulen, Übernachtungsstätten, Restaurants und vielen Geschäften, deutlich schlechter eindämmen. Das könnte bedeuten, dass das kollektive soziale „Gewissen" ($E_i$) nachgelassen hatte – möglicherweise durch eine veränderte persönliche Risikobewertung vor allem weniger gefährdeter Menschen.

Die „staatsbürgerliche Vernunft" nahezu ohne Sanktionen wäre nach den Kriterien von Ostrom ein Zeichen hoher Stabilität und, möchte man kommentieren, eine reife Kollektivleistung. Diese wurde allerdings nur ungenügend erbracht, sodass der Staat sich entschloss, mit Regeln einzugreifen.

Stand Ende 2022, also nach allgemeiner Verbreitung der Impfung und während eines deutlichen Abklingens der Pandemie in den meisten Ländern, konnte man beobachten, dass sich die verschiedensten Modelle zum Umgang mit der Pandemie etabliert hatten. Sie reichten von der vollständigen obrigkeitlichen Steuerung in China über eine Mischung von Vorschriften und freiwilligem Verhalten etwa in den meisten europäischen Ländern bis hin zur Erklärung des Pandemie-Endes, das heißt zur reinen Selbststeuerung der Allmendemitglieder, also aller Bürger, in den USA.[127]

An dieser Stelle möchte ich gern einen persönlichen Kommentar einschieben, der die Aktualität der Pandemie betrifft. Im vorliegenden Buch wurden unter anderem die Allmendetheorie nach Ostrom, das Gefangenendilemma-Spiel und die Bewirtschaftungsprobleme madagassischer Dorfgemeinden beschrieben, und man könnte sich fragen: Das mag ja interessant sein, aber Theorie und die Probleme einer fernen Insel – was hat das mit mir zu tun?

Die COVID-Pandemie ist hier und heute[128], und der Umgang mit ihr lässt sich nicht nur mit dem Modell der in diesem Fall mehrstufig geschachtelten Institutionen nach Ostrom beschreiben, sondern wir alle verhalten uns in dieser Situation auch genau wie die Probanden in den verschiedenen Spielsituationen, wie sie im Kapitel 6 „Gefangenendilemma“ beschrieben wurden. Jeder von uns und automatisch, wir sind einfach so. Am Puls der Gegenwart fühlen und erfahren wir eine Allmendesituation, wir sind mitten drin.

Externe Regeln haben einen positiv oder negativ motivierenden Effekt auf uns, je nachdem, wie gut sie gemacht sind, und wir, die Akteure auf der untersten Institutionenebene, handeln in den Rollen „Kooperation“ und „Verweigerung“. Der eine – wir betrachten die Situation vor Impfung – reduziert seine sozialen Kontakte unter Hintanstellung seiner aktuellen persönlichen Lebensqualität, der andere nimmt als „Schwarzfahrer“ an großen Treffen oder maskenfreien Demonstrationen teil,

127 Präsident Biden am 15.9.22; gleichzeitig starben laut Statistik noch rund 400 US-Amerikaner täglich an/mit COVID.

128 Stand 2022

ohne gleichzeitig im Infektionsfall seinen Anspruch auf Krankenhausbehandlung aufgeben zu wollen. Die meisten von uns kommunizieren miteinander über diese Dilemma-Situation, und einige von uns verändern auch ihre Verhaltensstrategie. Ein Fall wie aus dem Bilderbuch!

Und wir können, hier und heute, „spekulativ" mit Dawkins (siehe Kapitel 11 „Meme") fragen, ob wir diesen Gang der Dinge beeinflussen können oder nicht: War es absehbare Wahrscheinlichkeit oder beabsichtigte Planung, dass die USA und Großbritannien 2020 mehr Impfstoffe einkauften als die EU? War es der wahrscheinlichste Zufall oder planende Absicht, dass sich Deutschland mit der Verwaltung der Krise, etwa bei der elektronischen Nachverfolgung (Tracking App), der koordinierten Organisation von Testpflichten zur Erhöhung von Freiheitsgraden oder der Festlegung von Impfrechten und -pflichten, offensichtlich schwerer tat als andere Länder?

Wir erleben sozusagen live eine kurzfristig bedrohliche[129] Soziale-Dilemma-Situation, und vielleicht trägt dieses Buch zum Verständnis solcher Situationen bei – aber hilft uns dieses Verständnis weiter?

Um wieder auf die allgemeine Diskussion zurückzukommen: Es hat den Anschein, dass eine kollektive Aktion, hier also die Bildung einer Institution mit all ihren Regeln, umso leichter gelingt, je allgemeiner, bekannter, direkter und zeitnäher die persönliche Bedrohung ist, etwa in der Reihenfolge:

129 Unter Annahme einer Quote Todesfälle/diagnostizierte Fälle von 2 %, einer Dunkelziffer von drei, kompletter Impfung mit einer Impfwirksamkeit von 90 % und einer sich jährlich wiederholenden Exposition von 100 % der Bevölkerung berechnet sich für Deutschland eine jährliche Todesfallzahl von 55 000. Die Todesursache COVID würde damit auf Rang 5 nach Kreislauf, Krebs, Atmung und Psyche landen (Statistisches Bundesamt 2019).

- Corona-Pandemie,
- Ozonloch,
- Klimawandel,
- Artenschutz und Bevölkerungskontrolle,
- steinzeitlicher Walderhalt auf der Osterinsel.

Das hängt natürlich damit zusammen, dass unsere angeborene und erworbene emotionale Vorprägung eher auf das „Hier und Jetzt“ fixiert ist (siehe Kapitel 8 „Horden erobern die Erde“ und Kapitel 10 „Somatische Marker“). Unsere gedankliche Kurzsichtigkeit ist ein Erbe der genetischen und sozialen Evolution.

Man kann ableiten, dass es dem Menschen als diesbezüglich beschränktem Wesen leichter fällt, zukunftsrelevante kollektive Entscheidungen zielführender zu treffen, wenn schon heute und möglichst in seiner Nähe Katastrophen auftreten (die er emotional und gefühlsmäßig stärker bewertet). Jeder öffentlichkeitswirksame Waldbrand, jeder Tropensturm, jedes Bienensterben, jede Energieknappheit[130], vielleicht sogar jede Pandemie helfen dem Menschen, sein Denken in Bezug auf langfristige ökologische Herausforderungen umzustellen.

Im Folgenden werden die von Ostrom zusammengetragenen Kriterien behandelt, die eine bereits funktionierende Institution gefährden können.

---

130 Die durch den Ukrainekrieg ab 2022 politisch bedingte Energieknappheit in Europa vor allem Erdgas betreffend verstärkte über den Geldbeutel (kurzfristig wirkendes $E_m$) die Diskussion um die Energiewende erheblich (langfristige Werte).

## Dritte Liste: Bedrohungen für Allmende-Institutionen

1. **Rasche externe Veränderungen**
2. **Mangelnder Generationenübertrag** der Grundprinzipien der Institution
3. **Korruption, opportunistisches Verhalten, externe Finanzierungen** vom „Grünen Tisch“[131]
4. **Mangel an übergeordneter Unterstützung** für Informationsverteilung, Bildung, Konfliktlösung

### 1. Rasche externe Veränderungen

Rasche soziale Veränderungen sind gefährlich, weil sie den Zusammenhalt der Gesellschaft verringern können. Größere Migrantengruppen, die sich aus ihrem kulturellen Umfeld nicht in das des Ziellandes integrieren, die Schwächung demokratischer Strukturen, länger andauernde Wirtschaftskrisen oder das Verarmen einzelner Bevölkerungsgruppen – all das sind Entwicklungen, die zur Spaltung der Gesellschaft beitragen können und es unwahrscheinlicher machen, dass die inneren Werte $E_i$ aller Gesellschafts- bzw. Allmendemitglieder hinreichend übereinstimmen.

### 2. Mangelnder Generationenübertrag

Der Übertrag der Grundwerte von einer Generation auf die nächste ist das Fundament einer stabilen Gesellschaft. Er wird nicht nur durch die oben geschilderten möglichen sozialen Verwerfungen gefährdet, sondern heute auch quasi überrollt vom Tsunami des raschen technischen Fortschritts und der zunehmenden Flut an Fakten, Meinungen, Emotionen und kommerzieller Werbung in den sozialen Netzwerken, wodurch sich die Wertvorstellungen bereits innerhalb einer Generation mehrfach ändern können.

---

131 Gemeint sind Finanzierungen, die falsche Anreize setzen.

Hier ist ein prinzipieller Einwand denkbar: Sind die überlieferten gesellschaftlichen Grundwerte immer die besten für die Lösung neu auftauchender Probleme? Das ist natürlich nicht der Fall. Der Fokus Ostroms liegt hier allerdings auf dem Gefährdungspotenzial für – bereits bestehende und funktionierende – Allmende-Institutionen. Damit ist eine als positiv bewertete Tradition vorhanden, die es zu erhalten gilt. Rasche Veränderungen gefährden dies.

### 3. Korruption, opportunistisches Verhalten, externe Finanzierung

Opportunistisches Verhalten auf Staatsebene fällt besonders besonders leicht bei populistischen Parteien und Regierungen auf, die offen aussprechen, dass zum Beispiel Wirtschaftsinteressen, die Interessen einer bestimmten Wählergruppe oder gar von Einzelpersonen über dem Allgemeinwohl stehen. Sehr ausgeprägt war dies in den Jahren 2017–2020 in den USA zu beobachten, wo die Gesellschaft aktiv gespalten wurde. Hier sah man ein Verhaltensmuster des Tribalismus (siehe auch Kapitel 7 „Horden erobern die Erde“) wie in der Altsteinzeit. Das Phänomen der Bevorzugung von Partikularinteressen gegenüber dem Gemeinwohl tritt jedoch genauso bei gemäßigten Parteien auf, dort meist in verdeckterer Form. Insbesondere gilt es für diktatorische Führungssysteme, soweit sie Entscheidungen treffen, die sich nicht am Gemeinwohl orientieren.

Im Madagaskar-Beispiel wurde festgestellt, dass das Funktionieren einer Gemeinde-Institution, also einer Institution unterhalb der Staatsebene, geschädigt werden kann, wenn staatliche Regeln zwar vorhanden sind, aber wegen mangelnder Qualität oder Korruption nicht durchgesetzt werden.

Als Beispiel für eine externe Finanzierung, die ungewünschte Wirkungen hat, indem sie falsche Anreize auslöst, kann die Entwicklung des deutschen Erneuerbare-Energien-Gesetzes dienen, das mit der Absicht geschaffen worden war, die Energiewende hin zu nichtfossilen Energien zu beschleunigen. Es erfüllte zwar zu Beginn seinen Zweck, den Anschub neuer Technologien zu fördern, entwickelte sich aber im Lauf der Jahre dergestalt, dass Investitionen mit unnötig hohen spezifischen Kosten realisiert wurden. So wurde einige Jahre lang die Einspeisevergütung für die immer billiger werdenden Photovoltaikanlagen zu langsam nach unten angepasst, was 2010–2012 zu einem Investitionsboom führte. Die Anleger profitierten mit hohen Renditen, während die eingesparte $CO_2$-Menge unnötig teuer wurde.[132] Auf das volkswirtschaftlich kostengünstigere System der $CO_2$-Zertifikate wurde nur sehr zögerlich hingearbeitet.

4. Mangel an übergeordneter Unterstützung

Hier sei als Beispiel die Bildung herausgegriffen. Die Entwicklung eigener persönlicher Werte ($E_i$) hängt außer vom sozialen Umfeld natürlich von den vermittelten Inhalten in Schule, Ausbildung und Nachrichtenmedien ab. Es ist mit Sorge zu betrachten, wenn diese Inhalte regional aus religiösen oder anderen kulturellen Motiven heraus mit Tabus der Desinformation versehen werden. Dies gilt für die Tabuisierung von Menschenrechten in China, die Verdrängung demokratischer laizistischer[133] Grundwerte durch das religiöse islamische Recht (Scharia) und die Verbreitung des sogenannten Kreationismus in den USA, der aufgrund einer als wortgetreu bezeichneten Bibelauslegung ein Erdalter von wenigen tausend Jahren behauptet und deshalb zum Beispiel die Existenz von Fossilien leugnet.

Auf einem prinzipiellen Niveau ist die Grundbildung zu sehen, gemeint ist hier die Fähigkeit des Lesens, Schreibens und Rechnens. Mit großer Sorge ist zu beobachten, dass diese selbst in einem Land mit – global gesehen – hohem Bildungsstandard

132 Das Anpassungsproblem ist heute (Stand 2021) behoben und wirtschaftlich auch weniger relevant als vor 10 Jahren, da sich die Stromerzeugungskosten von Photovoltaikanlagen dem Marktpreis von Strom genähert haben.

133 Laizismus: Trennung von Staat und Religion

wie Deutschland seit über 10 Jahren signifikant abgenommen hat.[134]

Sowohl mangelnder Zugang zu Bildung als auch eine einseitige Manipulation von Informationsinhalten verhindern oder erschweren die persönliche, an objektive Tatsachen geknüpfte Meinungsfindung. Dies gilt für die Familienplanung in Zentralafrika, für die nationale öffentliche Meinung in China, für das friedliche Zusammenleben unterschiedlicher Religionen, für die Auseinandersetzung mit wissenschaftlichen Aussagen zu Klimawandel und Artensterben, für die Reflexion über Inhalt und Folgen des wirtschaftlichen Handelns vor allem in den wohlhabenderen Staaten und auch für den Erhalt der Demokratie durch aktive Teilnahme der Wähler.

Folgt man Ostroms Liste der Bedrohungen für Allmende-Institutionen, kann man zu dem Schluss kommen, dass trotz des heutigen Vorteils des hohen Standes wissenschaftlicher Erkenntnis und der zuvor nie da gewesenen Möglichkeiten der Informationsverbreitung die Faktoren für ein Scheitern zumindest bei der Lösung globaler Problemstellungen recht ausgeprägt vorhanden sind.

Hieraus ergeben sich Fragen zur Zukunftsfähigkeit menschlicher Gesellschaften angesichts begrenzter Ressourcen:

Können wir, also die Weltgemeinschaft, die Staaten, die politischen oder wirtschaftlichen Akteure und die Individuen, allein oder in Zusammenarbeit überhaupt etwas bewirken? Ist das von Ostrom gesammelte sozialwissenschaftliche Gedankengut zur Allmende-Bewirtschaftung vielleicht nur die Beschreibung der vom Schicksal determinierten gesellschaftlichen

134 Der Anteil der Viertklässler, die den sogenannten Regelstandard erreichten, sank seit 2011 in Lesen, Zuhören und Rechnen zwischen 9 und 15%, in Rechtschreibung seit 2016 um 10% (IQB 2021).

Entwicklungen, die entsprechend der größten Wahrscheinlichkeit so ungesteuert ablaufen wie die biologische Evolution?

Wir sind von unseren Genen, die uns mit angeborenen und angelernten Emotionen und Gefühlen, mit somatischen Markern und einem emotionalen Gedächtnis ausgestattet haben, geprägt. Wir haben während 100 000 Jahren eine soziale Intelligenz entwickelt, die uns befähigt hat, im Hordendasein mit Sozialen-Dilemma-Situationen umzugehen, aber, wie die Gefangenendilemma-Spielvarianten und die Beispiele dieses Buchs zeigen, lösen wir diese Aufgabe nur mehr oder weniger gut und manchmal überhaupt nicht. Wir werden ständig und immer intensiver durch äußere Einflüsse manipuliert, haben aber die Möglichkeit, uns dieser Manipulation entgegenzustellen.

Heute werden wir mit globalen Allmendesituationen konfrontiert (die wir selbst ausgelöst haben). Entscheidet allein die Komplexität der Sozialen-Dilemma-Situation, wie sie Ostrom zu beurteilen hilft, ob wir wie die steinzeitlichen Osterinsel-Bewohner ins Verderben laufen oder wie die moderne Welt anlässlich der Ozonlochentdeckung einen Erfolg herbeiführen können? Entscheidet nur die Schwierigkeit der sozialen Aufgabe, ob wir uns verhalten wie Ratten, die fressen, schlafen, sich vermehren und in der Sonne liegen, wenn es ihnen angenehm erscheint, oder ob wir lernfähiger sind? Können wir unsere einzigartige Fähigkeit der Szenarienbildung in freier Entscheidung effektiv einsetzen?

Zur Vertiefung dieser Frage folgt nochmals ein Exkurs in die Evolution.

# 13 Darwins Erbe

Das Darwinsche Konzept der Evolution, dass der Mensch und die Affen vom gleichen Vorfahren abstammen, hat die anthropozentrische Sichtweise erschüttert. In ähnlicher Weise hatte zuvor das kopernikanische Weltbild die bis dahin gültige Vorstellung, dass die Erde im Mittelpunkt des Universums steht, revolutionär gewandelt. Genauso umwälzend waren später die Erkenntnisse der Neurobiologie, die das Gehirn als ionenstrombetriebene, durch ein paar Hormone unterstützte Datenverarbeitungsmaschine beschrieben.

Als Folge davon steht die Idee der Transzendenz, das heißt die Annahme einer Realität jenseits aller Wahrnehmung, die Basis aller Religionen ist, ebenso in kontroverser Diskussion wie die Idee der Gedanken- oder Entscheidungsfreiheit, an die sich Begriffe wie Moral und Verantwortung knüpfen.

Kontrovers werden diese Auseinandersetzungen insbesondere dann, wenn die jeweiligen Positionen einen ausschließlichen Wahrheitsanspruch für sich in Anspruch nehmen.

Im Gegensatz dazu versteht sich die wissenschaftliche Denkweise nicht als Generator von Wahrheiten, sondern als Generator von Modellen. Diese können durch Experimente und Beobachtungen zwar widerlegt, aber nie absolut bewiesen werden. Ganz im Gegenteil definieren sich die meisten Modelle auch über ihren (beschränkten) Geltungsbereich, und es wäre unredlich, sie darüber hinaus zu verallgemeinern.

Vor diesem Hintergrund soll nun die Evolution der Konzepte von Religiosität und von Entscheidungsfreiheit betrachtet werden.

## Die Evolution der Religiosität (Voland 2010)

Der Soziobiologe Eckart Voland, dessen Forschungsschwerpunkt die evolutionäre Anthropologie war, unterscheidet drei Aspekte religiöser Lebensvollzüge: die Naturgeschichte, die die Religionsfähigkeit des Menschen hervorgebracht hat, die Kulturgeschichte, die in Räumen und Zeiten unterschiedliche Religionen erzeugte, sowie die Individualgeschichte des einzelnen Menschen, die seine persönliche Ausprägung herbeiführt.

Für den ersten Aspekt muss die Evolutionstheorie ihrem eigenen Anspruch nach plausibel machen, dass sich diese genetische Religionsfähigkeit – ohne eine zielgerichtete Planungsinstanz – als Überlebensvorteil durchgesetzt haben könnte.

Voland betrachtet nun einzelne Aspekte hinsichtlich ihrer (biologischen) Evolutionsfähigkeit.

1. Kognition:

Vierjährige Kinder haben, ungeachtet ihres kulturellen Hintergrundes, kognitive Strategien, die geeignet sind, spontan religiöse Überzeugungen zu produzieren. Sie denken dualistisch („Mein Teddy hat Hunger“ – das Stofftier ist von einem Geist beseelt), sie denken finalistisch („Es gibt Wolken, damit es regnet“), und sie unterstellen anderen Menschen ein einheitliches Allwissen. Diese kognitiven Strategien, die nicht erst besonders gelernt werden müssen, sondern als biologische Grundeinstellungen des menschlichen Verstandes die Welt interpretieren, bringen ganz spontan und anstrengungslos mentale Grundpfeiler religiöser Metaphysik hervor: Alleswisser, einen körperlosen Geist und eine Finalität.

> *„So gesehen, besteht die intellektuelle Herausforderung für den Erwachsenen nicht darin, ein Glaubenssystem zu übernehmen – dies geschieht im Regelfall spontan und anstrengungslos –, sondern darin, sich dem als Rationalist zu widersetzen.“ (Voland 2010)*

Das menschliche Gehirn setzt Wahrnehmungen automatisch zu Geschichten zusammen und füllt dabei Lücken mit Kausalitäten und Verallgemeinerungen aus, das heißt, es interpretiert. Dies ist als direkter evolutionärer Vorteil zu erkennen: Wer ein Rascheln im Gebüsch erst einer sorgfältigen Ursachenanalyse unterzog, hatte Überlebensnachteile gegenüber demjenigen, der intuitiv ein Raubtier oder einen Feind unterstellte. Von hier ist es zum Animismus, zu dem Glauben an die Beseeltheit der Natur, nur noch ein kleiner gedanklicher Schritt. „Der Säbelzahntiger weiß, dass ich hier stehe" und „es raschelt, damit ich fliehen kann" hundertmal umsonst gedacht war erfolgreicher, als einmal zu oft stehen zu bleiben.

Diese kognitiven Strategien produzierten auch Ergebnisse wie die religiöse Metaphysik, sozusagen als Nebenprodukt, völlig losgelöst von oder auch im Gegensatz zu häufig viel später erworbenem Faktenwissen.

2. Spiritualität:

Meditation, Ekstase oder Glaube können neurophysiologische Prozesse auslösen, die nachweislich mit Vorteilen für Wohlbefinden und Gesundheit einhergehen. So ist der Placebo-Effekt des Glaubens bei Heilungsprozessen ein bekanntes Beispiel. Schmerz- und Angstempfinden können zurückgedrängt werden. Krankheiten wie Depressionen werden durch eine „positive Sinnzuweisung" beeinflusst. Auch dieser Effekt, die Beeinflussung von Körperfunktionen durch bewusste Aktivitäten des Gehirns, ist im Darwinschen Sinn positiv selektiv, da ein verbesserter Körperzustand direkte Überlebensvorteile bietet.

3. Soziale Bindung:

Die evolutionäre Erklärung der Entwicklung des menschlichen Geistes muss grob gesprochen zwei Millionen Jahre Homo erectus, 500 000 Jahre Neandertaler und 100 000 Jahre Homo sapiens abbilden. In dieser Zeit stieg die Hirnmasse von 900 auf 1400 Gramm (vergleiche Kapitel 7 „Horden erobern die Erde"). Soziobiologen interpretieren diese Zeit als „Geschichte einer praktisch ständigen Konkurrenz zwischen autonomen

Subsistenzgruppen um ökologische Lebensvorteile" (Alexander 1987). Insbesondere für Homo sapiens, der sich innerhalb von 90 000 Jahren auf allen Kontinenten verbreitete, muss ausgelöst durch seine hohe Vermehrungsrate ein ausgesprochen hoher Bevölkerungsdruck geherrscht haben. Nachdem durch die Beherrschung des Feuers und die Entwicklung von Werkzeug- und Waffentechnik die Gefahr durch Raubtiere und die Art der Nahrungsbeschaffung als limitierende Faktoren zurückgetreten waren, wurde die Durchsetzung gegen Nachbargruppen selektionsrelevant. Dies förderte große und damit wehrhafte Horden sowie Mechanismen des Zusammenhaltes, mit deren Hilfe die spontane Egozentrik der Menschen zugunsten gruppenorientierter Einstellungen und Strategien überwunden werden konnte. Rituale spielten hierbei eine gruppensynchronisierende Rolle. Man denke in der heutigen Zeit an Sprech- oder Gesangschöre mit und ohne kollektive Bewegungsmuster bei religiösen oder Sportveranstaltungen sowie bei öffentlichen Demonstrationen oder Paraden. Ebenso ist die Schaffung eines Wir-Gefühls durch gemeinsame Tradition oder Mythen vorteilgebend für die Abgrenzung von konkurrierenden Gruppen. Religiöse Rituale und Schöpfungsmythen können als Bindeglied verstanden werden, das der eigenen Gruppe einen Überlebensvorteil bietet. Man könnte sagen, dass die kulturelle Evolution von gemeinsamen Ritualen und Glaubensinhalten, nachdem die biologische Evolution die gehirnmäßigen Voraussetzungen geschaffen hatte, einfach wahrscheinlich wurde.

4. „Schwarzfahrerproblem":

Soziale Gruppen sind prinzipiell gefährdet durch egoistische Mitglieder, die am Nutzen partizipieren, aber keinen eigenen Beitrag leisten möchten. Dies galt für die Homo-Horden der Altsteinzeit und gilt heute gleichermaßen, etwa für religiöse Gemeinschaften oder Staaten. Anthropologische Befunde sagen, dass öffentlich wahrnehmbare „teure Signale", wie Nahrungstabus oder Verhaltensvorschriften, den Zusammenhalt einer Gruppe und damit ihre Überlebensfähigkeit fördern. Im Sinne von Ostrom werden die äußeren Werte $E_a$ propagiert. Möglicherweise war die zusätzliche Internalisierung der Kontrolle ($E_i$) in Form des Gewissens eine kulturelle adaptive Antwort auf das Schwarzfahrerproblem. Kulturvergleichende Studien belegen, dass der Glaube an strafende Götter mit der Größe und der sozialen Komplexität einer Gruppe zunimmt. In überschaubar kleinen Subsistenzgruppen, wie unabhängig lebenden Eingeborenenstämmen im Amazonas-Urwald, haben Götter, Ahnen und Geister vorrangig andere Aufgaben als die Strafandrohung bei Normenübertretung.

Es sei nochmals darauf hingewiesen, dass dieses Modell der Religionsbetrachtung über den Wahrheitsgehalt von geistigen Inhalten überhaupt nichts aussagt oder, präziser gesagt, den Begriff der Wahrheit für seine Argumentation nicht benötigt.

## Die Evolution der Entscheidungsfreiheit

Die Diskussion um diesen Begriff ist vielschichtig. Einerseits gibt es die These des Determinismus, nach der alle Ereignisse der Zukunft bei genauer Kenntnis der Gegenwart vorherbestimmbar seien. Diese These baute auf dem mechanistischen Weltbild des 19. Jahrhunderts auf, nach dem die Naturgesetze den Gang der Dinge prinzipiell präzise beschreiben würden. Heute wird häufig die Quantentheorie dagegen ins Feld geführt, nach der die exakte Kenntnis aller gegenwärtigen Zustände prinzipiell nicht möglich ist. Andererseits gibt es die These der Bewusstheit der Entscheidung.

Man kann zum Beispiel fragen: Kann ein Würfel frei entscheiden, auf welche Seite er fällt? Kann ein Eichhörnchen frei entscheiden, wo es seine Nuss vergräbt? Kann ein Mensch frei entscheiden, wo er morgen zu Mittag isst?

Kann das Konzept der menschlichen Entscheidungsfreiheit evolutionsbiologisch bestätigt oder widerlegt werden?

Die Erkenntnisse der Neurobiologie identifizierten die Gehirnprozesse als Stromimpulse in verschalteten Neuronen und zeigten die Abhängigkeit der Bewusstseinsinhalte von angeborenen Trieben oder unbewussten Funktionen (siehe Kapitel 10 „Somatische Marker“). Dies diente als Argument gegen das Vorhandensein einer Entscheidungsfreiheit. Bekannt ist das Experiment des Neurophysiologen Benjamin Libet (Libet 1983). Dieser setzte Probanden vor eine schnell laufende Uhr[135] und ließ sie „nach freier Zeitwahl“ die Hand heben. Dabei maß er die Gehirnströme in dem Areal, das die Muskelsteuerung vorbereitet, sowie den Zeitpunkt der Muskelbewegung selbst und verglich diese mit dem von der Testperson angegebenen Entscheidungszeitpunkt. Als Ergebnis kam heraus, dass die Bewegung etwa 0,2 Sekunden nach der Selbstwahrnehmung der Entscheidung lag, die bewegungsvorbereitenden Hirnströme jedoch schon 0,3 Sekunden vorher einsetzten. Wenn die zeitliche Entscheidung vom Unbewussten vorweggenommen wird, ist sie dann überhaupt frei? Libet hielt dies zunächst für nicht möglich.

Der Biologe Bernhard Verbeek (Verbeek 2010) wies im Gegensatz dazu darauf hin, dass es im neurobiologischen Kontext selbstverständlich sei, dass psychische Prozesse auf körperlichen Gegebenheiten beruhten: „Der Geist braucht Gehirn – Das Gehirn braucht Gene.“ Auch das Libet-Experiment würde nur zeigen, dass eine bewusste Entscheidung einer gewissen Vorbereitungszeit bedürfe – was anders habe man erwartet? „Ein Parlamentsbeschluss kann auch nicht gefasst sein, bevor debattiert und abgestimmt wurde.“

Die menschliche Gehirngröße und -verschaltung erlaubt es, Zukunftsszenarien zu entwickeln, Handlungsfolgen abzuschätzen und Handlungsalternativen vergleichend zu bewerten. Die Relevanz für die Steigerung der Überlebenschancen ist naheliegend. Eine altsteinzeitliche Homo-sapiens-Gruppe, die die kognitive Strategie der Planung und Entscheidung nutzte, bevor

135 Es wurde ein auf einer uhrenartigen Skala rasch kreisender Lichtpunkt verwendet.

sie in kriegerischer Absicht ins Nachbarterritorium eindrang, war ebenso im Vorteil, wie es ein Fußballtrainer mit seinem Team ist, der eine neue Spieltaktik gegen den nächsten Gegner entwirft, statt alles so zu machen wie bisher. Die evolutionäre Verstärkung der Begabung für Szenarienbildung in der Vorbereitung von „freien" Entscheidungen könnte die Entwicklung der Kultur im Sinne der Weitergabe von Tradition (Selektion der Meme) beschleunigt haben. Darunter fallen selektionsrelevantes Wissen wie Feuerkontrolle, Waffen- oder Kleidungsherstellung, Nahrungsbeschaffung und soziale Ordnung. Dies sind kulturhistorische Beispiele, die jedoch mit geringer Verallgemeinerung auch heute gelten.

Ähnlich wie im Fall der Religiosität ist es für die Argumentation irrelevant, ob eine „wahre" Entscheidungsfreiheit existiert.

Sowohl die Religionsfähigkeit des Menschen als auch sein Bewusstsein mit den Bausteinen Zukunftsszenarienbildung und Entscheidungsabwägung passen also in den Rahmen der biologischen Evolutionstheorie. Beide Fähigkeitskomplexe verschafften den Horden von Homo sapiens, die sich während der Altsteinzeit global ausbreiteten, selektive Vorteile.

Die Theorie der biologischen (genetischen) Evolution enthält als eine Kernaussage, dass diese ungezielt, das heißt nach statistischen Prozessen, verläuft. Erst wird gewürfelt (Mutation), dann wird das Ergebnis bewertet (Selektion). Nun hat ebendiese Evolution das Denkwerkzeug der Zukunftsbewertung hervorgebracht. Bedeutet dies, dem Ablauf der Entwicklung des Lebens erstmalig eine Richtung geben zu können? Können sich Individuen und Kulturen, als Träger geistiger Inhalte, nun im Gegensatz zu den Genen selbständig frei geplant entwickeln?

Vor der Planung steht die Zielsetzung. Man sollte also eigentlich nach der Freiheit der Zielsetzung fragen: Können wir unsere Ziele frei wählen?

Eine Antwort darauf scheint nicht trivial. Ziele, also Präferenzen, Wünsche oder innere Werte $E_i$ gibt es unterschiedliche, und wie bereits beschrieben, laufen Entscheidungen für Präferenzen auf der Basis unbewusster und vorgeprägter, teilweise sogar angeborener, Rahmenbedingungen ab. So entscheidet sich angesichts einer Zigarettenpackung mit dem Aufdruck „Rauchen kann tödlich sein" der eine für, der andere gegen die erste Zigarette. Kulturen frönen weiterhin der Kriegsführung und Ressourcenausbeutung (ein darwinistisches Erbe!), haben die intensive Landwirtschaft (Überlebensvorteile!) mit all ihren Nachteilen und die Atombombe (Ausprägung des territorialen Instinktes!) erfunden, zerstören für heutige Vorteile nachhaltig ihre globalen biologischen Ressourcen (nach dem Vorbild der „planlosen" biologischen Evolution) und machen mit vollem Bewusstsein geophysikalische Experimente mit dem Klima, deren nachteilige Konsequenzen sie kennen.

In all diesen Situationen könnte man die Verantwortlichen fragen: „Willst du das wirklich so?", und die Antwort könnte lauten: „Eigentlich nicht, aber den Umständen entsprechend geht es nicht anders, außerdem will ich meinen kurzfristigen Vorteil nicht aufgeben ...". Wir haben hier das soziale Dilemma, das globale Allmendeproblem, direkt vor Augen.

Uns können nachhaltige und für die Weltgemeinschaft optimierte Aktionen nur gelingen, wenn wir es schaffen, uns mit all unserer Bewusstheit die darwinistischen Grundlagen unserer Instinkte, Gefühle, Präferenzen und Handlungsmuster klarzumachen. Und verantwortlich sind wir alle, vom Staatsführer bis zur Öffentlichkeit, deren Bestandteil jeder von uns ist. Wir sind verantwortlich für das Handeln in unserem persönlichen Lebensumfeld. Wir sind verantwortlich für unsere eigene Aussage „Eigentlich will ich das nicht, aber ...", für unser Reden oder unser Schweigen. Es ist unsere persönliche Entscheidung.

Und sollten wir auf die Idee kommen, uns auf die ungerichteten Kräfte und unser tierisches Erbe der Evolution blind verlassen zu wollen, und denken: „Mein Körper wird mir schon sagen, welche Prioritäten die besten sind“, so sei die Warnung nach Dawkins ausgesprochen: Nachhaltigkeit ist kein Selektionskriterium der Evolution! Das gilt sowohl für ungesundes Essen, das auf die Dauer die eigene Lebensqualität verschlechtern und das eigene Leben verkürzen kann, als auch für die „ungesunde“ Bewirtschaftung der Erde, die die Lebensqualität und das Leben unserer Nachkommen und anderer Lebewesen schädigt oder unmöglich macht.

Durch unsere Gaben der Szenarienbildung, der Problemlösung, der Vorausplanung und der Priorisierung sind wir aber sehr wohl in der Lage, solche Probleme zu bewältigen. Wir müssen diese Gaben nur nutzen.

Ein außerirdischer Besucher, der sich heute im Zeitraffer die letzten 100 000 Jahre Erdgeschichte betrachten würde, käme nicht unbedingt zu dem Schluss, dass sich an den Ablaufmechanismen der Evolution bisher Bemerkenswertes geändert hätte.

Dawkins könnte in diesem Sinne wahrscheinlich sagen: Ob sich Kulturen des Krieges oder des Friedens, der Ressourcenzerstörung oder der Ressourcenbewahrung, „Schwarzfahrer“-reiche oder -arme Gesellschaften durchsetzen, wird man hinterher sehen – man wird feststellen können, ob der Prozess einer zufälligen kulturellen Evolution oder wie auch immer geartete freie Entscheidungen der Menschen den Gang der Geschichte bestimmt haben werden.

# 14 Der Aus-Knopf für den Autopiloten

Nutzen wir unsere Fähigkeit zur Bildung von Zukunftsszenarien an dieser Stelle. Die bei einer Klimaänderung maximal denkbare Temperaturerhöhung dürfte bei 10 °C liegen, da es in den letzten 500 Mio. Jahren unabhängig von der Lage der Kontinentalplatten und der Höhe des $CO_2$-Gehaltes noch nie heißer war (siehe Kapitel 1 „Klimawandel").

Stellen wir uns nun vor, dass die aktuellen Wachstumsraten (IPCC 2014) einfach konstant bleiben. Dann wächst die Erdbevölkerung weiter linear um 80 Mio. Menschen pro Jahr, nimmt das Welt-Bruttoinlandsprodukt jährlich exponentiell um 3 % zu, geht der Ressourcenverbrauch technologiefortschrittsbedingt um 1 % zurück und beträgt der Zuwachs an Treibhausgasen wie heute jährlich 2 %. Das „Budget" bis zum Erreichen der als maximal angenommenen Temperaturerhöhung von 10 °C, also für weitere 8,5 °C oberhalb der heute fast schon erreichten 1,5 °C, beträgt nach heutigem Wissen 20 000 Gt an Treibhausgasen.

Mit dem oben angenommenen Zuwachs wäre dieses Budget bereits in 120 Jahren, also im Jahr 2140, ausgeschöpft.[136]

Auf der Welt würden zu diesem Zeitpunkt 18 Mrd. Menschen leben, die tropischen Breitengrade wären nach aktuellem Verständnis eher unbewohnbar und zur Nahrungsmittelgewinnung weniger geeignet als heute, und bis dahin wären ab heute rechnerisch rund 30 Mrd. Menschen geboren worden.[137]

136 (IPCC 2014) prognostiziert mit 1,2 % Klimagaswachstum jährlich bis 2100 eine Temperaturerhöhung von 4,1–4,8 °C.

137 Berechnet aus dem Ersatz der Todesfälle (Lebenserwartung von 70 Jahren) plus der Bevölkerungssteigerung für jedes Jahr. Summation dieser jährlichen Geburtenzahlen über 120 Jahre.

Diese Bevölkerungsprognose ist deutlich pessimistischer als die mittlere Schätzung der Vereinten Nationen. Sie kann falsch sein, und hoffentlich ist sie es. Allerdings ist Optimismus ein schlechter Ratgeber, und deshalb wurde hier ein eher ungünstiges Szenario gewählt.

Nun postuliere ich willkürlich, dass die Hälfte der Menschen dieses Szenario nicht überleben und ein großer weiterer Teil hungern sowie zur Migration in gemäßigte Breiten gezwungen sein wird. Auch diese Annahme ist nicht durch wissenschaftliche Informationen belegt, und Sie müssen sie weder glauben noch teilen: Treffen Sie gern Ihre eigene Abschätzung!

Was bedeutet dieses Szenario für uns, für Sie und für mich? Jeder der heute acht Milliarden Menschen wäre über seinen eigenen Klimagasausstoß statistisch für zwei Tote[138] in den nächsten 120 Jahren verantwortlich, wobei das Herunterbrechen auf einzelne Länder zeigt, dass der US-Amerikaner für sechs, der Deutsche für vier, der Chinese für drei und der Afrikaner für knapp einen Toten verantwortlich wäre, und dies zusätzlich zu viel erzeugtem Leid.

Wie sehen die sonstigen Konsequenzen aus? Wälder wären breitengradweise in Flammen aufgegangen, die heutigen Korallenriffe hätten die Hitze und die Versauerung nicht überlebt, temperatursensitive Lebewesen wären in kältere Habitate, soweit vorhanden, ausgewandert, falls ihnen das biologisch möglich ist, oder zur lokalen Auslöschung verdammt. Mehr als 10 % aller heute vorhandenen Arten wären bereits global ausgerottet.

Dieses Zukunftsszenario beinhaltet die Aussage, dass bei Weiterführung der heutigen Wirtschafts- und Lebensgewohnheiten

138 Laut Szenario sterben von 30 Mrd. Menschen 15 Mrd., so entfallen auf jeden der heutigen 8 Mrd. Menschen Weltbevölkerung rechnerisch etwa 2 Tote.

die Einhaltung des offiziell propagierten 1,5 °C-Ziels eine unerreichbare Illusion ist. Gerade deshalb ist es aber entscheidend, dass die zu erwartende Katastrophe möglichst lang hinausgezögert wird, um mehr Zeit zu haben, ihre Effekte zu minimieren. Dafür müssen alle drei Faktoren der bereits bekannten Formel

A = B * K * T
(Auswirkung = Bevölkerung * Konsum * Technologie)

verbessert werden. Jedes Jahr, jede Tonne Treibhausgas und jeder Quadratmeter bewahrtes Habitat zählen dabei.

Muss man ein Martin Luther oder eine Greta Thunberg sein, um hier als Einzelner in die Geschichte eingreifen zu können?

Greta Thunberg ist wie der Reformator ein schönes Beispiel für „der richtige Mann – bzw. in diesem Fall das damals fünfzehnjährige Mädchen – zur richtigen Zeit am richtigen Platz". Dass ein Plakat „Schulstreik für das Klima" vor dem schwedischen Reichstag solch eine internationale Bewegung auslösen konnte, zeigt, dass das Mem „Rettet das Klima" heute sehr virulent ist: ein gutes Zeichen. Nebenbei bemerkt, traf diese junge Frau mit ihrer ersten Plakataktion eine sehr ungewöhnliche Entscheidung, wahrscheinlich gegen den Willen ihrer Eltern und ihrer Schule und möglicherweise bei weitgehendem Unverständnis ihres Freundeskreises: Sie hatte, unter Abschaltung des Autopiloten „du gehst jeden Tag in die Schule", ihr persönliches Wertesystem eigenständig umgestellt. Ihr mag geholfen haben, dass sie das Asperger-Syndrom hat, eine Abweichung der Gehirnfunktionen von der Norm, die soziale Bindungen schwächen kann. Ihre somatischen Marker für soziale Situationen könnten also geringer als üblich ausgeprägt sein und das Ausscheren aus der Standardschiene des von ihrer Umgebung erwarteten Verhaltens erleichtert haben. Dass gerade sie diesen medizinischen Befund hat, mag ein Zufall sein. Aber nicht jeder Mensch mit Asperger entscheidet sich für eine solch auffällige Zielsetzung. Diese war kein Zufall, sondern ihre eigene persönliche Leistung.

An dieser Stelle sei darauf hingewiesen, dass Thunberg trotz ihrer möglicherweise weniger stark ausgeprägten Bewertung sozialer Beziehungen das Ansprechen der somatischen Marker, der Emotionen und Gefühle ihrer Zuhörer recht gut beherrscht. Dazu zwei Zitate:

Auf der UN-Klimakonferenz in Kattowitz (Polen) (Thunberg 2018):

> *„Im Jahr 2078 werde ich meinen 75. Geburtstag feiern. Falls ich Kinder haben sollte, werden sie vielleicht diesen Tag mit mir verbringen. Vielleicht werden sie mich nach euch fragen. Vielleicht werden sie fragen, warum ihr nichts getan habt, als noch Zeit zum Handeln war. Ihr sagt, ihr liebt eure Kinder über alles, und doch stehlt ihr ihnen vor ihren Augen die Zukunft."*

Auf dem Weltwirtschaftsgipfel in Davos (Schweiz) (Thunberg 2019):

> *„Erwachsene sagen dauernd, sie schuldeten es den jungen Leuten, ihnen Hoffnung zu geben. Aber ich will Ihre Hoffnung nicht. Ich will nicht, dass Sie hoffnungsvoll sind. Ich will, dass Sie Panik bekommen. Ich will, dass Sie die Angst haben, die ich jeden Tag verspüre. Und dann möchte ich, dass Sie handeln."*

Thunberg appelliert an die Verantwortung für die eigenen Kinder, und sie macht Angst. Beides sind evolutionsgeschichtlich stark verankerte Emotionen und Gefühle.

Was hindert uns „zu handeln", wie Thunberg es fordert?

Eigentlich nichts. Unsere evolutionäre tierische Vergangenheit hat uns mit einem zukunftsblinden Autopiloten aus Trieben, Emotionen, Gefühlen und Prägungen ausgestattet, der Millionen Jahre lang für das Überleben sorgte, aber auch mit der Möglichkeit der bewussten Steuerung mit Hilfe einer Zukunftsszenarienbildung, die uns in die Lage versetzt, planend zu handeln.

Bei der Bewirtschaftung der Schweizer Almwiese zählt jedes Schaf, bei der Reduzierung des Ozonlochs jede Spraydose, bei der Verzögerung der ökologischen Katastrophe jede Tonne $CO_2$ und jeder Quadratmeter Urwald und Blumenwiese. Wir – jeder Einzelne – spielen eine eigenverantwortliche Rolle als Akteur in der im Aufbau begriffenen Institution zur Bewältigung des sozialen Dilemmas namens Klimawandel und Artenschutz.

Liebe Leserin, lieber Leser – wenn Sie mir bis hierhin gefolgt sind, probieren Sie die Ihnen von der Evolution gegebenen Werkzeuge doch einfach aus. Schalten Sie die Entscheidungsfreiheit ein und den Autopiloten aus – nicht dauernd, aber regelmäßig – und machen Sie eine Gewohnheit daraus!

Prüfen Sie Ihre persönliche durch die biologische und kulturelle Evolution verursachte Prägung: Welche Voreinstellungen haben Ihr limbisches System mit seinen Emotionen, Ihr ventromedialer präfrontaler Cortex, der die Gefühle ans Bewusstsein leitet, Ihre somatischen Marker? Zu welchen sozialen Gruppenzugehörigkeiten hat Sie Ihre altsteinzeitliche Hordenvergangenheit geführt?

Sind Sie mit diesen Voreinstellungen einverstanden, wenn Sie einmal bewusst darüber nachdenken?

Setzen Sie Ihre Szenarienbildungsfähigkeit ein, um zu überprüfen, ob Ihr Planungshorizont überhaupt Ihrem eigenen Willen entspricht. Wie viel stärker oder schwächer bewerten Sie einen Nutzen oder eine Gefahr, wenn diese statt heute erst morgen oder übermorgen zu erwarten ist? Ist die evolutionär bedingte Priorisierung der Aufmerksamkeitskonzentration auf das „Hier und Jetzt“ vielleicht überdenkenswert? „Nach mir die Sintflut“ entspricht der tierischen Vergangenheit unserer Ahnen, aber wir haben die Freiheit, auch an die Enkelgeneration zu denken.

Wie fühlt es sich an, die gesamte Menschheit als die eigene Horde zu betrachten? Oder gar andere Spezies in das „Wir-Gefühl“ einzubeziehen?

Ist Ihr Lebensstil – vor allem Ihr Konsumverhalten – eine eher fremdbestimmte Prägung durch Ihr Elternhaus, Ihre soziale Umgebung, Ihren finanziellen und beruflichen Status, durch die Meme der Werbung oder durch sozialen Gruppendruck über die Medien? Oder haben Sie sich aktiv dafür entschieden, und warum?

Prüfen Sie die unbewusste Abhängigkeit von Dritteinflüssen und prüfen Sie Ihre persönlichen Handlungsfreiräume. Allein das Nachdenken kann überraschende Möglichkeiten eröffnen. Die Entscheidung – vorausgesetzt, der Autopilot ist abgeschaltet – liegt danach bei Ihnen!

Wenn Sie den Entscheidungsbaum durchgehen wollen, der sich mit globalen Sozialen-Dilemma-Situationen, hier speziell Arten- und Klimaschutz, beschäftigt, kann die folgende Liste eine Hilfe sein:

1. Ich habe die Gabe der freien Entscheidung, sofern ich sie nur nutze.
2. Deshalb kann ich meine Werte ($E_i$) selbst bestimmen, obwohl ich mein Leben lang von außen geprägt und ständig durch Meme beeinflusst werde, die mich zu manipulieren versuchen.
3. Welche Themenblöcke könnten mich besonders interessieren: Bevölkerung, Konsum, Technologie oder Artenschutz?
4. Welche Informationen benötige ich für eine Entscheidung, wie beschaffe ich mir diese und wie bewerte ich ihre Zuverlässigkeit?
5. Was kann ich tun, was will ich tun? Als einzelner Konsument, im privaten und gesellschaftlichen Umfeld, im Beruf, im Ehrenamt, in der Politik?
6. Nach welchen Kriterien entscheide ich mich bei meinen Aktionen?
7. Kann ich durch Kommunikation andere erreichen? Ostrom würde es die Beeinflussung der inneren und äußeren Werte $E_i$ und $E_a$ nennen, Dawkins die Verbreitung der Klima- und Artenschutz-Meme.

Die Inhalte möglichen Handelns zum Klima- und Artenschutz sind nicht Gegenstand dieses Buches und deshalb möchte ich ihnen nur zwei Absätze widmen.

Zur Überprüfung der persönlichen Treibhausgas-Bilanz durch das eigene Konsumverhalten gibt es Hilfen im Internet. Man wird allerdings rasch feststellen, dass mit den heutigen technischen Mitteln selbst bei moderater Umstellung der Lebensgewohnheiten eine Nullbilanz nicht zu erreichen ist. Es gibt allerdings – Luther möge es verzeihen – eine „Ablassmöglichkeit", die jedoch nicht wie im Mittelalter und in der frühen Neuzeit geschehen die katholische Kirche begünstigt, sondern zuverlässig berechenbare Mengen $CO_2$ an anderer Stelle einspart. Sie erfordert allerdings eine Investition, zu der nicht jeder die Mittel hat. Interessierte finden Details dazu im Anhang (unter „Ablass").

Zum Stichwort „Investition": Wie schon geschildert, ist das Zeigen von materiellem Reichtum ein evolutionär geprägter Trieb, um den Status zu demonstrieren. Es ist zu beobachten, dass manche Superreiche im Lauf ihres Lebens Stiftungen für gemeinnützige Zwecke gründen, darunter auch für Themen, die in diesem Buch beschrieben wurden.

Diese Personen haben irgendwann in ihrer Karriere des Geldverdienens eine freie Entscheidung getroffen, nämlich ihre Statuskriterien zumindest teilweise zugunsten eines längerfristig wirksamen Handelns umzudefinieren. Damit haben sie ihren Lebensinhalt und ihre Wirkung auf die Gesellschaft möglicherweise stark verändert.

Dieser Freiheitsgrad existiert natürlich für jeden Geldbeutel.

Die Frage, was das Sein des Menschen ausmacht und wonach er strebt und streben kann, hat ihn vermutlich beschäftigt, seit sein einzigartiges Bewusstsein Gestalt anzunehmen begann.

Abschließend möchte ich hierzu noch ein achtzig Jahre altes psychologisches Konzept vorstellen, das lange vor dem Beginn der neurophysiologischen Forschung entstand.

Der Psychologe Abraham Maslow beschrieb die Bedürfnisse des Menschen in einem einfachen Hierarchiemodell (siehe Abb. 28).

Abb. 28: Bedürfnishierarchie (nach Maslow 1943)

Nach Befriedigung der körperlichen Bedürfnisse (wie Essen oder Schlaf) und Organisation der eigenen Sicherheit ist die dritte Stufe die Suche nach sozialem Anschluss. Man könnte es den Wunsch nach Zugehörigkeit zu einer oder mehrerer „Horden" nennen. Auf der nächsten Stufe geht es um die Befriedigung der Individualbedürfnisse. Das „Ich" möchte sich von anderen positiv unterscheiden, etwa durch Anerkennung oder Status. Die oberste und fünfte Stufe nennt er Selbstverwirklichung.

Nach heutiger Interpretation und im Zusammenhang mit den in diesem Buch vorgestellten Begriffen ist die Basis der Pyramide stark durch Triebe gesteuert. Darüber folgt zunehmend die Prägung durch angeborene oder erlernte Gefühle (somatische Marker), etwa bezüglich des Erkennens gefährlicher Situationen oder der Auswahl sozialer Gruppen, sowie durch im Lauf des Lebens verinnerlichte Normen ($E_i$).

Die Spitze der Pyramide, die Selbstverwirklichung, ist nur durch Szenarienbildung und Anwendung der bewussten Entscheidungsfreiheit zu erreichen – das heißt mit abgeschaltetem Autopiloten.

Fangen wir also bei uns selbst an – jetzt!

# Nachwort

Es ist mir ein Anliegen, mit Elinor Ostrom zu schließen, die wie niemand vor ihr die Funktionsweise von Sozialen-Dilemma-Situationen analysiert und klassifiziert hat. Damit hat sie Erkenntnisse vermittelt, die politischen Akteuren (das sind wir letztlich alle) helfen können, Entscheidungen zu treffen, die das Erreichen kollektiver langfristiger Ziele wahrscheinlicher machen.

Sie sah die Bildung und die Weitergabe von Werten stets als erfolgskritisch. In Bezug auf den Umgang der „Bürger" mit Allmendesituationen formulierte sie einen Satz, den man als Appell verstehen kann und den ich Ihnen weitergeben möchte (Ostrom 2005):

> *„Das Erlernen von Problemlösungsfähigkeiten in einem lokalen Zusammenhang bringt Bürger hervor, die mit erweitertem Horizont auch weitreichende Probleme prüfen können, die alle Menschen dieser Erde betreffen."*

Wenn Sie das vorliegende Buch oder Teile davon interessant fanden, empfehlen und verschenken Sie es weiter. Mutieren, selektieren und reproduzieren Sie dessen Inhalte.
Ihre Kinder, alle Menschen und andere Lebewesen auf dieser Insel Erde werden dankbar sein für Ihre Bemühung um den Schutz der öffentlichen Ressource namens „Globale Allmende".

# Erläuterungen, Abkürzungen und Einheiten

„Ablass"
zur Aufbesserung der persönlichen $CO_2$-Bilanz (siehe Kapitel 14 „Der Aus-Knopf für den Autopiloten"):

Die Installation einer Photovoltaikanlage mit einer Leistung von einem $\text{Kilowatt}_{peak}$[139], die etwa fünf Quadratmeter Dachfläche benötigt und circa 1800 Euro kostet[140] (Stand 2021), ermöglicht die jährliche Produktion von etwa 1000 kWh (Standort Deutschland, in Südeuropa ist es fast doppelt so viel). Dies entspricht einer Ersparnis von einer halben Tonne $CO_2$ pro Jahr[141], da ein fossiles Kraftwerk um diese Leistung zurückgefahren werden kann.

Für weniger als 10 000 Euro kann also eine Standard-Kleinanlage von 5 $kW_{peak}$ (auf 25 $m^2$ Dachfläche) errichtet werden, die jährlich 2,5 t $CO_2$ einspart, und etwa 30 000 investierte Euro (20 $kW_{peak}$ auf 100 $m^2$ Dachfläche) vermeiden jährlich 10 t $CO_2$, den durchschnittlichen Ausstoß pro Person in Deutschland. Wer genügend Mittel, aber keine Dachfläche besitzt, kennt möglicherweise jemanden, dem es umgekehrt geht.

---

139 $\text{Kilowatt}_{peak}$: Die Spitzenleistung einer Anlage, am Tag des höchsten Sonnenstandes bei Sonnenschein mittags um 12 Uhr. Mit dieser Angabe wird die Leistung einer Anlage angegeben.

140 Die Kosten gelten netto (ohne Mehrwertsteuer, die vom Finanzamt ersetzt wird) für eine Anlage von etwa 5 $\text{Kilowatt}_{peak}$; kleinere Anlagen sind spezifisch teurer, größere billiger.

141 0,8 t gegenüber einem Kohlekraftwerk, 0,5 t gegenüber einem Gaskraftwerk. Hiervon ist der $CO_2$-Verbrauch zur Herstellung der Anlage abzuziehen, was über die Lebensdauer geschätzt zu etwa 10 % weniger Einsparung führt.

a: annus, Jahr

BSP/BIP:
BSP: Das Bruttosozialprodukt ist im Wesentlichen die Menge aller Waren und Dienstleistungen, die von den Bürgern einer volkswirtschaftlichen Einheit (zum Beispiel Land oder Welt) innerhalb eines Jahres bereitgestellt wurde, abzüglich der Vorleistungen (Kosten). Ausgedrückt wird es in Geldeinheiten.
BIP: Das Bruttoinlandsprodukt unterscheidet sich insofern, dass die Produktion innerhalb des Landes berücksichtigt wird, egal ob sie von In- oder Ausländern erbracht wurde.

Beide Zahlen liegen in den meisten Fällen nahe beisammen.

Chemische Formeln:
$CO_2$ Kohlendioxid; $CH_4$ Methan; $N_2O$ Lachgas; HalC halogenierte Kohlenstoffverbindungen, inklusive der vollständig halogenierten Fluorchlorkohlenwasserstoffe (FCKW) und der teilhalogenierten Fluorchlorkohlenwasserstoffe (HFCKW)

$CO_2$-Äquiv.: $CO_2$-Äquivalente. Die Wirksamkeit aller anderen Treibhausgase wird auf die von $CO_2$ skaliert, um ein Aufsummieren zu ermöglichen. Die Faktoren betragen zum Beispiel für $CH_4$ 21 und für $N_2O$ 310, jeweils bezogen auf 100 Jahre. Da sich diese Verbindungen im Gegensatz zu $CO_2$ im Lauf der Zeit zersetzen, nimmt ihre Wirksamkeit mit der Zeit ab.

IPBES: Intergovernmental Science-Policy Platform on Biodiversity and Ecosystem Services, deutsch Weltbiodiversitätsrat; eine Organisation der Vereinten Nationen
IPCC: Intergovernmental Panel on Climate Change, deutsch Weltklimarat; eine Organisation der Vereinten Nationen

Physikalische Einheiten:
Flächen

| | |
|---|---|
| $m^2$: | Quadratmeter, $km^2$: Quadratkilometer (= 1 Mio. $m^2$) |
| ha: | Hektar (= 0,01 $km^2$ oder 10 000 $m^2$) |

kcal: Kilokalorie; veraltete Einheit für Wärmeenergie. Sie wird jedoch noch verbreitet für den Energieinhalt von Lebensmitteln verwendet. Die international übliche SI-Einheit lautet Joule. 1 kcal = 4,2 kJ (Kilojoule) (gerundet).

kWh: Kilowattstunde; Einheit für die elektrische Energie; die international übliche SI-Einheit lautet Joule. 1 kWh = 3600 kJ (Kilojoule).

t: Tonne (1000 kg)

Rote Liste: „Rote Liste gefährdeter Arten“ der Weltnaturschutzunion (IUCN, International Union for Conservation of Nature and Natural Ressources). Sie hat (Stand 7/2020) von rund 2,1 Mio. nachgewiesenen Arten etwa 120 000 Arten untersucht, wobei über 32 000 Arten als gefährdet eingestuft wurden (27 %). Das sind bereits 2 % mehr als noch 2019.

Man schätzt, dass mehrere Millionen Arten noch nicht identifiziert wurden, die Zahl aller Arten wird deshalb oft mit 10 Mio. angegeben.

UN: United Nations, Vereinte Nationen

Zahleneinheiten:

k: Kilo, Tausend, $10^3$

Mio.: Millionen, $10^6$

Mrd.: Milliarden, $10^9$

G: Giga (ein anderes Wort für Milliarde), $10^9$

ppm: Millionstel (parts per million), $10^{-6}$

ppb: Milliardstel (parts per billion), $10^{-9}$

ppt: Billionstel (parts per trillion), $10^{-12}$

Zeitrechnung:

v. u. Z.: Vor unserer Zeitrechnung (vor Christus)

u. Z. oder ohne Einheit: In unserer Zeitrechnung (nach Christus)

v. h.: Vor heute. Dieser Begriff wurde für die Radiocarbondatierung eingeführt und der genaue Bezugspunkt in der Gegenwart ist das Jahr 1950. Er wird in diesem Buch für Zeitspannen von vielen tausend Jahren verwendet.

# Quellenangaben

Aiello, L., Wheeler, P. 1995. The Expensive-Tissue Hypothesis: The Brain and the Digestive System in Human and Primate Evolution. Current Anthropology 36: 199–221

Alexander, R. 1987. The Biology of Moral Systems. New York: de Gruyter

Balter, V. et al. 2012. Evidence for dietary change but not landscape use in South African early hominins. Nature 489: 558–560

Baur, B. 2010. Biodiversität. Bern: Haupt Verlag

Bechara, A. et al. 1994. Insensitivity to future consequences following damage to human prefrontal cortex. Cognition 50: 7–15

BMEL 2012. Bundesministerium für Ernährung und Landwirtschaft. Dritte Bundeswaldinventur 2012

Bongaarts, J. 2011. Can Family Planning Programs Reduce High Desired Family Size in Sub-Saharan Africa? International Perspectives on Sexual and Reproductive Health, Guttmacher Institute 7/4: 209–216

Bowles, S. 2009. Did warfare among ancestral hunter-gatherers affect the evolution of human social behaviors? Science 324: 1295

BP 2020. Statistical Review of World Energy. 96th edition. Abgerufen 3.11.2020

Carranza., M. 2009. A Brief Account of the History of Family Planning in Costa Rica. In Cavenaghi, S. ed. Demographic Transformations and Inequalities in Latin America: Historical Trends and Recent Patterns. Rio de Janeiro: ALAP

CBD 1992. Convention on Biological Diversity. Artikel 2

CBD 2020. Convention on Biological Diversity. Aichi Biodiversity Targets. https://www.cbd.int/sp/targets/, abgerufen 10.3.2023

CEW 2022. Clean Energy Wire. Germany's carbon pricing system for transport and buildings. www.cleanenergywire.org/factsheets/, abgerufen 15.10.2022

Cincotta, R. 2012. Iran: Taking Aim at Low Fertility and Women's Mobility. Foreign Policy Research Institute. https://www.fpri.org/article/2012/12/iran-taking-aim-at-low-fertility-and-womens-mobility/, abgerufen 10.3.2023

Crippa, M. et al. 2019. Fossil $CO_2$ and GHG emissions of all world countries. 2019 Report. Luxembourg: Publications of the European Union

Damásio, A. 1994. Descartes' Error – Emotion, Reason, and the Human Brain. New York: Putnam Publishing. Übersetzung der zitierten Passagen durch den Autor

Dawkins, R. 1976. The Selfish Gene (Das egoistische Gen). Oxford: Oxford University Press. Übersetzung der zitierten Passagen durch den Autor

De Groot, R. et al. 2012. Global estimates of the value of ecosystems and their services in monetary units. Ecosystem Services 1: 50–61

DSW 2015. Deutsche Stiftung Weltbevölkerung. https://www.dsw.org. Dort angegebene Quelle: Vereinte Nationen, World Population Prospects: The 2015 Revision

DW 2011. Deutsche Welle. Sandsturm löst Massenunfall bei Rostock aus. 9.4.2011

DWD 2020. Deutscher Wetterdienst. Klimaüberwachung, Zeitreihen und Trends

EIA 2020. Environmental investigation agency. China's first prosecution for rogue ozone-killer gases – but much more needs to be done (12.5.20). eia-international.org. Großbritannien

Eurostat 2019. Öffentlicher Bruttoschuldenstand. Abgerufen 2020

FAO 2011. Food and Agricultural Organization of the United Nations. State of the World's Forests

FAO 2020a. FAO and UNEP. The State of the World's Forests 2020

FAO 2020. FAOStat-Datenbank. Bei Angaben zur Landnutzung und Ernährung sind die ältesten Daten von 1961, die jüngsten von 2018 oder 2019. Der besseren Lesbarkeit halber wird im Text jeweils 1960 und 2020 als Stand genannt. Abgerufen 3.12.2020

FAO 2021. Forest governance by indigenous and tribal peoples. An opportunity for climate action in Latin America and the Caribbean

FAZ 2020. Frankfurter Allgemeine Zeitung. Zurück auf Los. 9.12.20

Flenley, J. 2002. The Enigmas of Easter Island. Oxford: Oxford University Press

Goodman, S. et al. 2003. The Natural History of Madagascar. Chicago: the University of Chicago Press

Goodman 2003a. Dort: Wright, H., Rakotoarisoa, J. The Rise of Malagasy Societies: New Developments in the Archaeology of Madagascar

Goodman 2003b. Dort: Kistler et al. Comparing Agricultural Systems in Two Areas of Madagascar

Goodman 2003c. Dort: Randianandianina, B. et al. The Role of the Protected Areas in the Management of the Island's Biodiversity

Goodman 2003d. Dort: Erdmann, T. The Dilemma of Reducing Shifting Cultivation

Goodman 2003e. Dort: Rabesahala Horning, N. How Rules Affect Conservation Outcomes

Greenhalgh, S. 2008. Just One Child – Science and Policy in Deng's China. Berkeley: University of California Press

Greenhalgh 2008b. Zitate von Deng Xiaoping 1979. Zur leichteren Vergleichbarkeit wurde die Geburtenrate (5 pro 1000 Einwohner und Jahr) des Originaltexts in die Fertilitätsrate (0,6) umgerechnet.

Grundmann, R. 1999. Transnationale Umweltpolitik zum Schutz der Ozonschicht: USA und Deutschland im Vergleich. MPI für Gesellschaftsforschung. Frankfurt: Campus Verlag

Halligan, J. et al. 2016. Pre-Clovis occupation 14,550 years ago at the Page-Ladson site, Florida, and the peopling of the Americas. Science Advances 2 (5): e1600375

Hardin, G. 1968. The Tragedy of the Commons. Science 162: 1243-8. Übersetzungen durch den Autor

IPBES 2019: Intergovernmental Science-Policy Platform on Biodiversity and Ecosystem Services (Weltbiodiversitätsrat). Media Release: Nature's Dangerous Decline Unprecedented; Species Extinction Rates Accelerating. Pressebericht 5/2019

IPCC (Intergovernmental Panel on Climate Change) 2014. IPCC 5th Assessment Report, Working Group III.

IPCC 2019. IPCC-Sonderbericht über Klimawandel und Landsysteme

IPCC 2022. 6th Assessment Report, Working Group III.

IQB 2021. Institut zur Qualitätsentwicklung im Bildungswesen. IQB-Bildungstrend 2021 – Pressemappe

Kant, I. 1784. Was ist Aufklärung? Berlinische Monatsschrift, Heft 12: 481–94

KfW 2019. KfW Entwicklungsbank. Projektinformation Naturschutz – Madagaskar

Kirch, P. 2000. On the Road of the Winds – an Archaeological History of the Pacific Islands before European Contact. Berkeley: University of California Press

Kramer, K. 2020. Counting the cost 2020: A year of climate breakdown. London: Christian Aid

Levitsky, S., Ziblatt, D. 2018. How Democracies Die – What History Reveals About Our Future. New York: Penguin Random House

Libet, B. 1983. Time of conscious intention to act in relation to onset of cerebral activity (readiness-potential). The unconscious initiation of a freely voluntary act. Brain 106 (3): 623–32

Lozán, J. L. Hrsg. 2018. Warnsignal Klima: Extremereignisse. https://www.klima-warnsignale.uni-hamburg.de/, abgerufen 10.2.2023

Ma, Jian, 2009. Red Dust – Drei Jahre unterwegs durch China. München: Schirmer Graf Verlag. Englische Ausgabe 2001

MacPhee, R. 1999. Extinctions in Near Time – Causes, Contexts, and Consequences. New York: Kluwer Academic/Plenum Publishers

Maiorano, M. et al. 2006. Allmendedilemma in Törbel früher und heute. Semesterarbeit ETH Zürich

Mair, G. 2009. Globale Allmende. Klimafaktoren der Erdgeschichte. Übersichtsartikel mit Quellenangaben. https://globale-allmende.de/klima/klimafaktoren_der_erdgeschichte, abgerufen 5.3.2023

Mair, G. 2010. Globale Allmende. Ozonloch. Übersichtsartikel mit Quellenangaben. https://globale-allmende.de/umwelt/ozonloch, abgerufen 10.3.2023

Mair, G. 2013. Globale Allmende. Artensterben und Mensch: Geschichte, Trends und Prognosen. https://globale-allmende.de/umwelt/biosphaere/artensterben_trend, abgerufen 11.3.2023

Maslow, A. 1943. A Theory of Human Motivation. Psychological Review 50 (4): 370–396

Masoala 2013. Informationstafeln der Masoalahalle, Zoo Zürich

Mattioli, A. 2017. Verlorene Welten – Eine Geschichte der Indianer Nordamerikas 1700–1910. Stuttgart: Klett-Cotta-Verlag

MDR 2022. Ein Jahr nach dem Hochwasser – die Jahrhundertflut in Zahlen. https://www.mdr.de/brisant/hochwasser-ahrtal-100.html, abgerufen 28.10.2022

MEA 2005. Millennium Ecosystem Assessment. Synthesisreports/Biodiversity. Ecosystems and Human Well-Being: Biodiversity Synthesis. Washington DC: World Ressources Institute

MEA 2005b. Millennium Ecosystem Assessment. Full Reports/ Current States and Trends. Washington DC: World Ressources Institute

Mitani, J. et al. 2010. Lethal intergroup aggression leads to territorial expansion in wild chimpanzees. Current Biology 20 (12): R507–R508

Monnier, L. 1913. Quaternary of Madagascar. Quelle der Originalzeichnung: Wikimedia Commons. Strichmännchen durch Autor hinzugefügt

NOAA 2020. National Oceanic and Atmospheric Administration. Abgerufen 2020

NZZ 2018. Neue Züricher Zeitung. Folio.nzz.ch. Wenn das Summen verstummt. August 2018

Olsberg, K. 2010. Schöpfung außer Kontrolle – Wie die Technik uns benutzt. Berlin: Aufbau Verlag

Ostrom, E. 1990. Governing the Commons – The Evolution of Institutions for Collective Action. Cambridge: Cambridge University Press

Ostrom, E. 2005. Understanding Institutional Diversity. Princeton: Princeton University Press

Patel, A. 2008. Music as a transformative technology of the mind. In: Music, Language, and the Brain. Oxford: University of Oxford Press

Potts, M. 2011. Niger: Too Little, Too Late. International Perspectives on Sexual and Reproductive Health, Guttmacher Institute 37/2: 95–101

Rainforests 2014. Rainforests.mongabay.com, abgerufen 2014

Rohde, R. 2005. Cycles in Fossil Diversity. Nature 434: 208–210

Rote Liste 2020. The IUCN Red List of Threatened Species. Abgerufen 11.10.2020

Singh, S. 2009. Abortion Worldwide: A Decade of Uneven Progress. New York: Guttmacher Institute

Singh, S. 2012. Adding It Up: Costs and Benefits of Contraceptive Services – Estimates for 2012. New York: Guttmacher Insitute and UNFPA (United Nations Population Fund)

Singh, S. 2014. Adding It Up: The Costs and Benefits of Investing in Sexual and Reproductive Health. New York: Guttmacher Insitute

SIREFOR 2013. Sistema de Información de Recursos Forestales de Costa Rica. Stand der angegebenen Daten 2013. Abgerufen 5.12.2020

SMC 2023. science media center germany. Einigung über UN-Hochseeabkommen erreicht. https://www.sciencemediacenter.de, abgerufen 12.3.23

Smil, V. 2017. Energy and Civilization – A History. Cambridge, MA, USA: MIT Press

Statistisches Bundesamt 2020. Umweltökonomische Gesamtrechnungen – Direkte und indirekte Energieflüsse und $CO_2$-Emissionen – Berichtszeitraum 2008–2016. Die dargestellten Daten sind von 2016.

Statistisches Bundesamt 2021. Anzahl der Gestorbenen nach Kapiteln der ICD-10 und nach Geschlecht für 2019.

Thunberg, G. 2018. Rede von Greta Thunberg am 13.12.18 auf der UN-Klimakonferenz in Kattowitz/Polen. Deutsche Übersetzung

Thunberg, G. 2019. Rede von Greta Thunberg am 25.1.19 auf dem Weltwirtschaftsgipfel in Davos/Schweiz. Deutsche Übersetzung

Transgen 2022. Anbau von Gentechnik-Pflanzen leicht rückläufig: 2019 weltweit 190,4 Millionen Hektar. Abgerufen 30.10.2022

UBA 2020. Umweltbundesamt. Daten zur Umwelt 2020. Anzahl der Tage mit einem Lufttemperatur-Maximum über 30 °C

UN 2019. United Nations. Population Division. World Population Prospects 2019: Highlights

UN 2020. United Nations. Population Division. World Population Prospects

UN 2021. United Nations. Population Divison. World Population Prospects. https://population.un.org/wpp/download/standard/MostUsed/, abgerufen 7.3.23

UNESCO 2016. Institute for Statistics, dort Länderdatenbank UIS-Stat/Education. Abgerufen 2016

US-DHS 2011. US Department of Homeland Security. Office of Immigration Statistics

Verbeek, B. 2010. Der Geist ist ein Naturprodukt – Macht das unfrei und verantwortungslos? In Oehler, J. ed. Der Mensch – Evolution, Natur und Kultur. Heidelberg: Springer

Vlassov, M. 2009. Abortion in Pakistan. New York: Guttmacher Institute

Voland, E. 2010. Die Evolution der Religiosität. In Oehler, J. ed. Der Mensch – Evolution, Natur und Kultur. Heidelberg: Springer

Weisman, A. 2013. Countdown. London: Little Brown Group

WHO 2020. World Health Organization (Weltgesundheitsorganisation). Fact sheets: Preventing unsafe abortion. Die angegebenen Zahlen beziehen sich auf den Zeitraum 2015–2019

Wikipedia 2020. Weltbevölkerung. Abgerufen 10.12.2020

Wikipedia 2020b. Liste der Länder nach Bruttoinlandsprodukt pro Kopf. Dort angegebene Quelle: Internationaler Währungsfonds. Abgerufen 10.12.2020

Wikipedia 2023. Stammesgeschichte des Menschen. Abgerufen 8.3.2023
Die Altersangaben differieren geringfügig vom Text, da verschiedene Quellen unterschiedliche Angaben machen.

wildmadagascar 2020: https://wildmadagascar.org/conservation/erosion.html, abgerufen 10.3.2023

Wilson, E. O. 2012: The Social Conquest of Earth. London: W. W. Norton. Übersetzung der zitierten Passagen durch den Autor

WMO 2006. World Meteorological Organization. Ozone 2006, abgerufen 2010. Übersetzung der zitierten Passage durch den Autor

WMO 2020. Press release: 2020 on track to be one of three warmest years on record. Abgerufen 4.3.2023

Wrangham, R. 2009. Catching Fire. New York: Basic Books

Wynn, T. 2009. Hafted spears and the archaeology of mind. Proceedings of the National Academy of Sciences, USA 106 (24): 9544-5

# Dank

Mein Dank gilt den Autoren, von deren Werken ich profitieren konnte, an erster Stelle E. Ostrom und E. O. Wilson, die mir die Lösungswege für Soziale-Dilemma-Situationen und die evolutionären Wurzeln des menschlichen Sozialverhaltens nahebrachten.

Axel möchte ich danken für seine Anregung, meine Gedanken in Worte und Videofilme zu fassen, sowohl im Internet als auch in Buchform.

Zahlreiche Helfer aus dem Familien- und Freundeskreis haben durch Kritik und Verbesserungsvorschläge mit dazu beigetragen, aus hingeschriebenen Textabschnitten ein hoffentlich einigermaßen lesbares Buch zu machen. Hervorzuheben sind hier Elisabeth, Wolfram und Iris, die keinen Aufwand scheuten, den Rotstift anzusetzen.

Meiner Frau Lore danke ich, dass sie mich neben der Korrektoratsarbeit geduldig bekocht und ertragen hat, als ich während der Schreibarbeit für nichts anderes mehr ansprechbar war.

# Erlösverwendung

Für jedes verkaufte Buch werden 50 % des Autorenhonorars an den gemeinnützigen Schweizer Verein „Freunde Masoalas“ gespendet, der in Zusammenarbeit mit dem Zoo Zürich den Schutz des Masoala Nationalparks in Madagaskar fördert. Dieser ist einer der letzten Reste des dortigen ursprünglichen Regenwaldes und ein Hotspot der Artenvielfalt. Der Verein lehrt nachhaltige Nutzungsmethoden (als Ersatz für Wanderfeldbau) und fördert den Ökotourismus, um weitere Einnahmequellen für die lokale Bevölkerung zu schaffen. Die Bildung in den Dorfgemeinschaften wird unterstützt, und es werden Parkwächter finanziert und ausgebildet, um die illegale Rodung von Edelholz einzudämmen. Das jüngste Vorhaben der nachhaltigen Landwirtschaft war der Aufbau einer Kakaoproduktion mit lokaler Verarbeitung, um die Erlöse in der Region zu halten.

Ein typisches Allmende-Projekt.

# Der Autor

Dr. Gunther Mair, Jahrgang 1955, arbeitete als promovierter Chemiker in der chemischen Großindustrie und entdeckte dort sein Interesse für die Klimagasproblematik. Er entwickelte sich zum Umweltaktivisten, baute ein Energiepositivhaus mit einem artenreichen Naturgarten, finanzierte mehrere Photovoltaikanlagen und spendete zahlreiche Bäume in seinen Heimatgemeinden. Zu den Themen Natur und Klima betätigt er sich auch politisch. Er lebt heute mit seiner Frau am Tegernsee.